Der deutsch-französische
Grundschullehreraustausc

OFAJ
DFJW

Dialoge – Dialogues

Schriftenreihe des Deutsch-Französischen Jugendwerks
Collection de l'Office franco-allemand pour la Jeunesse

Band 5

Die Zukunft soll man nicht
voraussehen wollen,
sondern möglich machen.

L'avenir, tu n'as point à
le prévoir mais à le permettre.

Antoine de Saint-Exupéry

Die Reihe „Dialoge – Dialogues" im Waxmann Verlag ist eine vom Deutsch-Französischen Jugendwerk (DFJW) initiierte Publikationsreihe, mit der die Ergebnisse angewandter Forschung und Evaluierung im Rahmen deutsch-französischer Projekte einem breiteren Publikum zugänglich gemacht werden sollen.

Das DFJW, im Jahr 1963 gegründete internationale Organisation mit Standorten in Paris und Berlin, fördert seit Jahrzehnten den transnationalen und interdisziplinären deutsch-französischen Wissenschaftsdialog. In der vorliegenden Reihe, die vom Forschungsbereich des DFJW betreut wird, werden Theorie, Methode und Praxis vor dem Hintergrund unterschiedlicher nationaler und kultureller Erwartungshorizonte gewinnbringend miteinander verknüpft.

Neben der quantitativen und qualitativen Evaluierung von Austauschprojekten sollen zusätzlich Einblicke in die Welt des interkulturellen Lernens und der Begegnungspädagogik vermittelt werden.

Marion Perrefort

In Zusammenarbeit mit Martin Bauch
und Dominique Granoux

Der deutsch-französische
Grundschullehreraustausch

Mobilitätserfahrungen
im Perspektivenwechsel

Waxmann 2015
Münster · New York

Bibliografische Informationen der Deutschen Nationalbibliothek
Die Deutsche Nationalbibliothek verzeichnet diese Publikation in
der Deutschen Nationalbibliografie; detaillierte bibliografische
Daten sind im Internet über http://dnb.d-nb.de abrufbar.

Dialoge – Dialogues Band 5

ISSN 2192-9416
Print-ISBN   978-3-8309-3204-8
E-Book-ISBN   978-3-8309-8204-3

© Waxmann Verlag GmbH, 2015
www.waxmann.com
order@waxmann.com

Motto auf S. 2: Antoine de Saint-Exupéry. Die Stadt in der Wüste, S. 228.
© 1959 und 2009 Karl Rauch Verlag, Düsseldorf

Umschlaggestaltung: Anne Breitenbach, Münster
Satz: Stoddart Satz- und Layoutservice, Münster
Gedruckt auf alterungsbeständigem Papier,
säurefrei gemäß ISO 9706

Inhalt

Dank

Unser Dank gilt zuallererst den französischen und deutschen Lehrkräften, die an der vorliegenden Studie teilgenommen haben. Ohne ihr Engagement und ihr großzügiges Entgegenkommen bei unseren Untersuchungen wäre dieses Buch nie zustande gekommen. Wir danken ihnen ganz besonders für das Vertrauen, welches sie uns entgegengebracht haben, indem sie sich bereit erklärten, über ihre persönlichen und beruflichen Erfahrungen im Rahmen des deutsch-französischen Grundschullehreraustauschs zu berichten.

Dank an Patricia Lejeune für die kompetente und kreative Leitung der Schreibwerkstatt bei unserem Treffen in Straßburg. Ihre Arbeit hat es den Teilnehmern ermöglicht, auf oft originelle Weise besonders prägenden Aspekten ihres Aufenthaltes in Land und Schule des Anderen Ausdruck zu verleihen. Einige dieser Texte aus der Schreibwerkstatt sind hier wiedergegeben.

Ein weiterer Dank gilt Judica Albrecht, der Verfasserin von Maries Portrait. Dieses auf biographischen Elementen aufbauende Portrait stellt in fiktiver Form eine Teilnehmerin dar, deren Lebensweg uns besonders signifikant erschien.

Ein großer Dank an Anya Reichmann vom DFJW für ihre konstruktiven Anmerkungen, ihre aufmerksame Manuskriptlektüre während des Entstehungsprozesses sowie für ihr genaues Korrekturlesen der Übertragung des französischen Originals ins Deutsche; an Karin Passebosc für ihre wertvolle Hilfe und ihre Ermutigung in der letzten Schreibphase sowie an Elisabeth Berger für ihr Vertrauen, ihre stete Unterstützung und all ihre wohlwollenden Gesten.[1]

---

1 Der französische Originaltext wurde ins Deutsche übertragen von Marion Perrefort mit Unterstützung von Dominique Granoux, Martin Bauch und Anya Reichmann.

Präambel

„Ich habe aus zwei Gründen an diesem Programm teilgenommen: der intellektuellen Herausforderung wegen, die deutsche Sprache zu lernen, und aus dem Bedürfnis heraus, in beruflicher Hinsicht neue Kraft zu schöpfen.

Im Allgemeinen denkt man bei Reisen an Unterwegssein, an einen Ortswechsel. Aber eine Reise führt sowohl durch Raum, Zeit als auch durch die soziale Hierarchie. In Frankreich stand ich auf der sozialen Bühne, hier bin ich transparent. Ich bin eine Fremde. Reisen versetzt räumlich und zugleich sozial. Reisen schafft Verfügbarkeit und Freiheit und diesen Zustand nutzt man voll aus. Alles besichtigen, alles ausprobieren, alles kennenlernen – das sind die Verpflichtungen, die wir uns dabei auferlegen. Das Paradox des Reisens. Die anfängliche Euphorie weicht schnell etwas weniger Harmonischem."

(Auszug aus dem Bericht einer Teilnehmerin
am Austausch des Jahres 2012)

« Partir. Sortir. Se laisser un jour séduire. Devenir plusieurs, braver l'extérieur, bifurquer ailleurs. Voici les trois premières étrangetés, les trois variétés d'altérité, les trois premières façons de s'exposer. Car il n'y a pas d'apprentissage sans exposition, souvent dangereuse à l'autre ».

(Serres, 1992: 28).

Einleitung

Wir interessieren uns in diesem Buch für eine besondere Form der Mobilität, und zwar die von deutschen und französischen Grundschullehrern[2]. Obwohl in den letzten Jahren zahlreiche Studien zum Thema akademischer und schulischer Mobilität veröffentlicht worden sind, ist die berufliche Mobilitätserfahrung im Ausland im Rahmen einer Grundschullehrerlaufbahn noch nicht eingehend und systematisch als Forschungsgegenstand behandelt worden. Die Zielgruppe besteht weder aus Studierenden noch aus Schülern und ist auch nicht Teil mobiler Berufsgruppen wie Auslandsmitarbeiter oder Lehrpersonal, das unabhängig von Austauschprogrammen eine Stelle im Ausland antritt. Unsere Studie ist Teil des größeren Forschungsgebiets zu verschiedenen Formen von Mobilität, und schöpft dabei zugleich aus unseren eigenen Forschungen im DFJW (Deutsch-Französisches Jugendwerk) zu anderen Mobilitätsformen im deutsch-französischen Kontext, insbesondere zur schulischen Mobilität im Rahmen des Voltaire-Programms[3]. Aus der Sicht der Beteiligten und aus der rückblickenden, erinnerten Perspektive sollen die sozialen, kulturellen und symbolischen Dimensionen der Grundschullehrermobilität erfasst und gedeutet werden. Wie haben sie sich ihr Potential erschlossen? Wie sehen sie den eigenen Werdegang vor und nach der Teilnahme am Austausch? Wie positionieren sie sich Identitätsfragen gegenüber, die der Auslandsaufenthalt aufgeworfen hat? Was wird aus den Errungenschaften? Lassen sie sich bei der Rückkehr in den Berufsalltag übertragen?

Die hier vorgestellten Forschungen stehen in der Nachfolge einer ersten Befragung von 127 Grundschullehrern[4] aus dem Jahr 1998, die zwischen 1973 und 1997 am deutsch-französischen Grundschullehreraustausch teilgenommen hatten. Die Ergebnisse waren anlässlich des 30. Jubiläums des Austauschs unter dem Titel *Enseigner dans l'école de l'autre. Regards croisés d'instituteurs français et allemands* in der

---

2　Um den Lesefluss nicht zu beeinträchtigen, wird in der vorliegenden Arbeit allein die männliche Form aufgeführt und ist inkludierend zu verstehen. An bestimmten Stellen werden auch beide Formen ausgeschrieben, also z.B. Lehrer und Lehrerinnen.

3　Das „Voltaire-Programm" wurde im Jahr 2000 vom Deutsch-Französischen Jugendwerk (DFJW) ins Leben gerufen. Es handelt sich um einen individuellen Schüleraustausch für französische und deutsche Schüler zwischen 15 und 16 Jahren. Die Organisation beruht auf dem Prinzip der Gegenseitigkeit – der Schüler ist sechs Monate lang Gast und sechs Monate lang Gastgeber seines Austauschpartners. Das Programm baut unter anderem auf der Annahme auf, dass sich Intensität, Alter, Dauer und Individualität positiv mit dem Erlernen von fremdsprachlichen und interkulturellen Kompetenzen artikulieren. Eine Langzeitstudie hat das Programm von 2001–2009 begleitet. Ihr Hauptanliegen bestand darin, die Konstruktion persönlicher und sozialer Identität von Personen in Mobilitätssituationen und damit verbundenem informellen Lernen und dessen Langzeiteffekte zu erfassen. Die Ergebnisse sind u.a. veröffentlicht in: Brougère G., Colin L., Perrefort M. (Hg.), 2006: *Das Eintauchen in die Kultur und Sprache des Anderen. Eine evaluierende Forschung zum Voltaire-Programm*, Berlin, Paris, Arbeitstexte Nr. 23, OFAJ/DFJW.

4　Um die Primarlehrkräfte anzusprechen, die Gegenstand der vorliegenden Studie sind, verwenden wir die Begriffe Grundschullehrkräfte bzw. Grundschullehrer, Grundschullehrerinnen, die hier unterscheidungslos die französischen *Professeurs des Ecoles* und die deutschen Grundschullehrer bezeichnen.

Reihe *Arbeitsmaterialien* vom DFJW veröffentlicht worden.[5] Die Texte dieses Heftes, an denen deutsche und französische Lehrer maßgeblich beteiligt waren, wurden von Jean Dupas, dem damaligen Verantwortlichen für den Grundschullehreraustausch beim DFJW und von Marion Perrefort herausgegeben. Sie spiegeln sowohl in der Form als auch im Inhalt die Diversität der Erfahrungen wider: Autobiographische Aufsätze mit Überlegungen zu den Unterschieden zwischen den Bildungssystemen wechseln sich ab mit eher wissenschaftlichen Beiträgen, in denen das Untersuchungsdesign vorgestellt wird. Die Daten dienten der Erstellung eines Gesamtprofils der befragten Personengruppe und trugen viel zu einer besseren Kenntnis ihrer sozialen Repräsentationen, Einstellungen und Erfahrungen während des Austauschs und nach ihrer Rückkehr in die Herkunftsschule bei.

Die dreizehn Jahre später durchgeführte vorliegende Studie stützt sich auf eine umfassendere und differenziertere Datensammlung, die mittels ethnosoziologischer Methoden erhoben wurde und quantitative und qualitative Ansätze verbindet. Durch die Kombination der Daten aus Fragebögen und Gesprächen sollen so ganzheitlich wie möglich die Aspekte und Parameter des Gesamtzusammenhangs erfasst werden, die Einblicke in unseren Forschungsgegenstand ermöglichen; nämlich den Auslandsaufenthalt dieser Grundschullehrer, seine Nachhaltigkeit sowie die Identitätsfragen, die er in beruflicher wie privater Hinsicht mit sich bringt.

---

5 Die Idee zu dieser Publikation entstand in den interkulturellen Fortbildungsseminaren, die den Lehreraustausch begleiten. Die Seminare wurden von verschiedenen Dozenten (insbesondere Bernard Martini, Leiter des FIEF à La Bégude de Mazenc; Jacques Démorgon; Régis Palucci oder auch Jean Dupas und Marion Perrefort) geleitet und luden die Teilnehmer zu einem reflektierten Rückbesinnen auf ihre persönlichen und beruflichen Erlebnisse ein. Dazu boten sie theoretische und konzeptuelle Anhaltspunkte für eine objektivierende Ausarbeitung ihrer interkulturellen Erfahrungen. Die deutsche Übersetzung erschien 2000 unter dem Titel *In der Schule des Anderen unterrichten: Gekreuzte Blicke von Lehrern aus Deutschland und Frankreich*) in der Reihe *Arbeitsmaterialien* vom DFJW.

Aufbau des Buches

Das Buch ist in zehn Kapitel gegliedert, von denen jedes aus mehreren Teilen besteht, was in diesem Lektürehinweis erläutert werden soll. Das erste Kapitel soll einen Überblick über den allgemeinen Kontext, in dem die Untersuchung angesiedelt ist, verschaffen. So wird in einem ersten Abschnitt ein kurzer historischer Abriss zur Entwicklung des deutsch-französischen Grundschullehreraustauschs seit seiner Einrichtung im Jahr 1968 geliefert. Es geht dabei insbesondere um den politischen Kontext, denn je nach politischer Lage hat sich die jeweilige Fremdsprachenpolitik beider Länder verändert und somit den Austausch von Grundschullehrern gefördert oder eher gebremst. Ferner werden die praktischen Teilnahmemodalitäten, die institutionellen Maßnahmen und die Organisation des Austauschs kurz beschrieben. Abschließend wird erläutert, inwiefern das DFJW eine wissenschaftliche Untersuchung der am Austausch beteiligten Grundschullehrer sowie deren subjektive Bewertungen für wünschenswert und notwendig hielt.

In einem zweiten Teil wird diese Präsentation des politischen und sprachlichen Kontexts erweitert, indem wir uns konkret denjenigen zuwenden, die die Gelegenheit wahrnehmen, für eine begrenzte Zeit in der Schule des Anderen zu unterrichten. Hierfür stützen wir uns auf Daten aus Fragebögen, die an deutsche und französische Lehrkräfte, die zwischen 1999 und 2009 am Austausch teilgenommen haben, verschickt und von diesen beantwortet wurden. Auf der Grundlage der statistischen Ergebnisse konnten wir ein allgemeines Profil skizzieren, das erste Hinweise auf Motive, familiäres und soziales Umfeld, in dem die Entscheidung getroffen wird, sowie auf einige der individuellen Dispositionen liefert.

Im dritten Teil des ersten Kapitels werden die statistischen Ergebnisse mit individuellen Profilen veranschaulicht. Sie sollen die Diversität der Lebensläufe und die Pluralität der Erfahrungen erkennbar machen. In 21 Portraits werden die Lehrer vorgestellt, die an der qualitativen Studie, d.h. an den Gruppengesprächen teilgenommen haben, auf die im zweiten Kapitel eingegangen wird. Auf diese Portraits folgen einige von den Lehrern selbst verfasste Texte.

Das zweite Kapitel ist zweigeteilt. Zunächst wird der theoretische Rahmen zur Mobilitäts- und Austauschforschung abgesteckt. Natürlich kann es sich hierbei nicht um eine umfassende Bestandsaufnahme handeln. Wir konzentrieren uns auf Fragestellungen, mit denen sich insbesondere neuere Studien befassen und die dazu beigetragen haben, unseren Blick zu schärfen und die Perspektive zu erweitern, aus der heraus wir die hier zur Diskussion stehende Mobilitätsform betrachten. Dabei geht es auch um die Frage, ob sich in den komplexen individuellen Erfahrungen übergreifende Faktoren identifizieren lassen, eine auf Motiven, Einstellungen und Haltungen basierende Kohärenz, die speziell in Bezug auf unsere Personengruppe ein Zugehörigkeitsgefühl entstehen lassen könnte, das dem der studentischen ERASMUS-„Cliquen" vergleichbar wäre.

Der zweite Teil erläutert den wissenschaftlichen Bezugsrahmen der Untersuchungsmethode, das Gruppengespräch. Es soll verdeutlicht werden, dass die gemeinsame rückblickende Introspektion durch das Erinnern an persönliche und berufliche Lebensumstände, Wünsche, Hoffnungen und Erlebnisse vor und nach dem Aufenthalt zu Erzählformen führt, die irgendwo zwischen Lebensbericht, Lebensabschnittsbericht und Zeugenbericht angesiedelt sind. Aufgrund ihres selbstreflexiven Charakters, der nicht nur ein Rückbesinnen auf Erlebtes ermöglicht, sondern auch dessen Sinnkonstitution und Einordnung in den biographischen Kontext, wird das gemeinsame diskursive Handeln und Aushandeln zu einem „dritten Raum" (Bhabha, 2007), charakterisiert durch das Zusammenwirken von Reflexivität und Interaktion.

Das dritte Kapitel widmet sich zunächst dem Forschungsdesign. Nach einer kurzen Vorstellung der Kriterien zur Auswahl der 21 ehemaligen deutschen und französischen Teilnehmer an den Gruppengesprächen wird kurz deren Durchführung erläutert. Des Weiteren folgen eine Darstellung der Datenverarbeitung und deren Auswertung.

Der letzte Teil dieses Kapitels besitzt eine Scharnierfunktion, insofern er exemplarisch an einer diskursiven Feinanalyse von zwei narrativen Passagen aufzeigen soll, wie die subjektiven Interpretationen des Erlebten Aufschluss geben über Identitätskonstruktionen im Gespräch.

Aus forschungspraktischen Gründen erfolgt die weitere Auswertung der Daten in den Kapiteln vier bis zehn jedoch weniger auf diskursanalytischer Basis als auf themenanalytischer. Allerdings wird das thematische Vorgehen von dem Bestreben getragen, die Gespräche nicht nur auf den Gehalt hin zu befragen, sondern auch auf die Art und Weise, *wie* etwas gesagt wird. Dabei behalten wir das theoretische Postulat im Auge, demzufolge gemeinsames Erzählen als interaktive narrative Verortungen zu betrachten ist, in denen Identitäten und Positionierungen des Selbst und des Anderen (neu) ausgehandelt, ko-konstruiert und oftmals repariert werden. Dabei werden besonders die identitären Mobilitäten berücksichtigt, die im Zusammenhang mit dem beruflichen Umfeld stehen.

Die Auswertung folgt überwiegend dem subjektiv erlebten Verlauf der Auslandszeit – die Zeit vor dem Austausch, die Ankunft und die Eingewöhnungsphasen in den neuen Alltag, die Rückkehr und die Reintegration in das Herkunftsumfeld. Es geht jedoch weniger um eine lineare Beschreibung des Verlaufs, als vielmehr um das Bestreben, die symbolische Relevanz dieser spezifischen Mobilität zu verdeutlichen. Hinterfragt werden insbesondere subjektiv empfundene Veränderungen und deren Nachhaltigkeit, sowohl im beruflichen als auch im persönlichen Bereich.

Entsprechend unseren theoretischen Prämissen nehmen die Gesprächssequenzen einen breiten Platz ein. Sie sind unserer Auffassung nach wesentlich, insofern uns jede Aussage signifikant erscheint, die den allgemeinen Mobilitätsbegriff mit

Inhalt füllt oder einen – expliziten oder impliziten – Versuch darstellt, die mit der Mobilität verbundene Erfahrung mit Sinn zu füllen. Hierin schließen wir uns den Aussagen von Mattey & Py in der Einleitung zu ihrem Buch über sprachliche und identitäre Veränderungen im Zusammenhang mit Migration an: „Im Grunde ist es irrelevant, ob der Sprecher der einzige Informant ist, der diese oder jene Meinung vertritt, oder ob diese Meinung auf die Erfahrung einer Mehrheit oder einer Minderheit der Bezugsgruppe zutrifft. Was der Sprecher sagt, gehört in jedem Fall zu unserem Untersuchungsgegenstand, insofern er ein Mitglied der Personengruppe ist, der wir Gehör verschaffen. Eine Aussage kann prinzipiell zugleich einzig und höchst signifikant sein, insofern sie unser Wissen über die Gegebenheiten bereichert" (Lüdi & Py, 1995: 25).

Zum Abschluss dieses Lektürehinweises sei noch eine Bemerkung zur Form gestattet. Zunächst findet der Leser hier und da kurze, zum Teil in beiden Sprachen verfasste Texte, die am Anfang oder Ende eines Kapitels oder eines Unterkapitels stehen. Sie wurden von den Teilnehmern der Gruppengespräche verfasst. Bei unserem Treffen Ende 2010 haben wir parallel zu den Gesprächen eine Schreibwerkstatt organisiert. Dabei wurde davon ausgegangen, dass Schreiben ebenso wie das Gruppengespräch Distanz ermöglicht und zur Introspektion auffordert. Zumal das Schreiben eine breite Palette von Ausdrucksmöglichkeiten bietet und den Schreibenden zwingt, eine Auswahl aus der mit dem Austausch verbundenen Erinnerungskette zu treffen. Die in dieser Schreibwerkstatt entstandenen Texte sind nach ihrer Relevanz und Aussagekraft hinsichtlich der behandelten Themenbereiche auf die verschiedenen Kapitel des Buches verteilt.

Die verschiedenen Teile, aus denen sich die Kapitel zusammensetzen, tragen manchmal Untertitel in Form von Zitaten aus den Gesprächen. Dabei handelt es sich um Aussagen, die uns besonders passend als Ankündigung des nachstehenden Textabschnitts erschienen.

Erstes Kapitel
Lehrermobilität im Rahmen des deutsch-französischen Austauschs

Allgemeine Darstellung des deutsch-französischen Grundschullehreraustauschs

Der Grundschullehreraustausch ist seit 45 Jahren integraler Bestandteil der vom DFJW angebotenen Programme. Der Austausch wird durch Fortbildungen zu Fremdsprachendidaktik und Interkulturalität begleitet und verfolgt das Ziel, den Lehrern und Lehrerinnen ein anderes Bildungssystem nahe zu bringen und ihnen somit zu ermöglichen, bei ihrer Rückkehr in die Herkunftseinrichtung einen Perspektivwechsel auf die Besonderheiten ihres eigenen Bildungs- und Erziehungssystems zu vollziehen. Ein Teil der politischen Bestrebungen, Fremdsprachen in der Grundschule zu fördern und zu diversifizieren, ist der Austausch, durch den die Mobilität der Lehrenden und Schüler erhöht wird.

Durch die Förderung des Aufbaus von Beziehungen zwischen den Institutionen beider Länder wird ein Beitrag zur europäischen und internationalen Öffnung der Schulen in Deutschland und Frankreich geleistet.

Zur Geschichte des Grundschullehreraustauschs

1968 fand auf Anregung von Alice Delaunay, der damaligen Regierungsschulrätin der Vorschulen (*Inspectrice générale des écoles maternelles*) in Bordeaux offiziell der erste Austausch mit 20 Kindergärtnerinnen aus München und 20 Vorschullehrern (*instituteurs/institutrices d'écoles maternelles*) aus Bordeaux statt. Das Ziel lautete damals, eine „echte deutsch-französische Zweisprachigkeit" zu erproben (O'Neil, 1993). Weitere Bundesländer und *Académies* (Schulaufsichtsbezirke) schlossen sich in den darauffolgenden fünf Jahren an und auf deutscher Seite wurde der Austausch – ursprünglich für Erzieher konzipiert – nun auch für Grundschullehrer zugänglich gemacht. In den folgenden Jahren stieg die Teilnehmerzahl rasch auf nahezu 100 Teilnehmer pro Land.

Die Entwicklung des Programms im Wandel der Sprachpolitik

In den 1980er und 1990er Jahren lag die Teilnehmerzahl konstant zwischen 60 und 90 Teilnehmenden pro Land. Das Austauschprogramm erfuhr eine politische Stärkung durch die gemeinsame Erklärung des französischen Erziehungsministers (*Ministre de l'Education Nationale*) und seines deutschen Gegenübers, dem

Bevollmächtigten der Bundesrepublik Deutschland für kulturelle Angelegenheiten im Rahmen des deutsch-französischen Kooperationsvertrags von 1986.

Tatsächlich waren die deutsch-französischen Beratungen, die am 27. und 28. Oktober 1986 stattfanden, im Wesentlichen der kulturellen Zusammenarbeit zwischen den beiden Ländern gewidmet und haben zu einer gemeinsamen Erklärung geführt, die eine Verbesserung der Kenntnisse der Sprache des Partnerlandes empfahl, insbesondere durch „die Frühvermittlung der Partnersprache unter Integrierung deutscher und französischer Erzieher und Lehrer in das Bildungssystem des Partnerlands"[6].

Zwischen 1990 und 2000 erfuhr das Austauschprogramm einen Rückgang der Teilnehmerzahlen. Dafür gibt es politische Gründe: „Als die frühe Sprachbildung ab 1989 politisches Ziel Frankreichs, Deutschlands und Europas wurde, wurden gleichzeitig die Mittel aufgestockt, es gab zusätzliche Programme, neue Finanzierungsmöglichkeiten. Dies führte zu einem Bedeutungsverlust des Austauschprogramms, das nun in Konkurrenz zu anderen nationalen oder europäischen Maßnahmen stand und als zu kostspielig angesehen wurde" (Dupas & Perrefort, 1998). Das wachsende Angebot an europäischen Programmen hatte zudem einen direkten Einfluss auf die Motivation der Lehrenden: „Es ist nicht von der Hand zu weisen, dass bestimmte Lehrer und Lehrerinnen von da an lieber an kürzeren und weniger anspruchsvollen europäischen Austauschprogrammen teilgenommen haben" (idem). Im Jahr 2000 war die Teilnehmerzahl mit 35 deutschen und 30 französischen Teilnehmern auf dem Tiefstand und das Fortbestehen des Austauschprogramms gefährdet.

Im Januar 2001 stellte dann der damalige französische Erziehungsminister Jack Lang, den Plan „Fremdsprachen in der Grundschule" vor und schrieb darin unter anderem eine möglichst große Vielfalt der in der Grundschule zu unterrichtenden Sprachen fest, was dem Deutschunterricht zugutekam. So führten diese Maßnahmen zunächst zu einem schnellen Wiederanstieg der französischen Teilnehmerzahlen. Im Laufe der folgenden Jahre setzte sich dann jedoch vor allem aus finanziellen Gründen, in Deutschland genauso wie in Frankreich, Englisch als erste Fremdsprache im Grundschulbereich durch. Seit etwa zehn Jahren scheint sich nun eine stabile Teilnehmerzahl von 50 Personen aus jedem Land eingependelt zu haben.

Ebenfalls im Jahr 2000 machte die *Education nationale* den Vorschlag, die überwiegend in Kindergärten tätigen, vor allem aus Bayern und Rheinland-Pfalz kommenden deutschen Erzieher, die bis dahin am Austausch teilnehmen und in französischen Vorschulen unterrichten konnten, vom Programm auszuschließen. Einer der Gründe, die ins Spiel gebracht wurden, um diesen Vorstoß zu rechtfertigen, lautete, dass die deutsche Erzieherausbildung (die keine universitäre Ausbildung ist), nicht der Ausbildung der französischen Grundschullehrer entspreche und dass

---

6 Gemeinsame Erklärung des Bevollmächtigten der Bundesrepublik Deutschland für kulturelle Angelegenheiten im Rahmen des Vertrages über die deutsch-französische Zusammenarbeit und des Ministers für nationale Erziehung der französischen Republik über die Frühvermittlung der Partnersprache

diese Erzieherinnen und Erzieher somit nicht ausreichend ausgebildet seien, um in einer Vorschule zu unterrichten. Eine Milderung dieser Maßnahme zeichnet sich gegenwärtig ab, denn 2012/2013 nahm zum ersten Mal wieder eine Erzieherin aus Dresden am Austausch teil und unterrichtete in einem Pilotprojekt in Straßburg. Im Gegenzug arbeitete eine französische Grundschullehrerin in einem Dresdener Kindergarten.

Teilnahmemodalitäten und institutionelle Aspekte

Entgegen der naheliegenden Vermutung wird der deutsch-französische Grundschullehreraustausch nicht nach dem Prinzip eines direkten Stellentauschs organisiert, sondern fußt eher auf einem Gleichgewicht von Verwaltungs- oder Gebietseinheiten (Bundesländer in Deutschland, *Départements* in Frankreich). Dies erscheint logisch, wenn man bedenkt, dass die meisten Lehrerinnen und Lehrer in ihrem Heimatland für eine einzige Klasse zuständig sind, in der sie alle Fächer unterrichten, während sie im Nachbarland als Fachlehrer nur die Fremdsprache unterrichten. Eine gegenseitige Vertretung ist daher nicht möglich.

In Deutschland wird das Gleichgewicht von entsandten und aufgenommenen Teilnehmern auf Landesebene hergestellt. Der Fall Baden-Württembergs mag dieses Prinzip veranschaulichen: Wenn sieben Lehrerinnen und Lehrer aus Baden-Württemberg entsendet werden, nimmt das Bundesland im Gegenzug sieben französische Lehrerinnen und Lehrer auf. Die deutschen Lehrkräfte werden im allgemeinen landesweit rekrutiert, während ihre französischen Kollegen in Baden-Württemberg dort eingesetzt werden, wo der Bedarf für den Französischunterricht besonders groß ist, nämlich in grenznahen Städten und Schulen.

In Frankreich muss das Gleichgewicht auf Ebene des *Départements* hergestellt werden. Jedes *Département* ist daher angehalten, genauso viele Lehrer aufzunehmen wie es entsendet, selbst wenn hiervon in der Realität immer wieder Ausnahmen gemacht werden. Innerhalb der *Départements* werden die deutschen Lehrkräfte dann den Schulen zugeordnet, an denen Deutsch unterrichtet wird. Einige *Départements* nehmen regelmäßig am Austauschprogramm teil und bemühen sich jedes Jahr um Bewerber und konkretisieren somit eine aktive Fremdsprachenpolitik. Andere *Départements* nehmen mehr oder weniger „zufällig" und sporadisch teil, wenn sie der Spontanbewerbung einer Lehrkraft stattgeben und im Gegenzug eine deutsche Lehrkraft empfangen. In solchen Fällen ist eher die persönliche Motivation der Auslöser für die Teilnahme als der politische Wille einer Institution.

Selbst wenn das Gleichgewichtsprinzip gesichert ist, stellt die Beteiligung am Austausch immer ein Engagement der jeweiligen Schulbehörden dar, denn es wird ein französischer Klassenlehrer freigestellt und weiterbezahlt und im Gegenzug ein Fremdsprachenfachlehrer aufgenommen. In den Augen der Behörden stellt dies meist einen Verlust dar, weshalb es in beiden Systemen bestimmte finanzielle Entschädigungsmechanismen gibt, um die Behörden zur Teilnahme zu bewegen.

Das Austauschprogramm wird in Frankreich im *Bulletin officiel de l'Education nationale* ausgeschrieben und in Deutschland durch die Landesschulbehörden bzw. die Ministerien. Interessierte Lehrkräfte bewerben sich über den Dienstweg. *Départements* und Bundesländer treffen – vielfach in Form eines Bewerbungsgesprächs – eine Vorauswahl, die dann einer Verteilungskommission vorgestellt und von dieser genehmigt wird.

Die aus Vertretern der Ministerien und des französischen Erziehungsministeriums bestehende Verteilungskommission tagt jedes Jahr Ende April und hat zur Aufgabe, das Kriterium des Gleichgewichts mit den Anforderungen und Wünschen der Kandidaten in Einklang zu bringen. Diese Kommission wird vom DFJW vorbereitet und koordiniert. Leitung und Begleitung dieses Austauschprogramms wurden dem DFJW bereits 1968 übertragen, während für andere Austauschprogramme, wie etwa für Sprachassistenten oder Sekundarlehrkräfte, direkt die entsprechenden Behörden der beiden Länder zuständig sind.

Begleitung des Programms

Für eine Teilnahme am Austausch werden Grundkenntnisse der Partnersprache empfohlen, es ist jedoch in Ausnahmefällen und bei besonderer Motivation möglich, ohne Kenntnisse der Partnersprache teilzunehmen, wie das *Bulletin officiel de l'Education nationale* (2006-2007: 5) ausführt: „Für eine gewinnbringende Teilnahme am Austausch sind Grundkenntnisse der deutschen Sprache wünschenswert; dennoch können auch Bewerbungen besonders motivierter Lehrkräfte mit verbesserungsbedürftigen Sprachkenntnissen berücksichtigt werden". In solchen Fällen bietet das DFJW die Teilnahme an einem Anfängersprachkurs an.

Zur Vorbereitung und Begleitung der Lehrkräfte hat das DFJW im Laufe der Jahre verschiedene Fortbildungen und Seminare entwickelt: ein Informationstreffen Ende Mai, bei dem die künftigen Teilnehmer ihre Vorgänger kennenlernen können, also die Teilnehmer des zu Ende gehenden Austauschjahres. Es folgen eine pädagogische Fortbildung zum Fremdsprachenunterricht an Grundschulen Ende August, ein zweiwöchiger Sprachkurs nach der Tandem-Methode, im Januar ein binationaler Kurs zu interkulturellen Aspekten des Austausches und schließlich das Abschlusstreffen im Mai, bei dem wiederum die künftigen Teilnehmer zugegen sind. Die fünf Begleitveranstaltungen dienen nicht nur der Vorbereitung und Begleitung der Teilnehmer, sondern auch dazu, untereinander Kontakte zu knüpfen, die oft über den Austausch hinaus bestehen bleiben. Die nahezu individuelle Begleitung der Teilnehmer hat dem DFJW jedes Jahr deutlicher vor Augen geführt, welche Bedeutung diese Mobilitätserfahrung im beruflichen wie auch im privaten Leben der Lehrerinnen und Lehrer haben kann.

Warum eine Untersuchung des Grundschullehreraustauschs?

Da der Grundschullehreraustausch als globale Alltagserfahrung von sprachlicher, kultureller und beruflicher Alterität anzusehen ist, ergaben sich Forderungen nach einer systematischen wissenschaftlichen Erforschung dieses Gesamtphänomens und seiner diversen Aspekte. Die vorliegende Untersuchung soll die spezifischen Probleme, Reaktionen und Lernprozesse sichtbar machen, deren Beschreibung und Analyse nicht nur für die Vorbereitung und Begleitung zukünftiger Teilnehmer, sondern auch für weitere, vom DFJW oder anderen Einrichtungen angebotene Mobilitätsprogramme dienen kann.

Im Grunde genommen ist wenig bekannt über die Nachhaltigkeit des Bildungspotentials dieser sehr spezifischen Erfahrungen, über ihre Auswirkungen auf die jeweiligen Bildungseinrichtungen, auf die pädagogischen Einstellungen und Arbeitsweisen, den Erwerb sprachlicher, sozialer, interkultureller und pädagogischer Kompetenzen sowie auf persönliche Entwicklungen. Es mag überraschen, dass es bis zum heutigen Tag keine breit angelegte Studie zu diesen Grundschullehrkräften gibt, die sich für eine berufliche Mobilitätserfahrung in Form eines ein- bis dreijährigen Aufenthalts im Land und in der Schule des Anderen entscheiden. Dies ist umso erstaunlicher, wenn man sich die Anzahl der über die letzten 45 Jahre beteiligten Personen und den Multiplikatoreneffekt des Austauschs vor Augen führt: mehr als 3000 Teilnehmende; eine beachtliche Zahl deutscher und französischer Kinder in Vor- und Grundschule, die oft mithilfe innovativer Methoden für die Sprache des Anderen sensibilisiert wurden; Eltern, die von der Bedeutung des Unterrichts einer Fremdsprache von der Vorschule an überzeugt wurden, wobei auch der pädagogische und didaktische Einfluss auf die Unterrichtspraxis im Heimatland nicht vergessen werden darf. Es ist sicher nicht übertrieben, zu behaupten, dass diese Lehrkräfte eine gänzlich neue Kultur schaffen, die sich zwar aus Unterschieden nährt, deren Wurzeln aber vor allem in gemeinsamen Erfahrungen und Werten liegen.

Wer nimmt am Austausch teil?

In diesem Abschnitt nehmen wir die bereits in der Einleitung begonnene Darstellung des Austauschprogramms wieder auf und wenden uns den soziobiographischen Charakteristika der Personengruppe zu, die die Gelegenheit zu dieser besonderen Art von Mobilität wahrnimmt. In welchem familiären Zusammenhang kommt es zu einer solchen Entscheidung? Welchen Problemen begegnet man im Zuge der Vorbereitung und während des Aufenthalts? Gibt es bestimmte wiederkehrende Muster, die sich über individuelle Variationen hinaus abzeichnen?

Um ein Gesamtbild der Personengruppe zu entwerfen, stützen wir uns auf zwei unterschiedliche Datenerhebungen. Dabei handelt es sich, zum einen, um mittels Fragebögen erhobene Daten deutscher und französischer Lehrkräfte, die zwischen

1999 und 2009 am Austausch teilgenommen haben. Dieser Zeitraum wurde mit Absicht gewählt, da sich die vorliegende Studie in direkter Nachfolge der 1998 durchgeführten Untersuchung versteht, die sie mit neuen Erkenntnissen zur Lehrermobilität vergleichend weiterführen und ergänzen möchte. Der Vergleich mit den früher erhobenen Daten soll weiterhin dazu dienen, die im Zeitraum von über zehn Jahren stattgefundenen Veränderungen aufzuzeigen.

Zum anderen hat uns die relativ geringe Zahl (55) ausgewerteter Fragebögen veranlasst auf Dokumente und Material des DFJW zurückzugreifen, um den Gesamtkontext des Austausches so weit wie möglich zu erfassen und für die Erschließung der Daten relevant zu machen. Wie bereits in der Einleitung erwähnt, basiert die Untersuchung im Wesentlichen auf einem qualitativ-interpretativem Forschungsverfahren, mit dessen Hilfe der subjektiv gemeinte Sinn der Erfahrungen verstehend nachvollzogen werden soll. Bei diesem phänomenologischen Ansatz steht die Perspektive der Beteiligten im Vordergrund, sowohl bei der narrativen Rekonstruktion ihres erinnerten Alltags im Partnerland als auch bei der Darstellung des Gesamtertrags des Aufenthalts für die gegenwärtige Lebenswelt. Der Rückgriff auf die quantitative Datenerhebung dient als zusätzliches epistemologisches Instrumentarium, insbesondere zur Ergänzung, Validierung von bestimmten Ergebnissen und für die Erstellung eines Gesamtprofils der betroffenen Personengruppe. Mit Hilfe der quantitativen Daten lässt sich der allgemeine Rahmen abstecken, in den sich das „Mosaik" einfügt – um mit der Metapher des amerikanischen Soziologen Howard S. Becker zu sprechen –, durch dessen Komposition wir die Erschließung neuer beruflicher und vor allem persönlicher Räume durch die Mobilität so vollständig und vielfarbig wie möglich abbilden wollen. Wir gehen dabei von der forschungsgeschichtlichen Feststellung aus, dass die scharfe Grenzziehung zwischen quantitativen und qualitativen Verfahren überholt ist und eine angemessene Kombination beider Herangehensweisen dazu dienen kann, die Problemstellung in einem differenzierten Licht zu betrachten.

Statistische Angaben zum Gesamtprofil der Teilnehmenden

Aus den oben genannten Gründen wurden die Befragten nach dem Kriterium einer mindestens einjährigen Teilnahme am Austauschprogramm zwischen 1999 und 2008/2009 ausgewählt. Zu diesem Kriterium kommt ein rein pragmatischer Aspekt: die Kontaktdaten der Lehrkräfte, an die wir (per E-Mail oder per Briefpost) den Fragebogen senden wollten, mussten verfügbar sein. Der Fragebogen konnte letztendlich an etwas mehr als 100 Personen adressiert werden, die sich über die Jahre freiwillig bereiterklärt hatten, ein Netzwerk ehemaliger Teilnehmer zu bilden. Bestehend aus 116 geschlossenen, halbgeschlossenen und offenen Fragen auf insgesamt 20 Seiten, greift der Fragebogen weitgehend auf vorausgegangene Forschungen zu demselben Austauschprogramm sowie zur schulischen Mobilität im Rahmen des

Voltaire-Programms[7] zurück. Trotz des beeindruckenden Umfangs und vieler offener Fragen gab die ungewöhnlich hohe Zahl der Rückläufe jener beiden Befragungen Anlass zur Hoffnung, auch diesmal eine zufriedenstellende Rücklaufquote zu erreichen. Von den etwa 100 kontaktierten Lehrkräften haben 55 einen ausgefüllten Fragebogen zurückgesendet, was in etwa den Erwartungen entsprach. Dennoch bedeutet dies auf Grundlage der Gesamtteilnehmerzahl prozentual ausgedrückt 6,9% aller Teilnehmer zwischen 1999 und 2008. Von einem rein statistischen Gesichtspunkt aus können die Ergebnisse daher nicht als repräsentativ bezeichnet werden. Das Material erwies sich nichtsdestotrotz als ausreichend aussagekräftig für eine statistische Analyse, um eine allgemeine Übersicht zu skizzieren, die durchaus signifikant für die untersuchte Referenzgruppe ist.

Die Fragen sind in chronologischer Reihenfolge geordnet – vor, während und nach dem Austausch – und betreffen verschiedene Aspekte der Mobilitätserfahrung: das Mobilitätskapital – Kenntnis und Praxis der Fremdsprache, vorangegangene Mobilitätserfahrungen, Aufenthalte im Zielland -; soziale Repräsentationen beider Länder, individuelle Dispositionen und deren Einfluss auf die Entscheidungsfindung; die praktische Organisation des Aufenthalts sowie den sozialen und sprachlichen Integrationsprozess. Ein wesentlicher Abschnitt gilt natürlich dem Leben in der Schule des Anderen, den Beziehungen zu Schülern und Kollegen sowie der Wahrnehmung von Ähnlichkeiten und Unterschieden zwischen den beiden Schulsystemen. In diesem Abschnitt gab es ausschließlich offene Fragen als Aufforderung an die Informanten, ihre subjektive Deutung der beobachteten Phänomene in Worte zu fassen. Der letzte Teil des Fragebogens bezieht sich auf die Rückkehr und die Wiedereingliederung in das Herkunftsumfeld. Viele Fragen betreffen die in der Folge der Erfahrung wahrgenommenen persönlichen und beruflichen Veränderungen; das Interesse des Herkunftsumfelds an dieser Erfahrung sowie den Transfer der erworbenen Kompetenzen in die pädagogische Praxis.

Für die Datenanalyse wurde die Software *Le Sphinx – édition Lexica* eingesetzt, welche für Befragungen entwickelt wurde, die offene und geschlossene Fragen enthalten. Dadurch ist es möglich, einen quantitativen mit einem qualitativen Ansatz zu verbinden. Der statistischen Verarbeitung der geschlossenen Fragen wird die Auswertung der Sprachstruktur der Antworten auf die offenen Fragen mittel Syntaxanalyse (Lemmatisierung) zur Seite gestellt. Den Anforderungen der vorliegenden Studie entsprechend konnten wir so quantitative und qualitative Werte miteinander kombinieren. Hierdurch lässt sich die Strenge des Quantitativen gemeinsam mit der Spontaneität, Vielfalt und Kreativität des Qualitativen nutzbar machen. Die Suche nach wiederkehrenden Elementen wurde für die Auswertung der offenen Fragen genutzt, vor allem im Hinblick auf Fragen nach Erfahrungen mit der Schule des Anderen und der Wahrnehmung des Partnerlandes.

---

7   S. *Das Eintauchen in die Kultur und die Sprache des Anderen – Eine evaluierende Forschung zum Voltaire-Programme* Arbeitstexte des DFJW 23-2006, http://www.dfjw.org/sites/default/files/Arbeitstext__23.pdf

Wie bereits ausgeführt, werden die über den Fragebogen erhobenen Daten in Bezug zu den allgemeinen vorliegenden Informationen zum Austausch gesetzt.

Allgemeine Entwicklung des Austauschprogramms

Zwischen 1999 und 2008/9 – dies war der Zeitraum unserer Umfrage – hat die Teilnehmerzahl nach einer anfänglichen Senkung eine relative Stagnation erreicht. Erst seit 2008/2009 deutet sich ein leichter Aufschwung an, wie die untenstehende Tabelle zeigt, die die Zahl der teilnehmenden Lehrkräfte pro Jahr und Land darstellt. Insgesamt haben sich in dieser Zeit 794 Personen am Austausch beteiligt (403 Deutsche und 391 Franzosen/Französinnen).

	99/00	00/01	01/02	02/03	03/04	04/05	05/06	06/07	07/08	08/09
D	36	35	39	50	46	42	36	37	38	44
F	30	30	40	48	44	41	36	37	38	47

Quelle: DFJW

Diese Tabelle verdient ein paar erläuternde Hinweise. Wir haben bereits in der Einführung darauf hingewiesen, dass im Jahr 2000 mit 35 Deutschen und 30 Teilnehmern aus Frankreich die bisher geringste Teilnehmerzahl seit dem Bestehen des Austauschprogramms zu verzeichnen war. Hierbei ist zu beachten, dass das Partnerland, in dem es mehr Bewerber für den Austausch gibt, sich meist dem Partnerland mit weniger Bewerbern anpasst (Gleichgewichtsprinzip). Daher ist es durchaus wahrscheinlich, dass die Bundesländer 1999 weit mehr Bewerber als die 35 teilnehmenden Lehrkräfte hatten. Das Gleichgewichtsprinzip ist vor allem eine finanzielle Frage, da die Lehrkräfte weiterhin von den Herkunftsbehörden ihr Gehalt beziehen. Jedes Bundesland und jedes *Département* will daher ebenso viele Lehrkräfte aufnehmen wie es entsendet. Nichtsdestotrotz akzeptieren Bundesländer wie *Départements* bisweilen eine leichtes Ungleichgewicht, was ein reelles finanzielles Engagement ihrerseits bedeutet, das beispielsweise mit dem Ziel eingegangen wird, die Kontinuität des Unterrichts in einer bestimmten Region zu gewährleisten. Seit 2001 ist die Anzahl der französischen Bewerber nach und nach gestiegen, was sicher an einem politischen Wandel liegt: Jack Lang hat 2001 in seiner Funktion als Erziehungsminister (*Ministre de l'Education nationale*) die Sprachenvielfalt an Grundschulen in Frankreich verankert.

Allgemein betrachtet fehlten jedoch zwischen 2000 und 2006/7 vor allem auf französischer Seite Bewerber, während auf deutscher Seite größere Teilnehmerzahlen möglich gewesen wären. Erst seit 2007 beginnt sich diese Situation zum ersten Mal umzukehren: Die französischen Bewerberzahlen übersteigen die deutschen. Die Gesamtheit der Gründe hierfür ist schwer zu ermitteln, aber eine mögliche Erklärung ist sicherlich die veränderte Wahrnehmung des Nachbarlandes. Die

Fußballweltmeisterschaft 2006 in Deutschland, die Feierlichkeiten zum 20. Jahrestag des Mauerfalls, der Erfolg der Band *Tokio Hotel* und das Bild der deutschen Hauptstadt als Symbol, aber auch als Ort, an dem im Vergleich zu Frankreich und insbesondere zu Paris erschwinglichere Mieten angeboten werden (was für die Teilnehmer nicht unwichtig ist), lassen Deutschland in einem neuen Licht erscheinen. Im Gegensatz dazu haben die Aufstände in den Pariser Vororten 2006 und die hohen Preise in der französischen Hauptstadt, aber auch in anderen französischen Städten, für Zurückhaltung von Seiten manch potentieller Bewerber aus Deutschland gesorgt. Da die Bundesländer nun nicht mehr genügend Bewerbungen erhalten, lassen die zuständigen Behörden leichter eine zweite oder sogar weitere Verlängerung zu, obwohl das Programm theoretisch nur ein zweites Jahr erlaubt.

Dauer der Teilnahme

Auf französischer Seite wird das Austauschprogramm im *Bulletin officiel de l'Education nationale* öffentlich unter dem Hinweis ausgeschrieben, dass die Austauschdauer auf ein Jahr begrenzt und ein zweites Jahr die Ausnahme ist. Dennoch entscheiden sich schätzungsweise etwas mehr als ein Drittel der französischen Teilnehmer dafür, ein zweites Jahr zu bleiben. Eine weitere Verlängerung ist eher selten.

Die Strategie der deutschen Bundesländer hängt weitgehend vom Bedarf ab. Die Bundesländer, die über eine ausreichende Zahl von Bewerbern verfügen, stimmen selten einem dritten Jahr zu, diejenigen hingegen, denen es an Kandidaten mangelt, bewilligen tendenziell leichter Aufenthaltsverlängerungen. Einzelne Teilnehmer konnten auf diese Weise acht Jahre oder sogar noch länger in Frankreich bleiben. Die Verlängerung wird von den Lehrkräften direkt beantragt, ihre Genehmigung sprechen die Behörden gegebenenfalls in der zweiten Hälfte des ersten Austauschjahres (zwischen Februar und April) aus. Ein Wechsel der zugewiesenen Schule kann nötig sein oder beantragt werden.

Diese allgemeinen Umstände spiegelt die Befragung wider. Die Dauer der Teilnahme liegt relativ regelmäßig verteilt zwischen einem (43,6%) und zwei Schuljahren (45,5%). Zu diesen beiden Fällen kommen diejenigen, die drei Jahre fort waren (10,9%). Nach Nationalitäten getrennt betrachtet ist ein leichter Unterschied zwischen deutschen und französischen Teilnehmern zu beobachten, vor allem hinsichtlich der Personen, die drei Jahre im Partnerland verbracht haben: Dies betrifft 18% der deutschen und nur 6% der französischen Teilnehmer.

Das Alter der Teilnehmer

Das Durchschnittsalter der befragten Gruppe beträgt 37,6 Jahre zum Zeitpunkt der Abreise, was zeigt, dass es sich bei den Teilnehmern zu einem großen Teil um erfahrene Lehrerinnen und Lehrer handelt. Betrachtet man die beiden Gruppen gesondert, stellt man fest, dass 51,5% der französischen Teilnehmer jünger als 35 Jahre sind, hingegen nur 31,8% der deutschen. Es lässt sich darüber hinaus feststellen, dass es keine deutschen Teilnehmer unter 25 Jahren gab (aber 18,2% auf französischer Seite), wohingegen kein französischer Teilnehmer über 50 Jahre alt war (aber 27,3% auf deutscher Seite).

Diese aus der Umfrage hervorgehenden Fakten stimmen mit einer allgemeinen, seit einigen Jahren vom DFJW beobachteten Tendenz eines geringeren Durchschnittsalters der französischen gegenüber den deutschen Teilnehmern überein. Hierfür gibt es mehrere Erklärungen: Die französischen Teilnehmer können direkt im Anschluss an ihr Studium am Austausch teilnehmen. In bestimmten Jahrgängen konnten wir *PE2*-Teilnehmer registrieren, d.h. *Professeur d'écoles en deuxième année de formation à l'IUFM (Institut universitaire de la formation des maîtres*, also Lehrkräfte im zweiten Ausbildungsjahr am akademischen Ausbildungsinstitut für Grundschullehrer). Da die schulische Laufbahn in Frankreich kürzer ist, kann das Alter einiger Teilnehmer bei 23 Jahren oder noch darunter liegen. Diese Gruppe der unter 35-Jährigen ist besonders mobil und fühlt sich von den deutschen Großstädten angezogen. Oft sind sie ledig, haben keine Kinder oder andere Verpflichtungen (wie z.B. die Rückzahlung eines Hauskredits). Lehrkräfte unter 35 stellen die Hälfte der französischen Gruppe, die andere Hälfte besteht aus älteren Teilnehmern, die häufig Kinder haben oder die ins Ausland gehen, wenn ihre Kinder selbständig sind. Auf deutscher Seite entsenden bestimmte Bundesländer nur verbeamtete Lehrer mit mehrjähriger praktischer Berufserfahrung. Da die schulische Laufbahn in Deutschland länger ist (zumindest hinsichtlich des untersuchten Zeitraums, denn seitdem haben einige Bundesländer sich für eine Verkürzung entschieden), gibt es sehr wenige deutsche Teilnehmer unter 35 (weniger als ein Drittel). Aufgrund der mit diesem Lebensabschnitt verbundenen Zwänge sind die Lehrkräfte schon weniger mobil und warten bis zum Erwachsenenalter ihrer Kinder, um am Austausch teilzunehmen. Sie sind zu diesem Zeitpunkt oft zwischen 50 und 60 Jahre alt. Dazu kommt die Tatsache, dass seit einigen Jahren das Durchschnittsalter von Lehrern allgemein in Deutschland mit 44 Jahren höher liegt als in Frankreich, wo es bei 38 Jahren liegt. (vgl. RERS, 2009: 281 und Statistisches Bundesamt, 2010: 349). Diese Zahlen entsprechen sowohl unserem Datenmaterial als auch denen des Austauschprogramms insgesamt.

Den jungen französischen Lehrern fällt es bisweilen schwer, sich in die deutschen Schulen zu integrieren, weil sie den Eindruck haben, mit Kollegen im Alter ihrer Eltern zu arbeiten, von ihnen bevormundet und nicht ernst genommen zu werden. Manchmal als Sprachassistenten angesehen, haben sie Schwierigkeiten, ihrem Status entsprechend respektiert zu werden. Unsere Untersuchung zeigt, dass die Motivationen, Erwartungen, Befürchtungen hinsichtlich der zu erwartenden Aufgaben je nach Alter und privater wie beruflicher Lebensphase starke Unterschiede aufweisen. Nichtsdestotrotz macht das Zusammentreffen von Menschen, die zwar den gleichen Beruf haben, sich aber in Alter und Lebensphasen oft stark voneinander unterscheiden, dieses Programm zu einem generationenübergreifenden Austausch, was im Vergleich zu anderen Mobilitätsformen einzigartig ist.

In Frankreich wie in Deutschland ist das Grundschullehramt stark weiblich geprägt. Es überrascht daher nicht, dass Männer in diesem Austauschprogramm in der Minderheit sind. Dennoch ist ein Unterschied zwischen der französischen und der deutschen Gruppe festzustellen. Auf französischer Seite gibt es regelmäßig etwa 10% männliche Programmteilnehmer, während es auf deutscher Seite nur die Hälfte ist. Hierin spiegelt sich die landesspezifische Situation mit 18,7% Männern in Frankreich und 10% Männern in Deutschland im Grundschullehrwesen wider. Bei den 55 Personen, die den Fragebogen ausgefüllt zurückgesendet haben, findet sich dieses Ungleichgewicht wieder, mit 3 Männern und 19 Frauen auf deutscher Seite und 7 männlichen und 26 weiblichen französischen Teilnehmern.

Die familiäre Situation

Die familiären Situationen der Teilnehmer sind sehr unterschiedlich, was eine weitere Besonderheit dieser Mobilitätsform darstellt. Obwohl es eine gewisse Anzahl Singles gibt, ist ein hoher Anteil von Paaren oder Familien, auch mit drei oder sogar vier Kindern, dabei. Fast jedes Jahr befindet sich mindestens ein Paar unter den Teilnehmern, häufig mit Kindern, von dem beide Partner sowohl Lehrer als auch Austauschteilnehmer sind. Je nach Anforderungen und Zwängen der familiären Umstände beweisen die Teilnehmer, die bereits eine Familie gegründet haben, bei der Vorbereitung ihres Auslandaufenthaltes großes Organisationstalent. Die Lösungen fallen unterschiedlich aus, beispielsweise in Form einer Trennung der Familie, indem man ein Kind mitnimmt und das zweite im Herkunftsland bleibt. Französische Teilnehmer, die mit Kindern im Schulalter umziehen, bewerben sich häufig für Berlin, da dort in kostenlosen weiterführenden französischen Schulen (*Collège* und *Lycée*) französischsprachiger Unterricht angeboten wird. Bis vor einigen Jahren hatten Teilnehmer aus Frankreich noch stärkere Hemmungen, ihre Kinder in das deutsche Schulsystem einzugliedern und das Risiko einzugehen ein „Jahr zu verlieren". Auf deutscher Seite gibt es hingegen regelmäßiger Personen, die ihre Kinder im französischen System einschulen und ihnen somit eine globale sprachliche und soziale Immersion im Partnerland ermöglichen.

Die älteren Teilnehmer müssen sich zwar nicht mehr an den Bedürfnissen ihrer Kinder orientieren, sehen sich aber in einigen Fällen gezwungen, sich um ihre Eltern zu kümmern. Auch diese Situation ist nicht immer einfach. Es kommt ebenfalls nicht selten vor, dass man nach einer Scheidung oder Trennung am Austausch teilnimmt, um sich neue Horizonte zu erschließen. Diese allgemeinen Tendenzen bestätigen sich in unserer Umfrage, denn zum Zeitpunkt des Austauschs ist über die Hälfte der Personen (61,8%) Single, getrenntlebend oder geschieden, wohingegen 38,2% in einer Partnerschaft leben, von denen jede dritte mit dem Partner den Schritt ins Ausland macht. Von den 55 befragten Personen haben 27 Kinder. Etwa die Hälfte von ihnen hat sich dafür entschieden, sich gemeinsam mit den Kindern auf das Wagnis einzulassen, entweder allein oder mit dem Partner. Das Durchschnittsalter der mitgenommenen Kinder liegt bei 10 Jahren, über 16 Jahre alte Kinder sind im Herkunftsland geblieben.

Die geographische Verteilung

Da es sich um ein Austauschprogramm handelt, das zwar keinen Stellentausch vorsieht, aber dennoch ein gewisses geographisches Gleichgewicht herzustellen versucht (Gleichgewicht entsandter und aufgenommener Personen pro *Département* bzw. Bundesland), bestimmen die Herkunftsregionen der Lehrkräfte auch die Gastregionen (jedoch nicht die aufnehmenden Städte und Schulen). In Frankreich wie in Deutschland nehmen die Grenzregionen im Allgemeinen sehr rege am Austausch teil. So stellen zum Beispiel die *Académies* (Schulverwaltungsbezirke) Strasbourg und Nancy-Metz (vor allem Bas-Rhin und Moselle) sowie die Bundesländer Baden-Württemberg, Rheinland-Pfalz und das Saarland etwa ein Drittel der Teilnehmer. Auf französischer Seite findet man darüber hinaus eine starke Konzentration im Großraum Paris und in großen Städten wie Bordeaux oder Lyon. Die Beteiligung der übrigen Regionen und *Départements* ist eher unregelmäßig. Auf deutscher Seite sind außer den Grenzregionen auch Hessen, Nordrhein-Westfalen und Berlin regelmäßig mit meist stabilen Zahlen vertreten, die neuen Bundesländer eher schwankend, häufig mit einer oder zwei Lehrkräften. Die Bundesländer Bremen, Niedersachsen, Bayern, Hamburg und Schleswig-Holstein haben in dem beobachteten Zeitraum nicht am Austausch teilgenommen.

Die französischen Bewerber nennen neuerdings auch schon in dem untersuchten Zeitraum als Wunsch-Einsatzort mit Vorliebe Berlin, aber auch andere deutsche Großstädte wie Köln oder Frankfurt, während die deutschen Kandidaten vor allem von Küstenregionen und weniger von Paris angezogen sind. Bei den Teilnehmern aus der Grenzregion lassen sich zwei Fälle erkennen: diejenigen, die auf der anderen Seite der Grenze arbeiten möchten, ohne umzuziehen; und diejenigen, die andere Regionen ihres Nachbarlands besser kennenlernen möchten und daher weiter ins Landesinnere gehen. In Anbetracht dieser Vielzahl von Einsatzwünschen ist es nicht immer einfach, die zur Verfügung stehenden Stellen mit den Wünschen und Bedürfnissen der Kandidaten in Einklang zu bringen.

Für das untersuchte Panel stellen wir aufseiten der Franzosen eine rege Beteiligung von Lehrkräften aus der Ile-de-France (18%) und einen entsprechenden Anteil von Personen, die in Grenzgebieten unterrichten, fest. Eine solche Konzentration auf bestimmte Regionen findet keine Entsprechung auf deutscher Seite, obwohl Baden-Württemberg, Rheinland-Pfalz und das Saarland mit einem identischen Anteil von 8% vertreten sind. Die Aufnahmeregionen entsprechen den Herkunftsregionen mit vielen in die Ile-de-France (14,5%) und in die Lorraine (Lothringen, 10,9%)

entsandten deutschen Teilnehmern sowie Berlin und Nordrhein-Westfalen zugewiesenen französischen Teilnehmern, die mit je 10,9% die Liste anführen.

Auslösende Elemente bei der Entscheidungsfindung

Die Motivationen und auslösenden Elemente in der Biographie, die dazu führen, dass ein berufliches Mobilitätsprojekt auch tatsächlich umgesetzt wird, stehen im Fokus der qualitativen Auswertung der Gespräche. Aber allein schon die statistischen Daten lassen die starke Differenzierung der Entscheidungskategorien erkennen und zeigen, dass diese ebenso sehr von internen Faktoren und individuellen Dispositionen als auch von externen Faktoren, wie etwa dem familiären und gesellschaftlichen Umfeld des Einzelnen abhängen.

Der Fragebogen bot in diesem Bereich Multiple-Choice-Fragen, von denen maximal fünf Aussagen ausgewählt und der Zustimmungsgrad mittels einer Vierfach-Skala (Stimmt vollkommen, Stimmt insgesamt, Stimmt weniger, Stimmt gar nicht) angegeben werden sollte. Dabei wurden die Antworten nicht nach Nationalität getrennt erfasst, um ein allgemeines Profil der Teilnehmer zu erhalten. Die erste Tabelle enthält Angaben zu vor dem Austausch bestehenden freundschaftlichen oder familiären Bindungen zum Nachbarland sowie zum Wert, den man selbst und das eigene Umfeld diesem Austausch beimessen. Dabei wird davon ausgegangen, dass die Entscheidung von der Haltung des familiären und sozialen Umfelds beeinflusst werden kann und manchmal im Widerspruch zu ihm getroffen wird.

	Stimmt vollkommen	Stimmt insgesamt	Stimmt weniger	Stimmt gar nicht
Freunde und Bekannte haben viel über das Partnerland gesprochen.	2,9%	17,1%	**45,7%**	34,3%
Das Partnerland hat mich immer interessiert.	**73,6%**	18,9%	5,7%	1,9%
Ich habe Freunde im Partnerland.	**61,4%**	15,9%	2,3%	20,5%
Ich hatte sehr genaue Vorstellungen über die Bewohner.	13,2%	**39,5%**	31,6%	15,8%
Das Leben in meinem Land schien mir begrenzt.	28,9%	**44,4%**	8,9%	17,8%
Ich wollte immer schon einmal für eine gewisse Zeit ins Partnerland.	**57,7%**	25,0%	11,5%	5,8%
Ich habe Familie im Partnerland.	8,1%	2,7%	0,0%	**89,2%**

* Die fettgedruckten Werte geben die signifikanten Ergebnisse an.

Festzustellen ist, dass das offenkundige Interesse für das Nachbarland (73,6%) sich in Form freundschaftlicher Bindungen konkretisiert (61,4%) und dass es den Wunsch gibt, dieses Interesse durch einen längeren Aufenthalt dem Alltagstest zu unterziehen (57,7%), was kaum überrascht. Allerdings ist in diesem Zusammenhang auf eine relative Indifferenz des sozialen Umfelds hinzuweisen (45,7%). Auch scheint der hohe Anteil von Befragten relevant, denen laut Aussagen das Leben in ihrem jeweiligen Land zu eng erschien. Dieser Punkt wird im Kapitel vier näher untersucht.

Die untenstehende Tabelle gibt die Gründe wieder, aus denen sich Personen für den Austausch und für Mobilität im Allgemeinen interessieren.

	Stimmt vollkommen	Stimmt insgesamt	Stimmt weniger	Stimmt gar nicht
Ich wollte etwas Neues kennenlernen.	**92,5%**	7,5%	0,0%	0,0%
Ich wollte mit Vorurteilen aufräumen, auch mit den eigenen.	7,7%	19,2%	30,8%	**42,3%**
Es ist eine Möglichkeit für einen beruflichen Aufstieg.	19,4%	25,8%	16,1%	**38,7%**
Mobil sein ist heutzutage ein Muss.	22,2%	**37,0%**	29,6%	11,1%
Ich wollte meine Kenntnisse der Sprache des Partnerlandes verbessern.	**86,8%**	9,4%	1,9%	1,9%

Die erste Behauptung bestätigt die Ergebnisse der vorhergehenden Tabelle, nämlich den Wunsch, etwas Neues zu entdecken und aus dem Alltag auszubrechen. Die Gruppe schätzt sich selbst als „offen" ein und 73% der Befragten behaupten frei von Vorurteilen gegenüber der anderen Kultur zu sein. Selbst wenn die überwiegende Mehrheit über den Aufenthalt ihre Sprachkenntnisse verbessern will, sieht ihn nur etwas über die Hälfte der Befragten als eine Weiterbildung, die zu einem beruflichen Aufstieg führen könnte. Für einen Großteil der Gruppe ist Mobilität an sich nicht zwingend ein Umstand, der für Grundschullehrkräfte charakteristisch sein könnte. In diesem Zusammenhang sei darauf hingewiesen, dass Grundschullehrer in Frankreich einem *Département* zugeordnet sind, während Lehrer der Sekundarstufen landesweit eingesetzt werden können. Die Wahl, an der Grundschule zu unterrichten, geht daher oft mit einer Vorliebe für eine gewisse Sesshaftigkeit statt für Mobilität einher.

Die dritte Tabelle gibt das Selbstbild der Teilnehmer wieder. Unser Anliegen bestand darin, herauszufinden, ob es Prädispositionen oder Charakterzüge gibt, die die Mobilität begünstigen.

	Stimmt vollkommen	Stimmt insgesamt	Stimmt weniger	Stimmt gar nicht
Neues ist eine Herausforderung.	**70,6%**	27,5%	2,0%	0,0%
Ich bin ein weltoffener Mensch.	**60,9%**	39,1%	0,0%	0,0%
Ich habe kein Selbstvertrauen.	8,7%	17,4%	**52,2%**	21,7%
Ich fühle mich inkompetent.	4,8%	19,0%	23,8%	**52,4%**
Grundsätzlich finde ich für jedes Problem eine Lösung.	25,0%	**70,8%**	4,2%	0,0%
Grundsätzlich finde ich einen Ausweg aus Konfliktsituationen.	21,4%	**67,9%**	10,7%	0,0%

Die Befragten beschreiben sich also eher als weltoffen, selbstbewusst und konflikt-lösungsfähig. Es ist nicht auszuschließen, dass eine solch positive Selbsteinschätzung schon im Vorfeld Triebfeder für die Entscheidung war. Allerdings lassen die Erkenntnisse der qualitativen Studie eher den Schluss zu, dass sich dieses Selbstvertrauen erst durch die Erfahrungen und Prüfungen des Auslandaufenthaltes gebildet hat bzw. gefestigt wurde und im Rückblick einen zentralen Stellenwert bekommt.

Seinen Alltag im Aufnahmeland organisieren

Hier sei darauf hingewiesen, dass die französischen Teilnehmer für das erste Jahr eine Umzugsprämie in Höhe von etwa 4400 € erhalten, die für das zweite Jahr um 25% niedriger ausfällt (s. *Bulletin officiel*, 2006-2007: 5). Auf deutscher Seite gibt es keine vergleichbare Zahlung, wobei allerdings das deutsche Gehalt weit über dem französischen liegt. Über die französische Prämie hinaus gibt es keinerlei finanzielle oder logistische Unterstützung für die Teilnehmer bei ihrem Umzug ins Nachbarland. Die Lehrkräfte haben jedoch die Möglichkeit sich bei ihrem ersten Treffen im Mai (Informations- und Auswertungstagung) untereinander und mit ihren Vorgängern zu vernetzen. Dieses Netzwerk ermöglicht Hilfe bei der Wohnungssuche, praktische Tipps und Ratschläge, die durch die Broschüre „Praktische Hinweise" mit den Erfahrungen der vorigen Teilnehmer ergänzt werden. Auch sind die Gastschulen, d.h. Schulleitung, Kollegen und Eltern oft bereit, bei der Lösung erster behördlicher Probleme zu helfen.

Sich in einem anderen Land niederzulassen bedeutet, sein Leben neu zu organisieren, selbst wenn es nur für begrenzte Zeit ist. In der von unserer Umfrage betroffenen Personengruppe hat sich die Mehrheit (>75%) schnell oder sogar sehr schnell an ihr neues Leben gewöhnt, auch wenn die Wohnungssuche nicht immer reibungslos verlaufen ist. Nach zwei Monaten hatten die meisten neue Bekanntschaften geschlossen. Etwas mehr als die Hälfte (ca. 64%) hatten außerschulische Aktivitäten aufgenommen. Viele deutsche Lehrer begeisterten sich für Gesang und sind in Chöre eingetreten. Auf französischer Seite wurde überwiegend Sport gewählt (61%) und ein Drittel der deutschen und französischen Teilnehmer nahm an einem Sprachkurs teil.

Die Organisation des Alltags schätzten die meisten relativ einfach ein, nur eine geringe Anzahl (9,1%) hat mindestens einmal daran gedacht, aufzugeben. Die angeführten Gründe sind sehr unterschiedlich: das Klima, geringer Kontakt zu den Bewohnern des Landes, die Familie wiedersehen, missglückte Eingliederung in der Schule, Arbeitsbedingungen.

Die Schule des Anderen

In ihrem Herkunftsland sind Grundschullehrkräfte meist für eine einzige Klasse verantwortlich, in der sie alle Fächer unterrichten. Im Austausch übernehmen sie die Aufgabe von „Fachlehrern" und unterrichten fast ausschließlich ihre Muttersprache als Fremdsprache. In manchen Fällen kommen einige Stunden in anderen Fächern wie beispielsweise Sport oder Kunst hinzu, die dann meist auch dazu genutzt werden, die Fremdsprache zu unterrichten. In Einzelfällen – und vor allem in den Grenzregionen – unterrichten die Teilnehmer auch andere Fächer wie Geschichte oder Mathematik in der Zielsprache. In Deutschland ist es meist möglich, den Französischunterricht einer Lehrkraft auf eine bis drei Schulen zu konzentrieren. Das liegt u. a. an der Größe der Schulen aber auch an der Möglichkeit Französisch im Rahmen von freiwilligen Arbeitsgruppen (AGs) anzubieten.

In Frankreich ist das Deutschangebot an Grundschulen meist verstreut und eine deutsche Lehrkraft kann in vier, fünf oder mehr kleinen, dafür aber relativ nah beieinander liegenden Schulen unterrichten. Entsprechend haben zwei Drittel der Teilnehmer an mehreren Schulen unterrichtet (durchschnittlich sechs Schulen für deutsche, zwei Schulen für französische Teilnehmer).

Zu der Um- und Neuorganisation des Privatlebens kommt folglich die Anpassung an ein völlig neues berufliches Handlungsfeld: das Unterrichten einer Fremdsprache, die Zahl der Schulen und ein anderes Bildungssystem. Allein das Unterrichten der eigenen Sprache als Fremdsprache stellt eine bedeutende Herausforderung dar, auch wenn die Hälfte der Teilnehmer bereits Erfahrungen mit dem Unterrichten der Sprache des Anderen in ihrem Herkunftsland mitbrachten.

Darüber hinaus sehen sich die Lehrer mit einem Schulsystem konfrontiert, das sich deutlich von dem ihnen bekannten unterscheidet. Hinzu kommt natürlich auch die Tatsache, dass eine Lehrkraft im Bildungs- und Erziehungssystem der Ausgangskultur sozialisiert wurde und von diesem dementsprechend stark geprägt ist. Es überrascht daher kaum, dass das andere System zwar mit ethnologischer Neugier, aber auch sehr kritisch betrachtet wird.

Die Antworten auf die offenen Fragen geben einen Einblick in die oft ambivalenten Einschätzungen des jeweiligen Schulsystems des Partners:

Das französische System aus Sicht der deutschen Teilnehmer	Das deutsche System aus Sicht der französischen Teilnehmer
Schule ist ganztags.	Kürzerer Arbeitstag.
Strenger.	Offener, entspannter.
Mehr Disziplin und Respekt.	Mehr Selbständigkeit für das Kind.
Schülerbezogen.	Auf das Kind bezogen.
Auf Unterrichtspläne ausgerichtet.	Persönlichkeitsentwicklung.
Sei fleißig in der Schule.	Weniger Disziplin und Respekt.
Traditionnelle Pädagogik, Auswendiglernen.	Mehr Flexibilität für die Kollegen.
Weniger Freiheit.	*Viel Spaß in der Schule.*
Lehrerzentriert.	Elitäres System.
Viel Druck.	(Zu) frühe Orientierung.
Weniger Kreativität.	Platz der Eltern nicht klar definiert.
Bessere Vertretungspläne.	Die Lehrer müssen den Raum wechseln.
Mehr Hilfe vor Ort.	Bundeslandspezifische Lehrpläne.

Auch die Bewertung des Schülerverhaltens fällt auf beiden Seiten sehr unterschiedlich aus. In absteigender Reihenfolge zeigt sich die Einschätzung der französischen Lehrkräfte, die die deutschen Schüler als „sehr viel selbständiger" (30%), „spontaner" (22%), „offener" (22%), „direkter" (20%), „unkonzentrierter" (20%) und „undisziplinierter" (14%) wahrnehmen. Schüler sind daran gewöhnt, „an Vorhaben oder Entscheidungen beteiligt zu werden" (10%) und „solidarischer" (10%) untereinander. Aber sie beobachten auch, dass die Schüler „sehr aktiv und ständig in Bewegung sind" (20%), „ohne Vorbehalte ihre Meinung äußern" (12%), „Begründungen für Verweigerungen oder Verbote verlangen, bevor sie einer Aufforderung Folge leisten" (10%) und dass „ihnen größeres Vertrauen entgegengebracht wird" (14%).

Die deutschen Teilnehmer beschreiben die französischen Schüler in ihrem Schulalltag als „weniger selbständig, aber respektvoller und disziplinierter" (35%), „gehorsam" (30%), „an eine starke Autorität der Lehrkraft gewöhnt" (22%), „weniger offen" (18%), „höflicher" (18%), „besser erzogen" (18%) und „stärker formatiert" (14%). Es sei ebenfalls angemerkt, dass 15% der Teilnehmer nur sehr wenige Unterschiede zwischen Schülern in Deutschland und Frankreich festgestellt haben.

Eine weitere Frage betraf die möglichen Erklärungen für die beobachteten Unterschiede. Die Teilnehmer hatten durch das DFJW im Rahmen der Austauschvorbereitung bereits einige Informationen über das Schulsystem des Partners erhalten (s. z. B. *Regards croisés/Interkulturelle Betrachtungen* im Glossar Kindergarten und Grundschule des DFJW[8]). Mit dieser Frage sollte herausgefunden werden, wie vorhandenes Wissen eingesetzt wird, um die Unterschiede zu erklären und zu deuten. Vorausgehend sei darauf hingewiesen, dass die französischen Teilnehmer auf diese Frage recht ausführlich und detailliert eingegangen sind, während die deutschen Teilnehmer eher knapp bzw. gar nicht geantwortet haben.

---

8   http://www.ofaj.org/sites/default/files/flipbook/kindergarten/index.html

Für die französischen Teilnehmer erklären sich die Unterschiede durch die Geschichte Deutschlands (Nationalsozialismus, DDR) (28%); eine stärkere Ausrichtung des Unterrichts und der Gesellschaft auf das Kind und die Kindheit, die in Deutschland wichtiger genommen wird (17%); weniger Autorität und ein offeneres System, das zu Autonomie und Selbstverantwortung erzieht, höherer Stellenwert von sozialem Lernen, jedoch weniger Respekt vor Autoritätspersonen (13%); dezentrale Organisation vs. Zentralismus in Frankreich (9%); in Frankreich geht es „militärischer" zu, mit mehr Respekt gegenüber Lehrern und Schule als Institution (9%).

Die beiden folgenden Antworten wurden nur von zwei Teilnehmern erwähnt, dienen uns aber als Beispielzitate: „Die in Frankreich geforderten Kompetenzen sind in intellektueller Hinsicht und in Bezug auf allgemeine Wissensfragen höher"; „Über dem Arbeitsplatz der deutschen Schulleiterin steht ‚Jedes Kind ist ein Genie', über dem der französischen Kollegin ‚Jedes unterrichtete Kind ist ein für die Gesellschaft gewonnener Mensch'".

Die von den deutschen Teilnehmern angeführten Erklärungen für die Unterschiede zwischen den Bildungssystemen variieren stark, zudem haben nur zwei Drittel von ihnen die Frage überhaupt und in eher allgemeiner und wenig detaillierter Form beantwortet. In abnehmender Reihenfolge ergibt sich folgendes Ergebnis: Die unterschiedliche Geschichte der beiden Länder (20%), kulturelle Unterschiede (20%), pädagogische Methoden und Unterrichtssysteme sind sehr unterschiedlich, in Frankreich macht man Frontalunterricht, in Deutschland viel Gruppenarbeit (20%) und es gibt eine unterschiedliche Zielsetzung (10%).

Auf die Frage nach Ähnlichkeiten wurde allerdings sowohl von deutscher als auch von französischer Seite auf die vielen Gemeinsamkeiten hingewiesen: Die Kinder sind sich ähnlich (22%), lernen gern (20%), haben alle die gleichen Neigungen, Träume und Ängste (20%), das Rahmensystem (*collège, lycée*) ähnelt sich (16%), die Arbeitsanforderungen sind gleich (14%), das System von Klassen, Konferenzen und Schulbüchern ähnelt sich (14%), die Lehrkräfte haben die gleichen Schwierigkeiten und Probleme im Berufsleben (10%).

Mit überwiegender Mehrheit (90%) wird das während des Austauschs erworbene Wissen im Herkunftsland nach der Rückkehr im Unterricht der Partnersprache eingesetzt. Weiterhin haben alle französischen Teilnehmer und zwei Drittel der Deutschen angegeben, ihre eigenen Unterrichtsmethoden überdacht bzw. verändert zu haben: „Wissen spielerisch vermitteln", „weniger Druck" und „mehr mündliche Aufgaben in den einzelnen Fächern" lauten Beispiele von französischer Seite; „Die Kommunikation ist besonders wichtig" oder „Ich achte besonders darauf, dass die Regeln verstanden werden" die der deutschen Teilnehmer. Es überrascht also nicht, dass die Lehrkräfte mit diesem Austausch Gefühle wie „Integration" oder „Erfolg" verbinden und dass die Mehrheit auch nach Ende des Austauschs weiterhin Kontakt zu Freunden und Kollegen im Partnerland hält. 85% von ihnen denken sogar über einen erneuten, zeitlich begrenzten Aufenthalt im Nachbarland nach. Ein Viertel kann sich sogar vorstellen, dauerhaft im anderen Land zu leben.

Vielfalt der beruflichen und persönlichen Werdegänge

Im Folgenden stellen wir anhand von Portraits die 21 Personen vor, die an den Gruppengesprächen beteiligt waren. Die Kurzbiographien sollen Unterschiede und individuelle Varianten von Werdegängen sichtbar machen und die Vielfalt der sozialisierenden Umstände und ihren möglichen Einfluss auf die Entscheidung zur Teilnahme am Austausch aufzeigen. Ferner geht es auch um die Frage, ob sich der Wunsch nach Mobilität aus einschneidenden Erlebnissen, Krisen oder Sozialisationsprozessen im beruflichen oder persönlichen Werdegang herleiten lässt. Darüber hinaus wollen wir die sehr differenziert ausgebildeten Wahrnehmungen der Unterschiede zwischen den Ländern und die Sicht auf die Unterrichtserfahrung beleuchten. Der Rückblick auf die Austauscherfahrungen wird mit der Einschätzung ihrer Relevanz für die aktuelle Situation verbunden: inwiefern hat der Auslandsaufenthalt mit seinen Höhen und Tiefen Veränderungen und Verschiebungen im persönlichen Relevanzsystem ausgelöst? Welche Einflüsse auf Berufs- und Familienleben lassen sich aufzeigen? Ein weiteres Anliegen der Einzelportraits ist es, die Gesprächsauszüge zu kontextualisieren, indem sie mit den biographischen Elementen der jeweiligen Sprecher in Verbindung gebracht werden können. Die Portraits basieren auf Informationen, die über die Gruppengespräche und Fragebögen gewonnen wurden. Sie erheben keinen Anspruch auf Vollständigkeit und fehlerhafte Angaben oder falsch ausgelegte Informationen können nicht ausgeschlossen werden. Sie sollen vor allem die Diversität und Heterogenität der Lebensläufe widerspiegeln und ein plastisch greifbares Bild der befragten Gruppe erstellen. Den in alphabetischer Reihenfolge geordneten fiktiven Vornamen folgen Angaben zur Staatsangehörigkeit und Alter zum Zeitpunkt des Gesprächs. Wörtliche Zitate aus den Interviews oder Fragebögen geben wir in Anführungszeichen wieder.

Annick (F/52)

Annick kommt ursprünglich aus dem *Département* Seine-St.-Denis. Sie hat im Alter von 48 Jahren das Schuljahr 2005-2006 in einer deutsch-französischen Schule in Berlin verbracht, allerdings war dies bei weitem nicht ihr erster längerer Aufenthalt in Deutschland. Bereits als junge Studentin hat sie drei Jahre in Deutschland verbracht, genauer gesagt in Ostberlin, zu DDR-Zeiten. Um ihr Studium zu finanzieren, hatte sie dort als Putzfrau gearbeitet. Der Abschied aus Deutschland war ihr damals sehr schwer gefallen und den Traum, eines Tages dorthin zurückzukehren und wieder mit der deutschen Sprache in Berührung zu kommen, die sie als ihre zweite Muttersprache bezeichnet, hat sie nie aufgegeben. Also kehrte sie 15 Jahre später endlich wieder in Begleitung ihrer inzwischen neun und 13 Jahre alten Kinder dorthin zurück, ihr Partner blieb in Paris. Anfänglich war der Austausch für sie sehr anstrengend, weil ihr klar wurde, dass sie fast nichts über das deutsche Schulsystem wusste, obwohl sie bereits in Frankreich Deutsch unterrichtete und sogar das *CAPES* (*Certificat d'aptitude au professorat de l'enseignement supérieur*, Sekundarlehrbefähigung) besaß. Ihr Arbeitstag begann oft schon um fünf Uhr morgens mit der Stundenvorbereitung und endete nicht vor 19 Uhr. Die Gegenwart der Kinder hat den Auftakt des Aufenthalts, der schon an sich kompliziert war, nicht leichter gemacht. Auch deren Eingewöhnungsprobleme wollten bewältigt werden. Die Jüngere, die noch gar kein Deutsch konnte, ist in der *CM2* im *Lycée Français* in Berlin eingeschult worden, was aus Annicks Sicht ein „Hafen des Friedens" für ihre Tochter bedeutete, da diese zuvor in Frankreich in einer Schule gewesen war, in der sie sich nicht wohl gefühlt hatte. Obwohl sie bereits seit drei Jahren Deutsch in der Schule gelernt hatte, tat sich die ältere Tochter schwer mit dem Sprechen und hatte vor dem Umzug große Angst. Aber so sehr sie auch bei der Hinreise geweint hatte, ebenso sehr – wenn nicht mehr – weinte sie, als es nach einem Jahr soweit war, Berlin wieder zu verlassen. Auch für Annick war die Rückkehr ins französische System nicht leicht, obwohl sie festgestellt hat, dass die Dinge, die sie früher in Deutschland gemocht hatte, wie insbesondere ein bestimmtes politisches und gesellschaftliches Klima, der Vergangenheit angehören.

Barbara (D/53)

Barbara ist 48 Jahre alt, als sie 2004 beschließt, zunächst für ein, schließlich für zwei Jahre das Wagnis des Austauschs einzugehen. Außer einigen Urlaubsaufenthalten in Frankreich und ein paar Austauschprogrammen mit französischen Schulen war sie bis dahin eher sesshaft gewesen: Sie war nur wenig gereist und hatte noch nie im Ausland gelebt. Weder ihr Mann noch ihre 28 und 18 Jahre alten Kinder begleiten sie nach Frankreich. Ihre Eltern sind Ostvertriebene aus Schlesien, die in den 1950er Jahren nach Baden-Württemberg gekommen waren. In Freiburg im Breisgau hat sie eine Waldorfschule besucht, in der sie Englisch und ein wenig Französisch gelernt hat. Trotz ihrer großen Affinität zu Frankreich hat sie stets darunter gelitten, die in der Schule gelernten Sprachen nicht genügend zu beherrschen, was besonders für das Französische gilt, das sie elegant findet und sehr gerne hört. Sie hat ihr Studium parallel zur Erziehung ihrer beiden Kinder abgeschlossen. Nach einigen schwierigen Jahren, in denen sie keine Arbeit fand, hat sie im Alter von 35 Jahren begonnen zu unterrichten. Ihre ältere Tochter war zu diesem Zeitpunkt 16 Jahre alt. Barbara hat sich bald in Schulpartnerschaften der Grenzregion Baden-Württemberg – Elsass eingebracht und in diesem Zusammenhang Kollegen kennengelernt, deren Engagement für deutsch-französische Austauschprogramme sie begeistert hat. 2002 bekommt sie von der Schulleiterin der Grundschule die Anweisung Französisch zu unterrichten. Auf ihren Einwand, dafür nicht ausreichend qualifiziert zu sein und vor allem nicht genügend Sprachkompetenz für diese Aufgabe zu besitzen, antwortet die Vorgesetzte, es genüge, „ouvrez le livre" sagen zu können. Schließlich willigt sie ein, bittet aber um die Möglichkeit Sprachkurse zu belegen. Ihr Französischniveau wird nach und nach besser, aber es reicht nicht aus, um die großen Hemmungen abzubauen, die auftreten, sobald sie Französisch spricht. Nachdem sie vom Austauschprogramm des DFJW erfahren hat, bewirbt sie sich, schlägt aber die erste ihr angebotene Stelle in einer Grenzregion aus, weil sie meint, dass dort die Versuchung, Deutsch zu sprechen, zu groß sei. Nach einer erneuten Bewerbung landet sie

2004 auf einer Stelle in Créteil und ist begeistert von der Vorstellung, für eine gewisse Zeit in Paris zu leben. Ihre Wohnung ist viel kleiner als ihr Haus mit Garten in Deutschland, aber sie ist glücklich mit ihren 47 Quadratmetern in Paris. Trotz harter Arbeitsbedingungen – 480 Schüler, 24 Stunden pro Woche, Unterrichtsstunden im chinesischen Viertel, ständige Streiks – nimmt ihre Begeisterung nicht ab. Sie organisiert Treffen und Reisen und schafft es, ihre deutsche Schule zur Pilotschule für den Französischunterricht zu machen. Ihre 19jährige Tochter kommt nach einem Jahr nach, lernt schnell Französisch und legt ein ausgezeichnetes Abitur mit Französisch als Wahlfach ab. Sie selbst hat nun keinerlei Hemmungen mehr, vor Schülern Französisch zu sprechen. Sie stellt fest, dass sich dank dieser Sprachmobilität ihre deutsche Aussprache verändert hat und sie nun deutlicher spricht. Barbara hat die pädagogische Herausforderung von multiethnischen Klassen sehr gefallen und ihre Unterrichtsmethoden geändert. Zurück in Deutschland bietet man ihr nach einigen Monaten eine Stelle an einer deutschen Schule in Bratislava in der Slowakei an, wo sie zum Zeitpunkt des Gesprächs lebt. Sie ist sehr aktiv an dieser Schule und hat nach kurzer Zeit eine Französisch-AG ins Leben gerufen. Sie pflegt regelmäßig ihre Kontakte zu den anderen Austauschteilnehmern und besucht ab und an französische Kollegen. Zudem möchte sie gern erneut eine Austauscherfahrung machen, die ihr „mit 48 Jahren ein Fenster geöffnet hat."

Christine (F/51)

Christine ist zum Zeitpunkt ihrer Teilnahme am Austausch 2007-2008 in Baden-Württemberg 49 Jahre alt. Sie ist verheiratet und hat drei Kinder, die im Jahr 2007 14, 19 und 24 Jahre alt sind. Die jüngste Tochter hat sie mitgenommen. Christine stammt aus Marseille und lebt in der Region Aix-en-Provence. Ihre Großeltern väterlicherseits stammen aus der Ukraine und aus Polen. Ihre beiden Großväter waren in Kriegsgefangenschaft in Deutschland, die Erzählungen darüber haben ihre Kindheit und Jugend begleitet. Als sie in der *6e* (11-jährige Schüler) begann, Deutsch zu lernen, sah sie sich den Vorwürfen ihrer Großeltern ausgesetzt. Ihr Vater hatte sie beim Eintritt in die *6e* gezwungen, Deutsch als erste Fremdsprache zu nehmen, eine Sprache, die sie lieben lernte und die sie bis zur *Licence* studierte. Vor dem Austausch hatte sie Deutsch im *CE2* (8-jährige Grundschüler) unterrichtet. Während des Aufenthalts hatte sie keine größeren Schwierigkeiten, sich auf Deutsch zu verständigen, aber sie hat nicht den Eindruck, Fortschritte gemacht zu haben. Wie bei anderen auch, hat sich ihre Beziehung zur Muttersprache dahingehend verändert, dass sie stärker auf ihre Aussprache achtet. Während in ihrem Umfeld Deutschland eher mit negativen Empfindungen belegt ist, sind ihre eigenen Gefühle zwiegespalten. Einerseits fühlt sie sich von der „ehrlichen und weniger verlogenen Seite der Beziehungen zwischen den Menschen" angezogen, andererseits jedoch stört sie „der blinde Gehorsam und ein Hang zum Denunziantentum". Als junge Frau war sie Ende der 1970er Jahre mehrmals in Deutschland, ein Semester an der Universität Tübingen und ein Jahr als Assistentin in Ravensburg. Diese Aufenthalte haben sie stark geprägt und der Traum, „die vergangenen Erfahrungen noch einmal zu erleben", war der Hauptbeweggrund für ihre Teilnahme am Austauschprogramm. Allerdings hat sie kaum Kontakt gefunden, weder in der Schule noch außerhalb. Selbst wenn sie sich sehr schnell in ihr neues Leben eingewöhnt hat, ist die anfängliche Begeisterung schnell einem generellen Unwohlsein gewichen. Ihre Enttäuschung liegt zum großen Teil darin begründete, keine Spur mehr von ihren 1979 gemachten Erfahrungen und dem idealisierten Kontext zu finden, aber auch an der Gleichgültigkeit der deutschen Kollegen ihr gegenüber. Dieses Unbehagen wurde noch verstärkt durch die mangelnden Bemühungen ihrer Tochter, die kein Deutsch sprach, sich in den neuen Alltag einzufinden. Um das Heimweh zu lindern, das sie als sehr groß beschreibt, kehrt sie oft nach Frankreich zurück und erhält regelmäßig Besuch von ihrer Familie. Sie kann sich nicht vorstellen, noch einmal nach Deutschland zu gehen, weil es nicht mehr dem 30 Jahre lang in ihrer Erinnerung gehegten Traum entspricht. Sie hat nur noch einen einzigen Kontakt zu einer Freundin in Deutschland. Nichtsdestotrotz hat ihr der Aufenthalt in persönlicher Hinsicht etwas gebracht. Sie empfindet sich als glücklicher und entspannter und weiß die ruhige Selbstverständlichkeit ihres Alltags in Frankreich zu schätzen. Ihre pädagogischen Methoden sind spielerischer geworden und selbst wenn sich ihre Kollegen überhaupt nicht für ihre Erfahrung interessieren, haben ihre Vorgesetzten hingegen großes Interesse gezeigt.

Corinne (F/49)[9]

Als sich Corinne, Leiterin einer Grundschule, 2002 entscheidet, in Deutschland zu unterrichten, ist sie 43 Jahre alt. Sie wollte eigentlich nach Saarbrücken, um alle zwei Wochen nach Hause fahren zu können, aber man schlug ihr statt eines grenznahen Austauschs eine Stelle weiter im Norden vor. Am Ende wurde es noch nördlicher, als sie es sich vorgestellt hatte, und sie zog für zwei Jahre nach Rostock an die Ostseeküste, ins Bundesland Mecklenburg-Vorpommern. Corinne kommt aus dem *Département* Seine-Maritime, ist verheiratet und hat drei Kinder, damals im Alter von 14, 18 und 19 Jahren, die alle drei mit dem Vater in Frankreich blieben. Ihr Großvater, ein überzeugter Kommunist, war während des 2. Weltkriegs infolge einer Denunziation nach Deutschland in ein Arbeitslager deportiert worden. Aus diesem war er von einem deutschen Soldaten befreit worden, den er zuvor vor dem Ertrinken gerettet hatte. Deutschland zieht sie mit seinem Umweltschutz, seiner Geselligkeit und seinem Lebensrhythmus an. Vor allem aber motiviert sie die persönliche Herausforderung, vor die sie sich durch den Austausch gestellt sieht, sowie die Verwirklichung eines lang gehegten Traums. Sie empfindet es als große Chance, mit 43 erleben zu können, was andere schon mit 20 erleben. In Deutschland erhält sie nur wenig Besuch aus Frankreich, passt sich schnell an und macht rasch Fortschritte im Deutschen. Ihre Arbeitsbedingungen sind ausgezeichnet: nette Schüler und Kollegen, ein gut funktionierendes Team, ein „Guter Samariter" zum Vorgesetzten. Am deutschen Schulsystem schätzt sie besonders, dass auf den altersbedingten

---

9 Das Portrait von Corinne findet seine Ergänzung in einem Text, den sie in der Schreibwerkstatt verfasst hat (S. 56).

Rhythmus der Kinder große Rücksicht genommen wird. Als sie nach Frankreich zurückkehrt, kommt sie sich völlig verändert vor. Während sie vorher ihre Ambitionen nur mit großer Zurückhaltung zu äußern wagte, sagt sie nunmehr, was sie will und fühlt sich in der Lage, es auch zu erreichen. Den Rückkehrschock empfindet sie als sehr heftig und es fällt ihr schwer, die Zwänge ihres Lehrerinnendaseins zu ertragen. Sie wird teilweise vom Unterricht entbunden, erhält eine leitende Funktion und legt die Prüfung zur Grundschullehramtsausbilderin (*Certificat d'aptitude de maître formateur*/CAFIPEMF) ab, in der Hoffnung, später den *Concours* (Auswahlverfahren) zur Schulrätin (*Inspectrice*) zu bestehen, denn eines will sie auf keinen Fall mehr: sich langweilen und in Routine versinken.

Heidrun (D/47)

Heidrun stammt aus Baden-Württemberg. Wenn sie von ihrem Aufenthalt von 2005 bis 2007 in der Ile-de-France spricht, stellt sie als erstes fest, dass sie sich jetzt in der Lage fühlt, mit jeglicher Herausforderung fertig zu werden, weil sie ihre Angst vor dem Unbekannten verloren hat. Vor dem Austausch durchlebt sie in ihrer Herkunftsschule eine Krise, vor allem als man sie auffordert, Französisch zu unterrichten, obwohl sie nur über rudimentäre Kenntnisse dieser Sprache verfügt und Hemmungen bekommt, sobald sie sich auf Französisch verständigen muss. Zu diesem Zeitpunkt ist sie 43 Jahre alt, ledig und setzt sich mit ihrer Zukunft auseinander und spürt deutlich, dass sie eine Auszeit braucht. Ihre Familie ermuntert sie, sich zu bewerben und so landet sie in Cergy-Pontoise, wo sie anfangs in 12, später in immerhin noch acht Grundschulen unterrichtet, was etliche Schwierigkeiten mit sich bringt, da sie mehrfach am Tag zu Fuß oder mit dem Fahrrad die Schule wechseln muss. Trotz der schwierigen Bedingungen – der Kontakt zu den Kollegen ist begrenzt, die Schüler wenig motiviert, Deutsch zu lernen, weil sie enttäuscht sind, keinen Englischunterricht zu erhalten, die Klassen heterogen und wenig an offenen Unterrichtsstil gewöhnt – schätzt sie ihr neues Leben dennoch. Am Ende des ersten, insgesamt recht anstrengenden Jahres, wird sie nach Compiègne versetzt, wo es ihr sehr gut gefällt, da auch die Schüler des *CE1* (7-jährige Grundschüler) hoch motiviert sind. Ihr Verlängerungsantrag wird abgelehnt, was sie umso bedauerlicher findet, als die mit den Schülern begonnene Arbeit wegen fehlender Nachfolgerin nicht fortgesetzt wird. Trotzdem hält sie den Kontakt zu ihrer ehemaligen Schule und regt einen Austausch mit ihrer Schule in Freiburg an. Über die Musik hat sie dauerhafte Freundschaften außerhalb der Schule geknüpft und kommt regelmäßig nach Frankreich zurück, wo sie sich nunmehr zuhause fühlt. Sie lebt zwar sehr nah an der Grenze, zieht aber die Pariser Region und Südfrankreich vor, weil sie das Grenzgebiet „zu deutsch" findet. Nach einigen Schwierigkeiten mit der Wiedereingewöhnung bei der Rückkehr ist es ihr gelungen, das Interesse ihrer Kollegen und Vorgesetzten an ihrer Erfahrung zu wecken und initiiert sogar ein Projekt zur Gründung einer am französischen Modell orientierten Einheitsschule.

Heinz (D/62)

Heinz war mit seinen 62 Jahren der Älteste der Gruppe. Er hat im Alter von 57 im Jahr 2004 am Austausch teilgenommen. Seine Motivation war sehr viel persönlicher als die der meisten anderen. Er stammt aus einer deutsch-österreichischen Familie und hat seine Kindheit in Österreich verbracht. Er hatte bereits Unterrichtserfahrung als Grundschullehrer in Deutschland, als er eine Weiterbildung zum Sonderschulpädagogen begann. Zum Zeitpunkt seiner Entscheidung, am Austausch teilzunehmen, war er Ausbilder für Sonderschullehrer für Behinderte. Rein zufällig erfuhr er nach dem Tod seiner Großmutter, dass sein Vater Sohn eines französischen Soldaten und einer jungen Deutschen gewesen war, die sich während des Ersten Weltkriegs begegnet waren. Aus diesem Grund wollte er seiner in Frankreich neuentdeckten Familie näher kommen und Leute, Sprache und Kultur dieses Landes, dem er sich nun durch seine persönliche Geschichte verbunden fühlt, besser kennenlernen. Er beschloss, sich noch einmal als Grundschullehrer zu versuchen, nur eben dieses Mal in Frankreich. In Absprache mit seiner Frau und seinen bereits erwachsenen Kindern, die in Rheinland-Pfalz blieben, entschloss er sich dazu, allein in die Lorraine ins Abenteuer zu ziehen, wo er an vier Grundschulen unterrichtete. Obwohl die Umstellung von Sonderschule zu Grundschule eine große Herausforderung war, fühlte er sich in diesen Schulen dank der guten Stimmung unter den Kollegen schnell integriert. Während seines Aufenthalts stellte er fest, dass die deutschsprachige Kinder- und Jugendliteratur in Frankreich kaum bekannt ist. Er begann daher, die Bücher, die seine eigenen Kinder in ihren jüngeren Jahren mit Vorliebe gelesen hatten, ins Französische zu übersetzen. Er träumt davon, einen Verleger zu finden, der seine Übersetzungen publiziert, um ein wenig von dieser spezifischen literarischen Kultur an das Nachbarland weiterzugeben.

Juliane (D/36)

Juliane ist 31 Jahre alt, als sie 2004 von Rheinland-Pfalz in die Vororte von Paris zieht, zunächst nach Evry und im darauffolgenden Jahr nach Boulogne-Billancourt. Sie arbeitet in zehn verschiedenen Schulen und hat es mit zwei vollkommen gegensätzlichen sozialen wie kulturellen schulischen Milieus zu tun: Das erste zeichnet sich durch eine multiethnische, eher sozial schwache Bevölkerung aus, das zweite durch Kinder aus dem wohlhabenden, wenig ethnisch gemischten Wohlstandsmilieu. In ihrem ersten Jahr in Evry empfindet sie ihr dortiges Leben vor allem als Herausforderung, der sie sich umso bereitwilliger stellt, als es sich um eine für sie vollkommen neue Erfahrung handelt. Ihr zweites Jahr, für das sie eine Wohnung in Paris gefunden hat, kann sie dann abgesehen von einigen kleineren Problemen, wirklich genießen. Da sie sich nicht für sprachbegabt hielt, obwohl sehr an anderen Kulturen interessiert, hatte sie anfänglich ein naturwissenschaftliches Studium begonnen und im Rahmen eines Universitätsprojekts ein dreimonatiges Praktikum bei leprakranken Kindern in Pakistan absolviert. In diesem Zusammenhang kamen ihre rudimentären Englischkenntnisse zum Einsatz und sie stellte zu ihrer großen Überraschung fest, dass sie sich in einer Fremdsprache verständigen konnte. Die

Englisch- und Französischkurse, die sie im Anschluss besuchte, haben in ihr den Wunsch geweckt, in anderen, möglichst weit entfernten Ländern zu leben. Daher war ihre erste Reaktion, als es darum ging, sich für ein Austauschprogramm zu entscheiden, dass Frankreich nicht weit genug weg sei. Immerhin war es aber ein Anfang, bis sie mit anderen Austauschprogrammen in exotischere Länder gehen können würde. Sie ist ledig und ohne Kinder und kommt aus einem kleinen Dorf in Rheinland-Pfalz, wo ihr das Leben manchmal beschränkt und kleinkariert vorkommt. Dank der Ermutigung durch ihre Eltern, die sehr eng mit der Region verbundene Winzer sind, und ihrer Großmutter, ist sie die einzige der Familie, die es gewagt hat, sich der Herausforderung der Fremde zu stellen.

Ihre Entscheidung ist jedoch auf eine Mischung aus Unverständnis, Vorurteilen und Bewunderung in ihrem Umfeld gestoßen, insbesondere von Seiten der Nachbarn und Freunde. Wie kann man in diesem Alter noch fortgehen? Unvorstellbar, dass einige sogar mit Kindern ins Ausland gehen. Und mit veränderten Perspektiven zurückkommen! Angesichts solcher Einstellungen, die zudem von ambivalenten, wenn nicht gar negativen Gefühlen Frankreich gegenüber begleitet sind, werden ihre Kontakte zu den deutschen Freunden seltener, die Beziehungen lockern sich in gleichem Maße wie sie in Frankreich Fuß fasst. Um ihre Integration zu fördern, tritt sie in einen Chor ein, meldet sich für einen Französischkurs an, nimmt ihre Mahlzeiten so oft wie möglich in der Schulkantine ein, bleibt in den Pausen vor Ort und trinkt mit jenen Kollegen Tee, die die *Etude du soir* überwachen. Obwohl sie bedauert, dass sie am Ende des ersten Jahres den Ort wechseln musste, haben ihre Initiativen es ihr ermöglicht, im Gastumfeld ihren Platz zu finden und Kontakte zu knüpfen, aus denen teilweise bis heute bestehende Freundschaften entstanden sind.

In der Schule haben sie autoritäre Verhaltensweisen und oft willkürlich erscheinende Bestrafungen von Seiten der Kollegen irritiert und manchmal auch sehr betroffen gemacht. Nach und nach ist sie aber durch die Beobachtung von besonders schwierigen Klassen zu dem Schluss gekommen, dass eine gewisse Grundstrenge tatsächlich unerlässlich für den Aufbau eines gelasseneren pädagogischen Verhältnisses ist, welches die Kinder zu positivem Sozialverhalten animiert.

Der Rückkehrschock trifft sie hart, aber das sichtbare Interesse der Kollegen und ihres weiteren Umfelds hilft ihr, sich wieder einzugliedern.

Laurent (F/34)

Laurent kommt aus der Moselle und geht im Alter von 32 Jahren für zwei Jahre nach Rheinland-Pfalz. Er ist verheiratet, aber kinderlos. Seine Familienbiographie ist stark von den beiden Weltkriegen geprägt. Da er in der Nähe der deutsch-französischen Grenze aufgewachsen ist, fährt er oft ins Saarland. Laurent liebt seinen Beruf, hat aber nie wirklich die Anerkennung seines Umfelds finden können, das der Ansicht ist, es sei ein Frauenberuf. Ebenso wenig trifft seine Teilnahme am Austausch auf Verständnis, manche denken, es handele sich um eine Art Beförderung. Bei seiner Rückkehr nach Frankreich ist er gelassener geworden (was auch seine

Frau bestätigt). Allerdings fällt es ihm immer schwerer, mit der „Mentalität der französischen Grundschullehrer" zurechtzukommen. Er wird kritischer, und ihm fehlt die offenere Organisations- und Unterrichtsweise der deutschen Schulen. Er leidet unter dem Rückkehrschock, vor allem im Berufsleben. Bei einem benoteten Unterrichtsbesuch muss er sich Bemerkungen anhören wie „Nehmen Sie die Hände aus den Taschen, sie sind hier nicht mehr in Deutschland". Trotz allem idealisiert er das deutsche Modell nicht: Mit ein wenig mehr Disziplin könnten die Schüler besser und mehr lernen. Er denkt aber viel über den Tagesablauf und den Rhythmus der Kinder nach. Er gibt zu, dass er jetzt in Frankreich eine angenehme Situation gefunden hat: Er unterrichtet an einer zweisprachigen Schule, der reichlich Mittel zur Verfügung stehen.

Margot (D/50)

Margot ist 1959 geboren und kommt aus Frankfurt am Main. Sie ist geschieden und hat im Alter von 47 Jahren von 2006 bis 2008 am Austausch teilgenommen und in der Region Nord-Pas-de-Calais unterrichtet. Als sie jung war, standen ihre Eltern der Vorstellung, sie ins Ausland gehen zu lassen oder am Schüleraustausch teilzunehmen, immer sehr zurückhaltend gegenüber; aber die Lust, zu reisen und eine Zeitlang außerhalb Deutschlands zu leben, hat sie nie verlassen.

Im Gegensatz zu ihren Eltern hat sie ihre eigenen beiden Töchter vom Jugendalter an ermutigt, an Schüleraustauschprogrammen sogar mit den USA teilzunehmen. Ihre jüngere Tochter lebt nach einem Studium in England und Frankreich heute mit einem französischen Partner in Paris. Dem Beispiel ihrer Töchter folgend hat sie 2005 beschlossen, endlich ihren Traum zu verwirklichen und es mit einer Austauscherfahrung zu versuchen. Sie berichtet, dass diese Entscheidung eine derartige Enttäuschung und Traurigkeit bei ihren Eltern auslöste, dass sie von Lille aus während der gesamten Austauschdauer regelmäßig mindestens einmal im Monat nach Frankfurt gefahren ist. Ihre Mutter verstarb, bevor Margot endgültig nach Deutschland zurückkehrte.

Sie hat in drei Schulen in sozial eher schwachen Vierteln unterrichtet. Anfangs war ihr Sprachvermögen noch unsicher, aber dank des Verständnisses von Kollegen und Schülern ist sie sicherer geworden und hat schnell Fortschritte gemacht. Obwohl ihr die Grammatik noch manche Schwierigkeit bereitet, hat sie keine Hemmungen mehr zu sprechen, weil sie findet, dass Satzbaufehler kein Kommunikationshindernis sein dürfen.

Die Unterschiede der beiden Schulsysteme haben sie verwirrt. Die französische Schule empfand sie als „Kaserne", in der Disziplin, hierarchische Distanz und Strenge den Kindern gegenüber herrschte, die „nicht Kind sein dürfen" und zu denen man eher „sei fleißig" als „viel Spaß in der Schule" wie in Deutschland sagt. Trotz ihrer kritischen Distanz zum System und seinen pädagogischen Methoden hat sie bei ihrer Rückkehr zum Teil eine andere Art des Unterrichtens angenommen und sagt, sie sei nun strenger mit den Schülern. Zurück in Deutschland hat die zuständige Schulrätin ihre Erfahrung wertgeschätzt und sie in einer Grundschule eingesetzt, in der Französisch unterrichtet wird. In dieser Schule hat Margot zur großen Freude der Erst- und Zweitklässler eine Französisch-AG eingerichtet. 2010 hat sie gemeinsam mit Viertklässlern und der zu diesem Zeitpunkt an der Schule tätigen französischen Austauschlehrerin einen Videofilm gedreht und dafür einen Preis erhalten.

Marie (D/53)[10]

Als Marie im Alter von 50 Jahren 2003 am Austausch teilnimmt, verwirklicht sie einen Traum, den sie seit ihrem ersten Aufenthalt in Frankreich 1990 hegte. Die aus der ehemaligen DDR stammende Lehrerin war kurz nach dem Mauerfall mit dem DAAD (Deutscher Akademischer Austauschdienst) für ein Jahr an ein *lycée* in der Nähe von Paris gekommen. Ihr Entschluss stieß auf das völlige Unverständnis ihrer Familie und ihrer Freunde, die sie als Verräterin ansahen, weil sie das Land zum Zeitpunkt eines nie dagewesenen historischen Umbruchs verließ. Trotz ihrer Entschlossenheit und Begeisterung war die Organisation des Alltags in Frankreich schwierig, weil Marie nur über geringe finanzielle Mittel verfügte und vor allem in Begleitung ihrer drei Kinder war, die kein Französisch sprachen und von denen die jüngste erst acht Jahre alt war. Weil ihre Kinder auf keinen Fall ein weiteres Jahr bleiben wollten, hat Marie damals auf eine Verlängerung ihres Aufenthalts verzichtet und ist nach Deutschland zurückgekehrt. Sie versprach sich dabei aber selbst, wieder nach Frankreich zu kommen, sobald ihre Kinder alt genug wären, um ohne sie zurecht zu kommen. Für sie war es eine neue Herausforderung, in der Primarstufe zu unterrichten, weil sie bis dahin nur im Sekundarbereich gearbeitet hatte. Das Interesse an Fremdsprachen hat ihr der Vater vererbt, der in der DDR Trainer der Olympiamannschaft der Schwimmer gewesen war, was ihm nicht nur die Möglichkeit zu Reisen verschafft hatte, sondern auch die Einsicht, wie wichtig es ist, andere Sprachen zu sprechen. Marie legt viel Wert auf pädagogische Herangehensweisen, die alle Sinne ansprechen, um die Kinder früh an Sprachen heranzuführen. So kommt es vor, dass sie mit den Kindern im Unterricht kocht, weil sie denkt, dass Sprache und Kultur auch über den Geschmack fremder Speisen vermittelt werden. Sie ist sehr frankophil, spricht gern Französisch und hat in Frankreich lieb gewonnene Gewohnheiten beibehalten, wie etwa abends zu kochen und viel Zeit bei Tisch zu verbringen. Trotz der bei ihrem ersten Aufenthalt erlebten Schwierigkeiten teilen ihre Kinder inzwischen die Leidenschaft ihrer Mutter für Frankreich. Ihr Sohn ist Koch geworden und hat eine Vorliebe für die französische Küche, ihre beiden Töchter waren auf einem deutsch-französischen Gymnasium.

Mathieu (F/44) und Sonia (F/42)

Mit 40 verlässt Mathieu gemeinsam mit seiner Frau Sonia, 38, die Ile-de-France und zieht nach Berlin. Sie haben beschlossen, 2005 gemeinsam und in Begleitung ihrer zu diesem Zeitpunkt 15 und 18 Jahre alten Kinder am Austausch teilzunehmen. Es

---

10 Zur Vervollständigung der Kurzbiographie von Marie, s. Text S. 51

ist ihr erster längerer Auslandsaufenthalt. Mathieu wollte schon immer wissen, ob ihm das Berufsleben in Deutschland genauso gut gefallen würde wie die Ferien, die er dort oft verbrachte.

Sein Onkel war Seminarist und während des Zweiten Weltkriegs in deutscher Gefangenschaft und kehrte mit einer deutschen Ehefrau nach Frankreich zurück. Mathieus Grundmotivation ist die Verwirklichung eines lang gehegten Traums. Er kann den Umzug nach Deutschland kaum erwarten und hofft, dass er den neuen Anforderungen gewachsen sein wird. Er stellt kaum Unterschiede zwischen den beiden Kulturen fest. Seine Arbeitsbedingungen sind gut, seine Kollegen und Vorgesetzten professionell und wohlwollend. Er selbst findet nicht, dass er sich verändert hat, sein Umfeld dagegen findet ihn selbstsicherer und offener.

Seine Frau Sonia ist 38 zu Beginn des Austauschs. Ihr Großvater war Elsässer, der während des Krieges nach England geflohen war, um der Zwangsarbeit (*Service du travail obligatoire – STO*) zu entgehen. Sonia ist in Deutschland besonders von der Bedeutung des Umweltschutzes und von der deutschen Sprache begeistert, in der sie schnell Fortschritte macht. Sie liebt ihre Schüler und schätzt ihre Kollegen. Natürlich hätte sie manchmal lieber gehorsamere Schüler, aber sie ist der Meinung, dass der Preis für die Disziplin in Frankreich zu hoch ist. Sie findet, dass sie sich stark verändert hat und kann im Berufsleben vieles von dem nutzen, was sie in Deutschland gelernt hat.

Michèle (F/46)

Michèle kommt ursprünglich aus der Moselle. Sie hat italienische Wurzeln, ihre Familie hat Gefangenschaft und Deportation erlebt, ist tief geprägt vom Zweiten Weltkrieg und hat eher negative Gefühle Deutschland gegenüber. Michèle ist 2004 im Alter von 41 Jahren mit dem Austausch nach Hessen gekommen und wollte ursprünglich zwei Jahre bleiben – lebt aber heute immer noch dort. Nachdem sie ihren deutschen Mann dort kennengelernt hatte, beschloss sie in Deutschland zu bleiben, aus praktischen Gründen (weil ihr Mann weniger gut Französisch spricht als sie Deutsch), aber auch weil ihr Frankreich mittlerweile „eng", „arrogant" und „respektlos" scheint. In Deutschland hat sie anfangs sehr unter ihren mangelnden Sprachkenntnissen gelitten. Sie kommt trotz der Sprachkurse, die sie besucht, nur langsam voran. Sie hat den Kulturschock als sehr stark empfunden und spürt ihn sogar nach fünf Jahren in Deutschland noch. Sie findet, dass sie sich sehr verändert hat und fühlt sich integriert. Die Haltung ihrer Familie hat sich hingegen kaum verändert. Michèle bedauert, dass ihre Freunde und ihre Familie sie nicht besucht haben, hat aber – offen für neue Erfahrungen wie sie ist – während des Austauschs viele deutsche Freunde gefunden. Im Anschluss an die beiden Austauschjahre unterrichtete sie in einer französischen Schule in Hessen und führt heute ein Leben in beiden Ländern: Sie arbeitet in einer grenznahen Schule in Frankreich, wohnt unter der Woche im Saarland und am Wochenende bei ihrem Mann in Hessen. Wenn sie heute die Grenze nach Frankreich zum Arbeiten überquert, ist ihr Blick auf die Schule dort kritischer, als er vor ihrer Teilnahme am Austausch war.

Nadine (D/32)

Nadine kommt ursprünglich aus Sachsen, wo sie in einem landwirtschaftlichen Milieu aufgewachsen ist, in dem man nie, und sei es nur für zwei oder drei Tage an die Ostsee, in Urlaub fuhr. Sie ist 2008 im Alter von 28 in Begleitung ihres Mannes und ihrer beiden Kinder, einem einjährigen Mädchen und einem kleinen Jungen von 5 Jahren, fortgegangen. Ihr Mann hat bei der Entscheidung, am Austausch teilzunehmen, eine wichtige Rolle gespielt, da er seit langem davon träumte, noch einmal nach Frankreich zu gehen, um dort die Sprache zu lernen. Während sie an einer *école primaire* und einem *Collège* der Ile-de-France unterrichtete, hat ihr Mann – um tagsüber die Kinder betreuen zu können – oft Abendsprachkurse an der Sorbonne belegt. Ihre gemeinsame Entscheidung, mit Kleinkindern ins Ausland zu gehen, ist in ihrem Umfeld auf viel Unverständnis gestoßen. Für sie selbst bedeutete es hingegen, ihren Kindern das Leben in einem sprachlich und kulturell neuen Umfeld zu ermöglichen und sie für kulturelle Unterschiede zu sensibilisieren. Und tatsächlich ist die Familie nach einem sehr positiv verlebten Jahr in Frankreich (und trotz eines eher katastrophalen Auftakts mit Schwierigkeiten bei Kinderbetreuung und Wohnungssuche) für sechs Monate nach Italien gegangen. Die Kinder, von der Vorstellung einer weiteren Auslandserfahrung begeistert, besuchten anschließend, die internationale Schule in Dresden. Die zukünftige Mobilität der Kinder steht somit im direkten Zusammenhang mit der Mobilität ihrer Mutter, die auch schon im Rahmen der studentischen Mobilität in Italien, Kanada und Frankreich war.

Ermutigt durch die positiven Auswirkungen auf ihre eigene persönliche Entwicklung wie die ihrer Kinder, hat Nadine an der Universität Dresden das Seminar „Mit Kindern ins Ausland gehen" ins Leben gerufen, das sich an junge Paare richtet, die sich für akademische Mobilität interessieren, sich aber Sorgen um die möglichen Probleme für die Familie machen. Dieses Seminar ist so erfolgreich, dass es mittlerweile auch in Berlin angeboten wird. Für Nadine ist es ein Weg, sich weiter fortzubilden und ihren Lebenslauf zu bereichern.

In sprachlicher Hinsicht war der Aufenthalt in Frankreich ein Erfolg für die ganze Familie. Dank einer Wohngemeinschaft im Pariser Vorort St. Denis mit dem Ehemann einer französischen Austauschteilnehmerin war die französische Sprache im Alltag stets gegenwärtig. Daher waren die Fortschritte schnell und dauerhaft, besonders für den älteren Sohn, der nicht nur weiterhin französische Bücher liest und Filme in französischer Originalfassung ansieht, sondern – wie Nadine bewegt berichtet – auch den hübschen Schreibstil der französischen Schulschrift behalten hat, den er im *CE1* in St. Denis gelernt hat, wo er das einzige weiße Kind in seiner Klasse war.

Sie selbst hat Französisch auf informelle Weise gelernt, auf der Straße, aber auch durch viele Gespräche mit dem französischen Mitbewohner oder den Gewerkschaftsvertretern in der Schule, insbesondere zum Zeitpunkt der Aufstände in den Pariser Vororten im Jahr 2005. Obwohl sie erkennt, dass sie sich vollkommen zufriedenstellend verständigen kann, findet sie ihre fehlenden Grammatik- und Sprachschatzkenntnisse frustrierend und bedauert, Balzac nur mit dem Wörterbuch lesen zu können. Sie bewundert die Leichtigkeit, mit der sich ihr Sohn gewandt und wie selbstverständlich in fremden Sprachen bewegt.

Paul (F/29)

Paul ist 27 Jahre alt, als er 2007 nach Nordrhein-Westfalen zieht, um dort in zwei Grundschulen Französisch zu unterrichten. Er kommt ursprünglich aus der Gironde und hat bereits Sommeruniversitäten in Schweden und Cambridge besucht. Obwohl ihn die Offenheit der Deutschen anzieht, ist seine Motivation vor allem persönlicher Natur: Er möchte näher bei seiner deutschen Freundin sein. An den deutschen Schulen fällt es ihm schwer, sich in das berufliche Umfeld zu integrieren; seine Kollegen sind zwar nett, aber alle älter als er und er fühlt sich oft – vor allem von den Schulleiterinnen – bemuttert. Er nutzt die Gelegenheit, sich näher mit der pädagogischen Praxis an diesen Schulen zu befassen, merkt aber, dass er lieber für eine eigene Klasse verantwortlich wäre. Er ist sehr enttäuscht, als er nach einem Jahr eine Verlängerung seines Aufenthalts in Deutschland beantragt und die *Académie* von Bordeaux sie ihm verweigert. Bei seiner Rückkehr nach Frankreich interessieren sich seine Kollegen überhaupt nicht für seine Erfahrung. Seine Enttäuschung ist noch größer, als ihm – vorerst – die Befähigung für den Deutschunterricht verweigert wird. Diese erhält er schließlich etwas später.

Paule (F/53)

Paule kommt aus Paris und ist 50 Jahre alt, als sie sich 2006 dazu entschließt, für zwei Jahre nach Köln zu ziehen. Sie verwirklicht damit einen langen, seit ihrer Ausbildungszeit an der *Ecole Normale,* gehegten Wunsch. Sie ist geschieden und erzieht ihren Sohn, der „von Deutschland nichts hören wollte" allein. Erst als ihr 21 Jahre alter Sohn selbständig genug war, konnte sie in das Land zurückkehren, von dem sie seit ihrem ersten Aufenthalt 1977 geträumt hatte. Damals hatte sie ein zweimonatiges Pädagogikpraktikum in Freiburg im Breisgau absolviert. Die Kreativität und die damals in den deutschen Schulen vorherrschende pädagogische Praxis hatten sie begeistert. Ihr Interesse für Deutschland findet keine Resonanz in ihrem familiären Umfeld, das mit völligem Unverständnis auf ihre Entscheidung, ins Ausland zu gehen, reagiert. Sie sieht sich sogar Vorurteilen ausgesetzt: Ihre 90-jährige Mutter drängt sie, zurückzukommen, denn „die kleinen französischen Kinder brauchen Dich, was haben denn die kleinen deutschen Kinder von Dir? Komm doch zu den kleinen Franzosen zurück. Was musst Du die kleinen Deutschen unterrichten? Komm doch zu uns zurück". Paule findet es schade, dass weder ihr Sohn noch andere Verwandte sie in Deutschland besucht haben. Daher hat sie während ihres Aufenthalts manchmal unter Schuldgefühlen gelitten, ihren Sohn und ihre alten Eltern allein gelassen zu haben.

In Deutschland mag sie die offene und ehrliche Art der Deutschen und ihren Teamgeist sehr, der ihnen bei der Lösung etlicher Probleme hilft – weniger gefällt ihr die Tendenz, alles gründlich durchzuorganisieren. Für sie geht es vor allem um eine berufliche Herausforderung. Sie arbeitet gern mit deutschen Schülern, die sie spontan, kreativ, selbständig und liebenswert, manchmal ein wenig zu sehr von den Eltern verwöhnt und vielleicht fast frech findet. Manchmal bedauert sie die mangelnde Autorität der deutschen Lehrerinnen und Lehrer und das ständige Einmischen der Eltern. Nach ihrer Rückkehr nach Frankreich unterrichtet sie Französisch als zweite Fremdsprache in einer Integrationsklasse für Kinder neu ankommender Migranten (*élèves primo-arrivants*, CLIN)[11], was ihr sehr gefällt. Ihr Schulrat hat ihr angeboten, Referentin für Deutsch zu werden und sie kann mit Kollegen zusammenarbeiten, die Deutsch unterrichten, selbst wenn sie es selbst nicht unterrichtet. Ihre Kollegen in Frankreich haben Interesse an ihrer Erfahrung gezeigt, einige bekamen dadurch Lust, selbst ins Ausland zu gehen. Zum Zeitpunkt unseres Gesprächs nimmt ein von ihr initiiertes Austauschvorhaben zwischen Paris und Berlin Gestalt an. Sie ist glücklich, sich aktiv an der internationalen Öffnung ihrer Schule, deren Schülerschaft zu 70% aus chinesischen Kindern besteht, sowie an einem multilingualen Projekt zu beteiligen Für sie ist es sehr wichtig, mit den Menschen, die sie in Köln kennengelernt hat, in Kontakt zu bleiben und in Paris Umgang mit Deutschen zu pflegen.

Sabine (D/41)

Sabine ist in einer besonderen Situation, da sie im Saarland nur wenige Kilometer von Lothringen entfernt wohnt, wo sie 2003 im Rahmen des Austauschs eine Stelle an einer zweisprachigen Schule angetreten hat. Zu diesem Zeitpunkt war sie 35 Jahre alt, verheiratet und Mutter von zwei Kindern im Alter von 10 und 13 Jahren. Für deren Betreuung hatte sie sieben Jahre lang nicht gearbeitet, aber die Erziehungszeit – weil sie schon immer mit dem Gedanken gespielt hatte, eines Tages nach Frankreich zu gehen – dazu genutzt, ihre Französischkenntnisse zu verbessern. Als sie gerade wieder in den Job einsteigen wollte, erfuhr sie durch Zufall vom Austauschprogramm. Sie sah darin die Möglichkeit eines Wiedereinstiegs in den Beruf, die sie vielleicht nicht mehr wahrnehmen würde, wenn sie erst wieder im deutschen System Fuß gefasst haben würde. Nach mehreren, unter anderem auch in Kindergärten absolvierten Praktika in Frankreich während ihrer Ausbildung, erschien ihr die Vorstellung, ein ganzes Jahr in Frankreich zu arbeiten, verführerisch. Obwohl sie lieber nach Südfrankreich gegangen wäre, empfand sie den Pendelverkehr im Grenzgebiet als guten Kompromiss zwischen familiären Pflichten und beruflichen Ansprüchen. Tagsüber ist sie zusammen mit ihrem jüngeren Sohn, der in Frankreich in die *Ecole maternelle* geht, auf der anderen Seite der Grenze in der Schule, abends kommt sie nach Hause. Sie merkt, dass die kurze Entfernung von 30 km zwischen ihrem Haus in Deutschland und ihrer Schule in Frankreich schon ausreicht, um sich weit von zuhause weg zu fühlen und stellt große Unterschiede fest, die ihrer Ansicht nach kulturellen Ursprungs sind. Trotz der Anziehungskraft, die Frankreich auf sie ausübt und der – wie sie es nennt – „Leichtigkeit der Franzosen" mag sie ihre „Oberflächlichkeit, die hohlen Phrasen und die großen Gesten" nicht, die aus ihrer Sicht

---

11 CLIN: *Classe d'initiation pour non-francophones*, Sprachförderklasse für Kinder, die nicht Französisch als Muttersprache sprechen.

nicht viel bedeuten. Sie findet, dass die Lehrerinnen alle die gleiche Stimmlage haben, sobald sie mit den Kindern sprechen. Zwar unterstützt ihre Familie sie, wie andere ist sie aber dem Unverständnis ihres Umfelds ausgesetzt und bedauert bei ihrer Rückkehr aufrichtig, dass sich niemand, weder in persönlicher noch – was schwerer wiegt – in beruflicher Hinsicht für ihre Erfahrung interessiert. Eine Ausnahme hiervon ist ihr Schulleiter, bei dem ihr Angebot, in ihrer Schule Französisch zu unterrichten, Gehör findet. Aufgrund ihrer besonderen Situation bleiben ihre Kontakte zu Franzosen begrenzt. Durch den Austauschaufenthalt hat sie Freude und Stolz am Lehrberuf wiedergefunden, will aber die Erfahrung nicht wiederholen.

Silvia (D/39)

Silvia stammt aus Rheinland-Pfalz und geht 2003 im Alter von 33 Jahren ins Ausland, weil ihr ihr Leben in Deutschland zu eng geworden ist. Im Gegensatz zu ihrer Familie, die Frankreich eher reserviert gegenübersteht, sagt sie von sich selbst, dass sie mit einigen Einschränkungen recht frankophil sei. Sie weiß zu schätzen, dass sie in sieben verschiedenen Schulen in Bordeaux unterrichten konnte, weil sie so von der Brennpunktschule (*Zone d'éducation prioritaire*, ZEP) über alle möglichen Zwischenstufen bis hin zur Eliteschule eine breite Palette von schulischen Umfeldern kennen lernen konnte. Sie hat im Stadtzentrum gewohnt und schnell Kontakt zu den Nachbarn gefunden, ihr Stundenplan erlaubte weitgehend stressfreie Wege zwischen den verschiedenen Schulen, kurzum – es war „Bordeaux im Glück" für sie. Ihre Begeisterung für Frankreich und die französische Sprache gehen auf ihre Grundschulzeit zurück. Als sie vor der Wahl ihrer ersten Fremdsprache für das Gymnasium stand, hat sie ihren Willen durchgesetzt, das einzige Gymnasium in Karlsruhe besuchen zu dürfen, an dem Französisch unterrichtet wurde, und das gegen die Meinung ihrer Eltern, die kein Französisch sprachen und obwohl ihre Mutter sehr anglophil war. Da all ihre Schulfreundinnen Englisch gewählt hatten, war sie ganz allein in ihrer neuen Klasse und zudem relativ weit von ihrem Wohnort weg. Sie wusste nicht, woher diese Anziehungskraft kam, aber ein Urlaub oder Schulaustausch in Frankreich bedeutete reinstes Glück für sie. Im Rahmen ihres Studiums zur Hauptschullehrerin, bei dem Französisch natürlich eines der drei Hauptfächer war, ging sie sechs Monate als Erasmus-Studentin nach Frankreich und absolvierte ein Praktikum in Chamonix. Vor ihrer Verbeamtung beschloss sie, sich auf eine Auslandsstelle zu bewerben. Der Zeitpunkt erwies sich als günstig, da im politischen Kontext des Jahres 2000 die Einstellungen in Deutschland stagnierten. Sie erhielt eine Stelle auf den karibischen Inseln, in einer vor allem von Schülern wohlhabender Eltern besuchten Privatschule. Doch auch nach ihrer Verbeamtung, einer Stelle an einer Hauptschule und Französischstunden an der Grundschule, ist Fernweh ihr ständiger Begleiter; sie träumt von Lateinamerika, wo sie einige Male im Urlaub war. Eine Liebesgeschichte in Toulouse bewegte sie, nach neuen Möglichkeiten in Frankreich zu suchen und so erhielt sie schließlich ihre Versetzung nach Bordeaux.

Sie hat ein spontanes und recht unbekümmertes Verhältnis zu Sprachen, spricht ohne Schwierigkeiten Französisch und Spanisch (von dem sie behauptet, sie habe es auf der Straße gelernt), hält sich nicht zu sehr mit Grammatik auf, ist aber manchmal bei Elternabenden in Bordeaux ein wenig gehemmt, weil sie aufgrund ihrer grammatikalischen Ungeschliffenheit um ihr soziales Image fürchtet. Ihre Freunde freuen sich über die Möglichkeit, ihren Urlaub in Frankreich verbringen zu können und kommen sie häufig in Bordeaux besuchen. Ihre Kollegen hingegen begnügen sich damit, ihren Mut zu bewundern, was sie überrascht und nicht versteht. Welches Risiko ging sie denn bei ihrem Weggang ein? Alles war organisiert, sie war verbeamtet und bezog ihr Gehalt. Wie Nadine mildert sie nach einer gewissen Zeit ihr Urteil über die Strenge bestimmter französischer Kollegen den Kindern gegenüber und findet, dass die Schülerdisziplin, die sie auf die Angst vor dem Lehrer, aber auch auf die Einstellung der Eltern zurückführt, ihr die Aufgabe sehr erleichtert hat und dass sie mit ihnen produktiv arbeiten konnte.

Nach zögerlichen Anfängen, die mit der Zurückhaltung der Kollegen und ihren neuen sozialen Kontakten zusammenhingen, hat sie dauerhafte Beziehungen in Frankreich geknüpft und sich integriert gefühlt. Nach ihrer Rückkehr hat sie sich schnell wieder angepasst und nicht wirklich ihre Unterrichtsweise geändert.

Stéphanie (F/36)

Stéphanie kommt aus der Picardie. Im Alter von 30 Jahren zieht sie 2003 ins Saarland, um dort ein Jahr lang an einer Grundschule zu arbeiten. Sie hat polnische Vorfahren, ist ledig und kinderlos. Vor ihrer Teilnahme am Austausch war sie mehrfach für kürzere Aufenthalte in Deutschland und Großbritannien. Für sie war die Teilnahme am Austausch vor allem eine persönliche Herausforderung. Ihr Studium der Angewandten Fremdsprachen (*maîtrise langes étrangères appliquées, LEA*) hat sie nie abgeschlossen, weil sie den obligatorischen Auslandsaufenthalt scheute. Mit ihrem Umzug nach Deutschland wollte sie sich also selbst etwas beweisen, obwohl der Gedanke, wegzugehen, ihr immer noch Angst machte.

Sie schätzt die frankophile Haltung der Deutschen und ihren Respekt vor der Umwelt. Das deutsche Essen mag sie nicht so gern. Trotz ihres ausreichenden Deutschniveaus fällt ihr die Sprache schwer, aber sie macht schnell Fortschritte. Sie bleibt im Kontakt mit ihrer Familie in Frankreich, weniger mit ihren Freunden. Obwohl sie sich in der Kommunikation mit dem Kollegium nicht sehr wohl fühlt und sich mehr Unterstützung seitens des Vorgesetzten wünscht, beflügeln sie Begeisterung und Dynamik der deutschen Schüler. Die Präsenz von Religion in der Schule und das Chaos in den Pausen bereiten ihr Schwierigkeiten, aber sie findet, dass sie professioneller geworden ist und sich persönlich sehr weiterentwickelt hat. Für sie ist der Aufenthalt ein Erfolg. Bei ihrer Rückkehr verstärkt das mangelnde Interesse ihrer französischen Kollegen an ihren Erfahrungen den Rückkehrschock. Dafür finden ihre Freunde sie verändert und befreit.

Thomas (D/43)

Thomas ist 1999 im Alter von 35 Jahren für drei Jahre ins Ausland gegangen. Er kommt ursprünglich aus dem Saarland und hat dort sein ganzes Leben verbracht, bis er beschloss, für eine begrenzte Zeit lang in Frankreich zu leben und zu arbeiten. In der Kleinstadt, in der er wohnte, glich sein Leben „einem langen, ruhigen Fluss", mit seinen Gewohnheiten und sicherer Ordnung. Nie zuvor hatte er daran gedacht, wegzuziehen. Die Fertigstellung seines Hauses war für ihn jedoch ein günstiger Augenblick für eine Veränderung. Gemeinsam mit seiner Frau und ihrem ersten Kind, das zu diesem Zeitpunkt ein Jahr alt war, ist er zunächst nach Montpellier und dann nach Bordeaux gezogen. Während des Aufenthalts in Frankreich bekamen sie ein zweites Kind. Er liebt die Landschaften und das Klima in Frankreich, seine Hauptmotivation war es, das Land, in dem er häufig seinen Urlaub verbrachte, besser kennenzulernen und dort neue Freunde zu finden. Als leidenschaftlicher Volleyballspieler integrierte er sich schnell in seine neues Umfeld. Er fühlte sich an den Schulen in Frankreich wohl und arbeitete gern mit den Schülern, die er angenehm fand. Trotzdem hatte er das Gefühl, eine Art Besucher an der Schule zu sein, weil der Kontakt zu Kollegen und Vorgesetzten weniger eng war, als er es sich gewünscht hätte. Nach seiner Rückkehr hat er seine Vorstellungen vom Unterrichten geändert und konnte das erworbene Wissen in seiner Herkunftsschule in Deutschland anwenden. Für seine Frau, die vor allem am Anfang oft mit dem ersten Kind allein geblieben war, war die Integration deutlich schwerer; dies umso mehr, als sie die Sprache nicht beherrschte. Am Ende der beiden Jahre in Bordeaux bedauerte sie aber ebenso wie er, nach Deutschland zurückkehren zu müssen. Trotz seines positiven Fazits zieht Thomas seine deutsche Schule und die Offenheit seiner Kollegen vor und kann sich nicht vorstellen, eines Tages für immer nach Frankreich zu ziehen. Er steht weiterhin in sehr engem Kontakt mit seinen französischen Freunden und verbringt mindestens zwei Monate im Jahr in Frankreich, um dort sein Leben „als Franzose" zu führen, das nun Teil seines Lebens als Deutscher ist. Bei seiner Rückkehr hat er sich noch stärker im deutsch-französischen Austausch engagiert und eine Schulpartnerschaft zwischen seiner Schule im Saarland und einer Schule in den Vogesen ins Leben gerufen.

Yoann (F/26)

Der 26-jährige Yoann war der jüngste Austauschteilnehmer. Er ist zwei Jahre lang in Brandenburg gewesen, wo er an zwei klassischen Grundschulen und einer Montessori-Schule unterrichtet hat. Zum Zeitpunkt des Umzugs war er 24 Jahre alt. Er kommt ursprünglich aus der Lorraine, ist ledig und kinderlos. Für ihn war es der erste Auslandsaufenthalt. Einer seiner Großväter ist im Krieg verwundet worden, der andere in Kriegsgefangenschaft gewesen. Yoann interessiert sich sehr für die gemeinsame Geschichte beider Länder, für das Erlernen der Sprache und die Möglichkeit, eine neue Berufserfahrung zu sammeln. Er konnte seinen Umzug kaum erwarten und hoffte, Deutsch bald wie eine zweite Muttersprache zu sprechen. In Deutschland hat er sich schnell über den Sport (er spielt Tischtennis) integriert, einen Kulturschock hat er nicht empfunden und rasche Fortschritte im Deutschen gemacht, obwohl er nicht gern Deutsch vor den Schülern sprach. Er hat sich für die deutsche Küche interessiert, aber das schnelle Essen fiel ihm schwer und die Pausen an seiner Schule empfand er als zu kurz, um zu essen und sich dabei zu unterhalten. Umgangssprache ist eines seiner Hobbies und es lag ihm daran, möglichst viele sprachliche Varietäten kennen zu lernen, um sich wirklich integriert fühlen zu können. Während des Treffens in Strasbourg sorgten seine spielerische und fröhliche Annäherung an die Sprache regelmäßig für Lacher auf Seiten der anderen Teilnehmer.

In der Schule hat er sich schnell integriert und keine Schwierigkeiten mit den Schülern gehabt, die er den französischen Kindern recht ähnlich fand, allerdings ein wenig selbständiger und kreativer und zu laut, vor allem auf den Fluren. Yoann hat während des Aufenthalts eine junge Erzieherin kennengelernt, die gern mit ihm nach Frankreich gekommen wäre. Dies erwies sich aber als schwierig und die Beziehung hat die Entfernung nicht überstanden.

Portraits und Selbstportraits von Austauschteilnehmern

Portrait von Marie
im (fiktiven) Briefwechsel mit ihrer Enkelin

Augsburg, 21. Januar 2011

Liebe Oma,

in fünf Monaten habe ich Geburtstag, wie Du weißt. Ich mache schon die Einladungsliste. Papa sagt, das ist zu früh, aber ich will sichergehen, dass alle kommen. Du stehst auch drauf. Schaffst Du es dieses Mal? Bitte! Dein letzter Brief war lustig. Wo genau bist Du jetzt eigentlich? Liebe Grüße von Deiner Amelie

Jura, 4. Februar 2011

Liebe Amelie,

vielen Dank für Deinen Brief. Ich habe mich sehr über die Einladung zu Deiner Geburtstagsfeier gefreut. Natürlich weiß ich, wann er ist. Ich kann noch nicht ganz genau sagen, ob ich frei bekomme. Das hängt von meiner Direktorin ab. Ich bin doch in Frankreich, im Jura, das ist eine besonders schöne Gegend hier. Hat Dein Papa Dir das nicht erzählt? Ich wohne in einem ganz alten Haus, das früher ein Kloster war. Wenn man ganz genau hinguckt, dann sieht man noch die Umrisse der Wände von den Schlafplätzen der Nonnen. Die sind vielleicht winzig! Manchmal, wenn ich abends im Bett liege, stelle ich mir vor, wie sie da gelegen und sich etwas zugeflüstert haben, und dann grusele ich mich immer ein bisschen. Aber dann scheint morgens wieder die Sonne in mein Fenster, und ich freue mich an den schönen Blumen, die ich gepflanzt habe. Mittwoch ist der schönste Tag – stell Dir vor, mitten in der Woche und wir haben einen Tag schulfrei! Das ist grandios. Ich tue dann so, als wäre es Sonntag und frühstücke lange die leckersten Croissants in der Sonne, und abends esse ich gemeinsam mit meiner Nachbarin im Hof.

Heute habe ich etwas Tolles mit meiner Klasse gemacht. Wir haben Kartoffelsalat nach deutscher Art zubereitet! Die haben vielleicht gestaunt. Wenn ich nachmittags in die Klasse komme, dann sind alle schon müde vom Tag, und da dachte ich, weshalb nicht mal was Neues ausprobieren? Also verteile ich die dreißig Messer – alle spitz, Du kennst die ja von Deinem Papa – meine Kollegin ist fast umgekippt, als sie das gesehen hat – Messer in der Schule! Aber wir haben alle friedlich unsere Kartoffeln geschält, geschnitten und dann die anderen Zutaten dazu und gewürzt. Und dabei habe ich noch das schöne Wort *rondelles* gelernt. Das heißt nämlich Scheibe, weil wir die Kartoffeln in Scheiben geschnitten haben. Und die Klasse hat beschlossen, dass wir jetzt einmal im Monat kochen wollen. Fällt Dir ein einfaches Gericht ein, was ich mit ihnen ausprobieren könnte?

Was macht die Schule bei Dir? Hast Du jetzt mit Englisch angefangen? Und do you like it?

Big kiss. Grandma (Oma natürlich …)

Augsburg, 12. Februar 2011

Hallo Oma,

heute war kein guter Tag. Alles läuft mies, und ich habe mich mit Marie gestritten. Die ist vielleicht blöd. Dauernd weiß sie alles besser. Dabei stimmt das gar nicht. Aber jetzt redet sie nicht mehr mit mir. Und Englisch „like" ich überhaupt nicht. Total bescheuert. Ich mach das nicht mehr. Bringt sowieso nichts. Ich kapier es nicht, und ich will mich nicht andauernd anpiepen lassen.

So, das war's für heute. Deine Amelie mit schlechter Laune

Jura, 18. Februar 2011

Meine liebe Amelie,

das klingt ja wirklich mies, was Du da schreibst. Hast Du Dich mit Marie wieder vertragen? Die Briefe dauern ja immer eine Weile und inzwischen habt ihr bestimmt wieder miteinander gesprochen. Und was das Englische angeht: Was ist denn das für ein Quatsch, dass Du das nicht kapierst? Du bist ja wohl meine Enkelin und wirst so ein paar fremde Wörter verstehen. Natürlich machst Du weiter. Es gibt nichts besseres, als wenn Du Dich mit jemandem unterhalten kannst, der nicht Deine Sprache spricht. Ich habe Englisch sogar studiert! Gut, ich musste das studieren, weil wir so viele Geschwister waren, dass mein Vater, Dein Urgroßvater, gesagt hat, „Du bleibst in Rostock, wir haben kein Geld für eine Wohnung woanders. Dann musst Du eben das studieren, was es hier gibt." Und das war dann Englisch, und auch noch Russisch. Damals war das noch die DDR, und da gab es nicht überall Französisch an der Uni. Französisch, das hätte ich gerne gemacht. Ich hatte das in der Schule gelernt, bei einer uralten Lehrerin. Und eines Tages kommt die in die Klasse und sagt, wir bekommen eine richtige *Mademoiselle* aus Frankreich zu Besuch. Da saßen wir alle zusammen und waren ganz gespannt. Aber unsere Lehrerin hat gesagt, ihr seid dreißig Mädchen in der Klasse, so viele kann *Mademoiselle* nicht unterrichten, nur die Besten können zu ihr. Und das wollte ich gerne. Also habe ich mich hingesetzt und habe gebüffelt, denn ich wollte die Französin kennenlernen. Und ich habe es geschafft. Wir waren nur zu sechst bei ihr. Das war nicht so ein richtiger Unterricht wie sonst in der Schule, wir haben Tee getrunken und zusammen gegessen und haben uns über lauter Mädchensachen unterhalten. Wie Du und Marie. Das war toll. Ich hatte bei ihr immer das Gefühl, dass Frankreich alles ist, was richtig schön ist. So wie die Liebe.

Eigentlich hat sie genau das gesagt, was mein Vater schon immer versucht hatte uns beizubringen. Das es ganz wichtig ist, dass wir uns unterhalten können. Dass wir miteinander sprechen können, auch wenn wir nicht die gleiche Muttersprache haben. Denn wenn man sich verständigen kann, dann kommt man nicht auf die Idee, sich gegenseitig die Köpfe einzuschlagen. Mein Vater hatte nämlich nicht die Möglichkeit wirklich zur Schule zu gehen, er konnte nicht richtig schreiben und ist immer verbessert worden. Und als er dann im Ausland gearbeitet hat, dann wurde es noch schlimmer, weil er sich nicht verständlich machen konnte. Also hat er uns Kindern beigebracht, dass es das wichtigste ist, sich ausdrücken zu können.

Auch in anderen Sprachen. Das macht nämlich auch Spaß, wenn Du dann anfängst „schöne" Wörter zu sammeln, die Du besonders magst oder lustig findest, oder die vielleicht eine Sache genauer beschreiben, als Du es vom Deutschen kennst. Dann fängst Du an die Sprache besser zu verstehen, als Du sie eigentlich schon kannst. Da kann Dein Herz dann schon mehr als Dein Kopf. Das ist vielleicht ein bisschen schwierig zu verstehen? Besonders gut lernt man eine Sprache überhaupt erst, wenn man auch in dem Land ist, wo sie gesprochen wird. Ich finde, Du solltest an diesem Englandaustausch teilnehmen, von dem Dein Papa mir erzählt hat. Du wirst sehen, wenn Du dort bist, dann wird es Dir nicht schwerfallen zu sprechen. Weil Du musst, und dann fallen Dir auch die Vokabeln ein. Und wenn nicht, dann fällt Dir was anderes ein, oder Du erzählst mit den Händen, was Du willst. Bei mir war das immer so, dass die Menschen sich gefreut haben, wenn ich versucht habe mich verständlich zu machen, und dann sind sie ganz hilfsbereit und erklären Dir alles. Probier es aus! Und sprich mit Marie! Das ist ja sonst ein Quatsch.

Schreib mir, wie's weitergeht. Alles Liebe, Oma

Augsburg, 27. Februar 2011
Meine liebe Oma,
warum kannst Du immer alles besser erklären als Papa? Der ist den ganzen Tag mit dem Essen im Restaurant beschäftigt, er probiert irgendein neues „Frauengericht" aus. Keine Ahnung was das sein soll. Es nervt. Ich muss immer abschmecken. Warum kocht er eigentlich so gerne? Ich versteh das nicht.

Und warum muss ich Englisch lernen, wenn ihr alle so „französisch" seid? Ich geh wieder hin, aber mit dem Austausch weiß ich noch nicht. Ich will lieber zu Dir. Dann könnten wir zusammen im Bett liegen und uns Gruselgeschichten erzählen. Marie hat mir ganz gute erzählt, sooooooo gruselig. Vielleicht müssen wir dann das Licht anlassen.

Bis bald. Amelie

P.S. Ich spreche wieder mit Marie!
P.P.S. habe die Einladungsliste für meinen Geburtstag nochmal verändert. Aber Du stehst noch drauf. Kommst Du?

Jura, 13. März 2011
Meine liebe Amelie,
gut, dass die Einladung noch steht. Leider hat mir die Direktorin noch nicht gesagt, ob ich frei bekomme. Kann sein, dass ich arbeiten muss, da es mitten in der heißen Klassenarbeitsphase hier ist. Dann feiern wir in den Ferien nach, okay? Küsschen von Oma

Augsburg, viel später

Nein, Oma, es ist nicht okay – ich will, dass Du zu meinem Geburtstag kommst. Sonst feiere ich gar nicht. Soll ICH der Direktorin schreiben, oder was? Amelie

Jura, 3. April 2011

Liebe Amelie,

Du kannst doch nicht Deine Feier von Deiner „alten" Oma abhängig machen! Natürlich feierst Du! Ich spreche nochmal mit meiner Direktorin.

Warum Dein Vater so gerne kocht? Das hat mich auch überrascht, aber es ist wohl ein Mitbringsel aus unserem ersten Jahr in Frankreich gewesen. Damals war er noch ziemlich jung, 16 Jahre, seine Schwestern, Deine Tanten, 14 und 8 Jahre, und ich war mit ihnen nach Frankreich gefahren, weil ich dort arbeiten wollte. Ich hatte mir das so in den Kopf gesetzt. Sie waren nicht begeistert, sie hatten keine Lust ihre Freundinnen und Freunde zurückzulassen, und außerdem konnten sie nicht wirklich gut Französisch. Aber Du hast mich ja schon manchmal erlebt, wenn ich mir etwas vornehme, dann mache ich das auch. Das war 1993. Wir haben jeder eine Tasche gepackt mit Sommer- und Wintersachen, einer Bettdecke und jeweils ein Paar Schuhe. Wenige Bücher und Spielsachen, was eben so ins Auto reinpasste. Und dann sind wir losgefahren. Quer durch Deutschland und dann durch Paris – was habe ich geschwitzt! Wir sollten in so einem Vorort von Paris, in Ivry-sur-Seine, wohnen, aber meine französische Kollegin, die meine Wohnung in Deutschland für das Jahr Austausch übernehmen wollte, hatte ihre Wohnung in Frankreich verkauft, weil sie wohl dachte, „ach, die schafft das schon". Na, da standen wir aber schön da. Keine Wohnung, kein Herd, keine Möbel nichts. Von meinem letzten Geld habe ich wenigstens Matratzen für uns gekauft, aber die nützen ohne Wohnung natürlich auch nicht viel. Nachdem wir zwei Tage auf dem Schulhof gecampt hatten, bin ich zum Bürgermeister gegangen, und der hat uns geholfen eine Wohnung zu finden. Die war zwar leer, aber immerhin hatten wir ein Dach über dem Kopf. Seine Sekretärin hat uns ihren alten Herd überlassen, den habe ich mit ihrem Mann zu uns hoch in den fünften Stock gehievt. Und meine Kolleginnen und Kollegen haben uns nach und nach ein paar alte Möbel geschenkt. Das sah lustig aus bei uns – ganz bunt. Ich weiß nicht, ob Dein Vater Dir erzählt hat, dass die drei Geschwister jeden Morgen sehr lange zur Schule fahren mussten? Mit der Métro und dann noch mit dem Bus, so waren sie fast zwei Stunden unterwegs, morgens und abends. Keine Ahnung, was sie auf den Fahrten alles gemacht haben – vielleicht weißt Du da mehr? Dein Vater erzählt ja nicht so viel, schon damals nicht, ich kann Dir also nicht sagen, ob er an Frankreich Freude gefunden hat. Und dann ist Deine Tante Lucy auch noch auf dem Spielplatz mit einem Messer angegriffen worden – das war sehr schlimm für uns alle. Zumindest wollten die drei Geschwister am Ende des Schuljahres wieder nach Deutschland zurück. Und so sind wir wieder gefahren, obwohl es mir schwergefallen ist. Ich habe mich da sehr wohlgefühlt. Wie heute auch noch, es ist für mich das Land, von dem ich sage, hier bin ich zuhause. Und obwohl ich sehr krank geworden war in diesem ersten Jahr, sehr krank, mit

Operation und Bestrahlungsbehandlung anschließend, hatte ich immer das Gefühl, nur dort habe ich gerettet werden können. Dieses Frankreich, was meine Herzensheimat ist, hat mich beschützt und mir Kraft gegeben für diese schlimme Zeit. Ich habe mich dort sehr aufgehoben gefühlt.

Aber dann sind wir doch abgefahren, und Dein Vater hat in Deutschland beschlossen nicht studieren zu wollen, sondern hat gesagt, wir hätten in Frankreich immer so gut gegessen, er wolle Koch werden. Und dann erzählte er von seinem ersten Tag bei der Lehre, und dass der Chefkoch meinte „wir machen *pommes de Château*", und keiner der Anderen wusste, was das sein soll, nur Dein Vater, der musste nicht im Wörterbuch nachgucken, sondern konnte gleich loslegen, weil er Französisch konnte. Da hat er dann gleich eine Sonderstellung gehabt. Und er hat gemerkt, dass es gut war, in Frankreich gewesen zu sein, etwas Neues kennengelernt zu haben. Er weiß, wie es sich anfühlt, fremd in einem Land und auf die Hilfe anderer angewiesen zu sein. Dadurch hat er eine Menge gelernt, wie ich finde. Wahrscheinlich kocht er deshalb so gerne, weil er sich dann immer wieder daran erinnern kann. Oder auch nicht. Das ist bestimmt zu pathetisch ausgedrückt.

Tschüss bis bald. Oma

Augsburg, 26.4.2011
Liebe Oma,
diese Herzensheimatsache, von der Du da geschrieben hast, das ist aber schwierig! Ich habe versucht mit Marie darüber zu reden, aber wir haben uns nicht richtig sagen können, wo unser Herz zuhause ist. Wahrscheinlich am ehesten noch zuhause bei unseren Eltern, aber dann kann man auch wieder sagen, dass wir ja noch gar nicht irgendwo anders waren. Wir durften noch nicht weg, und uns alleine ein anderes Land ansehen. Vielleicht fahre ich doch nach England? Lust hätte ich schon. Marie überlegt auch noch. Dann wäre ich nicht ganz alleine, das fände ich gut.

Hast Du gar keine Angst gehabt? Liebe Grüße. Ostern war toll! Amelie

P.S. Was sagt die Direktorin?

Jura, 4. Mai 2011
Meine liebe Amelie,
Du fragst, ob ich Angst hatte. Das ist interessant, ich habe nicht wirklich darüber nachgedacht. Alles, was ich wusste, war, dass ich meinem Wunsch folgen und in Frankreich leben wollte. Und da Dein Vater und seine Schwestern eben noch klein waren, hatte ich gar keine Zeit Angst zu haben, da musste ich mich um die Kinder kümmern, denn ich habe mich als Mutter verantwortlich gefühlt. Es war ja meine Entscheidung gewesen. Im Nachhinein kann ich sagen, dass ich intuitiv gespürt haben muss, dass ich dort meine Heimat finde. Deshalb hat es mich auch ohne Zögern dorthin gezogen. Und dann konnte ich plötzlich atmen und alle Schwere vergessen, die ich in Deutschland manchmal empfunden habe. Ein großer Dichter, dem es ähnlich ergangen sein muss, hat es besonders schön ausgedrückt:

„Da stehe ich auf der Brücke und bin wieder mitten in Paris, in unser aller Heimat. Da fließt das Wasser, da liegst du, und ich werfe mein Herz in den Fluss und tauche in dich ein und liebe dich."

Er hat auch Briefe geschrieben. Und ich finde, dass er genau das sagt, was ich auch oft fühle. Ich liebe das Wasser. Und selbst wenn es in Paris nur der Fluss ist, den er beschreibt, so komme ich doch von der Ostsee und das ist immerhin ein richtiges Meer. Und das hat mich immer glücklich gemacht, schon als Kind. Da habe ich mich nie eingesperrt gefühlt, auch wenn wir offiziell nicht haben wegfahren dürfen aus der DDR, aber ich konnte auf das Meer gucken und dann waren da keine Grenzen mehr. Nur der Horizont. Und der Himmel ist so weit, und es scheint mir als wüchsen mir Flügel und ich habe die Kraft immer weiter zu gehen.

Und so, wie ich als Kind in das Meer eingetaucht bin und mich habe umspülen lassen, so bin ich auch später immer wieder eingetaucht in neue Welten. Keine Welle ist gleich, und auch die Situationen, in die ich geraten bin, waren immer wieder neu und haben mich umgestülpt, aber nie weggerissen. Es war immer die Gewissheit da, dass eine tiefe Kraft mich umfängt.

Meine kleine Amelie, ich bin so froh, dass es Dich gibt! Oma

Augsburg, 15. Mai 2011
Liebe Oma,
noch eine Woche – kommst Du?
Amelie

Jura, 19. Mai 2011
Liebe Amelie,
Jaaaaaahh!!!!! Ich komme zu Deiner Feier. Hurra! Oma

Selbstportrait von Corinne

Liebes Ich,

Man träumte für Dich von einem Leben allein,
Du hast Abitur gemacht und auf dem Standesamt Ja gesagt,
Du wolltest Deutschlehrerin werden,
Du bist ganz einfach Grundschullehrerin geworden.
Als Du in Deinem Kopf erst zwanzig warst,
Waren es im Leben vierzig, ein Mann und drei Kinder,
Ich, ich sage Dir,
Am Wendepunkt Deines Lebens
War ein Weg,
Ich, ich sage es Dir,

Du hast es richtig gemacht, bist weitergegangen.
Du wolltest nach Saarbrücken,
Du kamst nach Rostock,
Man gab Dir drei Monate,
Du hast es zwei Jahre lang ausgehalten,
Du bist abhängig gegangen,
Du bist unabhängig zurückgekehrt,
Mit einem Mann und Deinen drei Kindern.
Ich, ich sage Dir,
Am Wendepunkt Deines Lebens,
Ist ein Weg,
Ich, ich sage Dir,
Du kannst noch weiter gehen.
Als es zwei Jahre später an die Rückkehr ging,
verzehrtest Du Dich danach, wieder aufzubrechen.
Du, Du warst gewachsen,
Und die anderen haben nichts verstanden,
Grundschullehrerin warst Du, Ausbilderin bist Du geworden,
für Deutsch, mit Deinem Mann und drei Heranwachsenden.
Ich, ich sage Dir,
mitten in Deinem Leben,
ist dieser Weg.
Ich, ich sage Dir,
Du wirst noch weiter gehen.
Und dann hat die Ostsee Dir gefehlt,
Also bist du näher an den Ärmelkanal gezogen,
Nach Rostock kehrst Du gerne zurück,
Nur für einige freundschaftliche Momente.
Beruflich bist Du gewachsen,
Persönlich hast Du verstanden.
Du, du sagst mir,
Es ist nicht vorbei,
Er ist in mir, der Weg meines Lebens,
Mit meinem Mann und den jetzt drei Erwachsenen.
Also Ich, wenn ich ein Traum wäre,
Wäre ich eine Wirklichkeit.
Du, Du wärest ein Wunsch,
Du gingest in Erfüllung, glücklich,
Mit einem Mann und drei Kindern.

Zweites Kapitel
Lehrermobilität im Kontext der Mobilitätsforschung

Ein kinematographischer Blick auf die vielförmigen Facetten der Mobilität

Die vorliegende Untersuchung zum Auslandsaufenthalt französischer und deutscher Grundschullehrkräfte, seiner Nachhaltigkeit und berufsbiographischem Ertrag steht in Zusammenhang mit neueren Mobilitätsforschungen, insbesondere über bildungsorientierte Auslandsaufenthalte und Austauschprogramme.

Mobilität in ihren vielgestaltigen Ausprägungen stellt ein Wesensmerkmal moderner Gesellschaften dar. Im Bereich der schulischen, akademischen oder ausbildungsbiographischen Mobilität soll ein Auslandsaufenthalt zum Erwerb persönlicher und sozialer Kompetenzen führen, die Studierende und Auszubildende u. a. befähigen, in kulturell heterogenen Situationen adäquat zu interagieren. Während lange Zeit der Ertrag eines Aufenthaltes im Zielsprachenland für das Erlernen oder Verbessern der Fremdsprachenkenntnisse im Fokus des Forschungsinteresses pädagogisch-interkulturell motivierter Mobilität stand, bemühen sich neuere qualitative Forschungen – speziell seit der Einrichtung des Erasmus-Programms 1987 – ein zusammenhängendes, empirisch und theoretisch fundiertes Gesamtbild der vielschichtigen Auslandserfahrungen zu entwerfen und „Mobilitätsphänomene aus einem kinematographischen Blickwinkel heraus zu betrachten statt aus einer statischen und eindimensionalen Perspektive" (Gohard-Radenkovic, 2009: 6).

Die überwiegend qualitativ verorteten Forschungsarbeiten zur Mobilität haben deutlich gemacht, dass die Erfahrungen ein facettenreiches Spektrum abdecken und dass Motivation und guter Wille allein den Gesamtertrag eines Auslandsaufenthaltes für die Persönlichkeitsentwicklung und den Erwerb soziokultureller Kompetenzen längst nicht garantieren. Sie fordern speziell dazu auf, verstärkt die Auswirkungen von Kontext und Rahmenbedingungen sowie von Persönlichkeitsmerkmalen auf die Lernprozesse zu untersuchen. Kritisch hinterfragt werden in den neueren Forschungen auch bestimmte Mythen und pauschale Positivurteile – wie müheloser Fremdsprachenerwerb durch Immersion, Abbau von Vorurteilen, quasi automatischer Völkerverständigung oder Befähigung zum interkulturellen Handeln allein durch Kontakt mit Repräsentanten der Fremdkultur. Solche Vorstellungen werden den tatsächlichen Erfahrungen von Mobilen weder gerecht noch sagen sie Wesentliches über Dynamik, Prozesshaftigkeit und persönliche Veränderungen und deren Nachhaltigkeit aus.

Konzeptuelle und methodologische Vorüberlegungen

Der Begriff „Mobilität" deckt sowohl in Bezug auf Raum, Dauer[12] als auch auf die Beweggründe sehr unterschiedliche Dimensionen ab. Wie Murphy-Lejeune (2003) in ihrer wegbereitenden qualitativen Untersuchung über Erasmus-Studierende gezeigt hat, siedeln die spezifischen Temporalitäten dieser Mobilitäten deren Akteure irgendwo zwischen dem Status des Touristen und dem des Migranten an. Und in der Tat sind die Diskurse der Akteure selbst über ihre Mobilitätserfahrung meist ambivalent. Mal hört man aus den Schilderungen den begeisterten, erstaunten, bewundernden, manchmal vorschnell und mit ethnozentrischem Blick urteilenden Touristen heraus, mal erinnern sie an Erzählungen von Migranten, die aus der Marginalität heraus ihr Leben in der Gastgesellschaft sowohl als Heroisierungs- als auch als Opferszenarien entwerfen. Mit Rückgriff auf das soziologische Konzept des Fremden von G. Simmel (1908) und des Migranten (Schütz, 2003) hat Murphy-Lejeune die polymorphen anthropologischen Dimensionen der Mobilität aufgezeigt und sieht in den Akteuren studentischer Mobilität eine moderne Erscheinungsform der Figur des Fremden. Die Mobilitätserfahrung kann sich als Katalysator dafür erweisen, sich der Spannungsfelder zwischen Eigenem und Fremden, zwischen Identität und Alterität bewusst zu werden. Dementsprechend sollten Konzepte wie Identität bzw. Identitäten, Alterität bzw. Alteritäten, zentrale Fragestellungen der Mobilitäts-und Austauschforschung sein. Doch während die komplexen Spannungsfelder, die für Fremdheitserfahrungen charakteristisch sind, seit langem im Zentrum soziologischer, anthropologischer, kulturpsychologischer Forschungsarbeiten über Migration, Flüchtlingsproblematik und Exil stehen, rücken die Auswirkungen von Fremdheitserfahrungen auf Persönlichkeitsentwicklung und Identitätskonstruktionen erst seit einigen Jahren in den Fokus qualitativer Austauschforschung (vgl. insbesondere Dervin, 2008).

So gilt inzwischen das Interesse in einer sehr viel umfassenderen Perspektive dieser „neuen Figur des Fremden" sowie der Gesamtheit der Lernprozesse, der identitären und sprachlichen Veränderungen und dem subjektiven Erleben und Deuten der verschiedenen Phasen eines Auslandsaufenthalts im universitären Rahmen (vgl. unter anderem Papatsiba, 2003; Byram & Weng, 2006; Dervin & Byram, 2008; Ehrenreich & Perrefort, 2008; Thamin, 2007) oder im Bereich des Schüleraustauschs (Brougère, Colin, Perrefort u. a., 2007; Gisevius, 2008; Vatter, 2011). Diese überwiegend qualitativ ausgerichteten Studien sind interdisziplinär verankert und ziehen ihre konzeptuellen und methodischen Ansätze aus der Soziologie, insbesondere der Mobilitätssoziologie, aus der Sozialpsychologie, der Anthropologie (Augé, 2009), der Pragmatik oder auch der Soziolinguistik und der Ethnomethodologie.

---

12 In der vorliegenden Studie betrachten wir Mobilität als einen Aufenthalt mittellanger Dauer, insofern der Mobile sich einen neuen Lebensrahmen erarbeiten muss, was seinen Aufenthalt von anderen Mobilitätsformen wie etwa der touristischen Reise, der studentischen Mobilität oder dem Status von Assistenten unterscheidet, die im allgemeinen nicht länger als 10 Monate dauern. Es geht auch nicht um Langzeitaufenthalte wie bei Lektoren oder Auslandsmitarbeitern.

Arbeiten aus dem Bereich der Fremdsprachendidaktik beschäftigen sich mit der Frage, inwiefern und unter welchen Voraussetzungen eine schulische oder universitäre Mobilitätserfahrung ausbildungs- und/oder berufsbiographisch relevant ist (Alred & Byram, 2002; Lévy & Zarate, 2003; Ehrenreich, 2004; Anquetil, 2006; Vasseur, 2008). Zur Erhebung der Daten wird dabei je nach Erkenntnisinteresse auf unterschiedliche methodische Verfahren zurückgegriffen. Lebensberichte, Tagebücher, qualitative Interviews, offene Fragebögen sollen die Verbalisierung von Erfahrungen ermöglichen, den Zugang für reflexive Rekonstruktion und subjektive Deutungen eröffnen. Angesichts der wachsenden kulturellen Heterogenität der modernen Gesellschaften gilt das Forschungsinteresse auch der Übertragbarkeit von Mobilitätskapital – also von sprachlichen, sozialen und interkulturellen Kompetenzen in andere Kontexte oder auch der inhaltlichen und strukturellen Einbringung der Auslandserfahrungen in neue Ausbildungskonzepte und begleitende Maßnahmen. Denn wenn Mobilität nicht als spezifischer Lernort und Lernherausforderung gesehen und unterstützt wird, so besteht die Gefahr, dass sie am Ende nicht viel mehr als ein touristisches Erlebnis darstellt.

Mobilitätserfahrungen unter identitären Gesichtspunkten

Durch die Selbsterfahrungen während des Auslandsaufenthaltes kommt es zu persönlichen Veränderungen und Verschiebungen von Relevanzen. Um die Dynamik dieser Um- und Neuorientierungsprozesse zu beschreiben und zu interpretieren, haben wir einen Ansatz ausgeschlossen, bei dem zu Beginn des Forschungsprozesses explizit Hypothesen aufgestellt und Theorien gebildet werden, die anschließend durch das Untersuchungsdesign geprüft werden. Auch wenn empirisches und theoretisches Vorwissen über Mobilitätsphänomene im allgemeinen und über deutsch-französische Austauschprogramme im Besonderen in die Strukturierung des Verfahrens einfließt, orientiert sich unser Vorgehen hauptsächlich an der *Grounded Theory* und der darin geforderten Bereitschaft zu Offenheit und induktivem Vorgehen. Allerdings wird der explorativ-phänomenologische Ansatz kombiniert mit ethnomethodologischen und diskursiven Analyseverfahren. Zur tiefergehenden systematischeren Analyse der subjektiven Erfahrungen wird auf soziologische postmoderne Konzepte zurückgegriffen, denen zufolge Identität weder monolithisch noch immanent, sondern instabil, modulierbar und liquid ist.

Das Identitätskonzept gehört zweifelsohne zu den am meisten erforschten Konzepten der Geistes- und Sozialwissenschaften. Identität ist „unsicher geworden" (Kaufmann, 2004: 58); durch die immer klarer erwiesene Komplexität des Menschen wird das Identitätskonzept vieldeutig. Maffesoli (2004) regt an, eher von Identifikation als von Identität zu sprechen, um der Formbarkeit des Konzepts, der inneren und äußeren Pluralität und Diversität des Individuums und seiner Fragmentierung begrifflich gerecht zu werden. Somit ist der Übergang von einer Auffassung des Identitätskonzepts als innerer Entwurf des Individuums zu solchen

Ansätzen vollzogen, die es als soziales und kollektives Konstrukt und als komplexe Identifizierungs- und Alterisierungsprozesse des Eigenen und des Anderen ansehen: „Es wird verständlich, dass Identitätsbildungen alles andere als natürlich sind und dass sie als Antworten auf situative und relationale Anforderungen entstehen, mit denen die sozialen Akteure umgehen müssen. Die zu diesem Zweck herangezogenen Mittel variieren ebenso wie deren Anwendungsformen. Dadurch wird Identität zu einer endlos variierenden Produktion, auch wenn sie immer dem gleichen Ziel dient, nämlich der Positionierung des Akteurs auf der sozialen Bühne, der Errichtung und/oder Verteidigung seiner Grenzen gegenüber Alterität, der Konstruktion von Einheit innerhalb dieser Grenzen, der Sinngebung und der Teilung von Werten diesseits und jenseits dieser Grenzen" (Vinsonneau, 2002: 7).

Identitätkonstruktion vollzieht sich in der Konfrontation mit Alterität, zu der auch die eigenen inneren Alteritäten gehören (Abdallah-Pretceille, 2003). Das Ich existiert also nicht allein, „es ist nicht mehr als eine nachträgliche Rekonstruktion der Akteure, um den Erwartungen der Gesprächspartner zu entsprechen" (de Singly, 2003: 44) und erst „durch Kommunikation ‚fabrizieren' wir uns und die anderen" (Camilleri, 1999: 161).

Auch in der Ethnomethodologie wird davon ausgegangen, dass im sprachlichen Handeln identitäre Kategorisierungen prozesshaft und *in situ* vorgenommen werden. Dabei ist es also eher zweitrangig, ob dieser oder jener Gesprächspartner beispielsweise ein *native speaker* oder nicht, ein Deutscher oder ein Franzose ist. Wichtig ist hingegen, ob er sich selbst als solcher kategorisiert oder kategorisiert wird.

Identität wird also als konstruiert, diskursiv und performativ angesehen und als eine emotional geprägte Darstellung unserer selbst. Maffesoli schlägt entsprechend mit Verweis auf den lateinischen Ursprung des Wortes *persona* („Maske") vor, den Begriff „Individuum" durch den der „Person" zu ersetzen: „Der Begriff des Individuums erscheint nicht mehr angemessen. Jedenfalls nicht im engeren Sinne. Vielleicht sollte mit der Postmoderne von einer Person (*persona*) gesprochen werden, die innerhalb der Gruppen, denen sie sich vorübergehend anschließt, jeweils unterschiedliche Rollen spielt. Identität bröckelt. Plurale Identitäten hingegen nehmen zu".

Wie Dervin (2008) ausführt, wird damit offensichtlich, dass Gegenwartswelten in gewissem Maße ‚Maskeraden' gleichen, bei denen jeder die Möglichkeit hat, zu ermessen, welche Maske – Identität – er je nach Kontext tragen möchte oder nicht. In diesem Sinne kann Mobilität begriffen werden als eine Form des Umgangs mit diesem strukturellen Pluralismus. Statt Identität als wesensimmanent zu betrachten, wird sie als „liquide" und „fließend" (Bauman, 2007, 2010) konzeptualisiert.

Das stellt auch das kulturalistische Paradigma mancher interkultureller Konzeptionen grundlegend in Frage, insofern als „kulturelle Identität" erst im Diskurs als Identitätszuschreibung bzw. Festlegung konstruiert und relevant gemacht wird. Dies hat Auswirkungen auf den Menschen, weil die Liquidität und die multiplen

Kategorisierungen Fremdheit vor sich selbst empfinden lassen, denn wie Kristeva (1988) zeigt, ist jeder sich selbst und den anderen potentiell ein Fremder.

Um die Vielschichtigkeit der Auseinandersetzungen mit Zugehörigkeiten, Selbst- und Fremdwahrnehmungen, die durch die Mobilität ausgelöst werden, darzustellen, stützen wir uns infolgedessen auf Konzeptionen, in denen die Mobilitätserfahrungen insbesondere unter identitären Gesichtspunkten untersucht werden, als Bewusstwerden seiner eigenen Fremdheit, als „Metamorphosen" (Dervin, 2008), ausgelöst durch Verlagerung des Zentrums (*décentrage*) (Maffesoli, 2007) und Entgrenzung (*déterritorialisation*) (Urry, 2005).

Akteure und Co-Akteure der Mobilität

Wie schon in der Einleitung erwähnt, kommen in der vorliegenden Untersuchung die sozialen Akteure selbst weitgehend zu Wort. Dabei geht es darum, der subjektiven Sichtweise und Gewichtung möglichst viel Freiraum zu verschaffen, um die kontextuellen, soziokulturellen und beruflichen Besonderheiten der Grundschullehrermobilität im deutsch-französischen Rahmen aufzuzeigen. Auf diese Weise wollen wir einerseits zum besseren Verständnis und zur breiteren Kenntnis einer Mobilitätserfahrung beitragen, die sich in vielerlei Hinsicht von studentischer und schulischer Mobilität unterscheidet. Andererseits streben wir jedoch auch an, übergreifende Fragestellungen aufzuzeigen, die jeden Aufenthalt von einer gewissen Dauer in einem fremdkulturellen Umfeld betreffen. Denn über diese Beschreibung von innen heraus, aus dem Blickwinkel der Akteure, soll nicht nur deutlich gemacht werden, wie sich die Auslandserfahrung für jeden einzelnen als persönliches, mehr oder weniger intensiv gelebtes Abenteuer darstellt, sondern sie soll darüber hinaus zum besseren und übergreifenden Verständnis dieser sozialen Lebenswelten, deren Abläufe, Deutungsmuster, Merkmale beitragen. Dementsprechend muss, wie es Pierre Bourdieu fordert, der Geschichte einzelner Lebenswege Bedeutung beigemessen und Interesse entgegengebracht werden: „Den standhaften und entgegenkommenden Blick, der nötig ist, um sich von der einzigartigen Bedingtheit von der jedes einzelne Interview zeugt, durchdringen zu lassen und den wir für gewöhnlich großen literarischen oder philosophischen Texten vorbehalten, kann man im Zuge einer Art Demokratisierung der hermeneutischen Haltung auch den alltäglichen Erzählungen von alltäglichen Abenteuern entgegenbringen" (Bourdieu, 1992: 923).

Interaktionen zwischen den Mobilen und der Gastgebergruppe nehmen eine zentrale Rolle ein bei der Bewältigung des fremdkulturellen Alltags, der Integration sowie dem Aufbau von Verstehen der eigenen und der anderen Kultur und wirken sich auch noch im Nachhinein auf die Einschätzung des Gesamtertrages des Aufenthaltes aus.

Gemäß dem interaktiv-konstruktivistischen Postulat liegt der Fokus unserer Aufmerksamkeit sowohl auf dem „nicht *native*" als auch auf dem *native*, Begriffe, denen wir jedoch die des Akteurs und des Co-Akteurs vorziehen und die Gohard-Radenkovic (2009: 7) folgendermaßen definiert: „Der mobile Akteur ist nicht der einzige, dem im Mobilitätsprozess, seinem Mobilitätsprozess, eine tragende Rolle zukommt. Die Akteure der Mobilität sind auch all diejenigen, die auf die eine oder andere Weise von Individuen oder Gruppen in Mobilitätssituationen beansprucht werden […]. Sie sind *Co-Akteure dieser Mobilitäten*".

Im Hinblick auf unsere spezielle Personengruppe werden wir folglich der Frage nach dem Einfluss der Co-Akteure im Gastumfeld – Schüler, Eltern, Kollegen, Vorgesetzte, soziales Netz – besondere Aufmerksamkeit widmen. Weitaus größere Berücksichtigung werden aber die Co-Akteure im persönlichen und beruflichen Herkunftsumfeld finden, also die Familie, der Freundes- und Verwandtenkreis sowie Kollegium und Vorgesetzte.

Ein weiterer oft unterschätzter und bisher wenig systematisch erforschter Aspekt in Bezug auf den Langzeiteffekt von Mobilitätserfahrungen ist die Rückkehr. In vielerlei Hinsicht sind die bei der Ankunft im Gastland empfundenen Umwälzungen mit denen vergleichbar, die auf den Rückkehrenden warten. Bei seinen Bemühungen um Reintegration und Wiederanpassung setzt er sich der Gefahr aus, auf Unverständnis und mangelnde Anerkennung seiner Leistungen zu stoßen. Daher wird der Rückkehr der Lehrkräfte in unserer Untersuchung eine ganz besondere Aufmerksamkeit zuteil. Wie begegnet man ihnen in der Herkunftsschule? Werden ihre neu erworbenen Kompetenzen anerkannt? Finden sie die notwendigen Freiräume, um ihr Potential als Brückenbauer zwischen Sprachen und Kulturen zu entfalten?

Das Gruppengespräch als offenes und erzählgenerierendes Verfahren

Die meisten qualitativen Untersuchungen zu Mobilität und Migration betonen die Bedeutung einer reflexiven Herangehensweise und das starke Bedürfnis, (von) sich selbst zu erzählen und die erlebten Erfahrungen in Beziehung zu späteren Entwicklungen zu setzen. Bei der Untersuchung über Schüleraustausch im Rahmen des Voltaire-Programms hatten wir bereits folgende Feststellung getroffen: „Auch wenn sich kleine Kurven der Veränderungen während oder direkt nach dem Auslandsaufenthalt ausmachen lassen, so wird die Prozesshaftigkeit der Aus- und Nachwirkungen erst mehrere Jahre danach richtig deutlich und für die Teilnehmer fassbar. Eine tiefer greifende innere Verarbeitung des Erlebten wird erst möglich, wenn dem Bewusstsein für die Besonderheiten der Kommunikation in der Fremdsprache und für sprachkulturelle Unterschiede durch weitere Erfahrungen und Kenntnisse sowie durch zusätzliches Wissen sozusagen auf die Sprünge geholfen wird. Diese Funktion erfüllten u.a die Interviews, die im Rahmen der Begleitstudie mit mehreren Teilnehmern während und nach dem Austausch geführt wurden, sowie auch die Gruppendiskussionen. Die Informanten gaben an, dass sich dadurch ihre Fähigkeit, die Erfahrung zu reflektieren und biographisch als prägend einzuordnen, im Laufe der Jahre erheblich verstärkt habe. An konfliktvollen Auslandsaufenthalten zeigt sich, dass es mit Sicherheit nicht genügt, sich auf die traditionellen Wertvorstellungen von Ausharren und Durchhalten zurückzuziehen" (Perrefort, 2008: 71).

Das In-Worte-Fassen gleicht in vielerlei Hinsicht einer narrativen Therapie, denn die Narration wirkt sinnstiftend. Sie stellt Kohärenz und Kontinuität zwischen Ereignissen her, die bisweilen als aufwühlend, verwirrend oder verstörend erlebt wurden, aber natürlich auch als bereichernd und beglückend. In den meisten Forschungsarbeiten zur Mobilität bilden Einzelinterviews die zentrale Grundlage für die Datenerhebung. Wir haben uns bewusst für Gruppengespräche entschieden, weil wir meinen, dass das Mitteilen von Sichtweisen auf den Austausch einem Bedürfnis entspricht, dass wir schon bei den vom DFJW für die Lehrkräfte organisierten Fortbildungsveranstaltungen feststellen konnten. In den Gruppenarbeiten bot sich dort den Teilnehmern die Gelegenheit, über ihre Erlebnisse zu berichten, sie zu vergleichen und daraus Bestätigung, manchmal Halt und Trost zu schöpfen.

Bestärkt durch diese nicht formalisierten Erfahrungen mit spontanen, kollektiven Erzählungen, haben wir daher beschlossen, für die vorliegende Untersuchung Gruppengespräche als zentrales methodisches Vorgehen für die Datenerhebung einzusetzen. Dabei wurde davon ausgegangen, dass ein sehr offenes, erzählgenerierendes Verfahren in Form einer gemeinsamen retrospektiven Introspektion geeignet wäre, sich an Situationen, Schlüsselerlebnisse, Eindrücke und Befindlichkeiten zu erinnern und sie in und durch die Narration zu rekonstruieren. Wir nahmen an, dass das kollektive Rückerinnern ein möglichst breites und facettenreiches Spektrum individueller, aber auch geteilter, intersubjektiver und übergreifender Erfahrungen erfassen würde. Nachfragen, Bei- und Nachträgen der Kommunikationspartner sollte so eine mäeutische Funktion zukommen, die es ermöglichte, Themen, Gedanken, Interpretationen nicht nur zu präzisieren, sondern sie überhaupt erst einmal ins Bewusstsein zu befördern, offenzulegen und in den Interaktionen vermittelbar zu machen.

Ein solches Vorgehen, das auch auf der Mitteilungsbereitschaft der Teilnehmenden basiert, um möglichst aussagekräftiges Datenmaterial zu erhalten, eröffnet den Zugang zu Lebenswelten, Einstellungen und Vorstellungen, aber auch zu Sinnkonstruktionen und Emotionen. Moscovici (1984) betont, dass „gesellschaftliche Veränderung Kommunikation besonders reich macht". Und genau darum geht es bei der hier behandelten Mobilitätsform. Es geht um (Mit-)Teilen, also Kommunikation, von Veränderungen, um deren Beschreiben und Interpretieren, um Deutung und Umdeutung in und über das narrative Kommunizieren der subjektiven Erfahrungen während des Austausches.

Drittes Kapitel
Gemeinsames Erzählen als sinnstiftende Ko-Konstruktion des Erlebten

Kriterien zur Zusammensetzung der Gruppe

An den Gruppengesprächen nahmen 21 Personen (10 Deutsche und 11 Franzosen) teil (s. oben Erstes Kapitel, Einzelprofile). Das Treffen fand im Dezember 2009 in einem Straßburger Begegnungszentrum statt. Zum Zeitpunkt des Auslandsaufenthaltes lag der Altersdurchschnitt in der deutschen Gruppe bei 40 Jahren (der älteste Deutsche war 57, die jüngste 28 Jahre alt). Der Altersdurchschnitt der Franzosen war ebenfalls um die 40 (der jüngste Franzose war 24, die älteste Französin 50 Jahre alt). Diese generationenübergreifende Zusammensetzung der Gruppe war gezielt angestrebt worden, denn es handelt sich dabei um eine wichtige Charakteristik der Lehrermobilität und das Alter war eines der Auswahlkriterien für die Teilnahme. Ein weiteres Kriterium betraf den Zeitraum, während dessen der Austausch stattgefunden hatte. Es war uns nämlich wichtig, eventuelle Ähnlichkeiten oder Unterschiede mit den Ergebnissen der ersten Untersuchung zu erfassen, deren Teilnehmer in einem Zeitraum zwischen 1973 und 1997 im Austauschprogramm waren.

Es sollten diesmal Lehrerinnen und Lehrer befragt werden, die zwischen 1999 und 2008 teilgenommen hatten und somit einen zeitlichen Abstand von zehn Jahren bis zu einem Jahr hatten. Zur Durchführung der qualitativen Untersuchung wurde ein weiteres Kriterium eingesetzt, denn es wurden nur diejenigen Lehrkräfte eingeladen, die den Fragebogen beantwortet und bereits im Vorfeld ihre Bereitschaft zur Teilnahme an Gruppengesprächen zugesichert hatten. Die durchschnittliche Teilnahmedauer am Austauschprogramm lag bei den Deutschen bei zwei Jahren und bei den Franzosen mit anderthalb Jahren im Schnitt leicht darunter. Zum Zeitpunkt ihrer Teilnahme am Austausch lebte die Hälfte der Deutschen (ledig oder geschieden) allein, sieben von ihnen hatten Kinder. Auf französischer Seite gab es acht Verheiratete, von denen sechs Kinder hatten. Wie bei den Deutschen nahmen zwei Personen Kinder und Partner mit, zwei gingen allein mit ihren Kindern ins Ausland. Es sei abschließend darauf hingewiesen, dass die Teilnehmer sich vorher nicht kannten und sich auch nie bei den vom DFJW organisierten Fortbildungsseminaren begegnet waren. Alle zeigten sich hoch motiviert, an unserer Studie teilzunehmen. Sowohl die oft sehr ausführlichen und detaillierten Antworten auf die offenen Fragen des Fragebogens als auch die Art und Weise, in der sie sich in die Gespräche eingebracht haben, belegen, dass der Austausch als ein besonders prägendes Ereignis erlebt wurde. Ein ähnliches Phänomen konnte in der vorangegangenen Studie festgestellt werden und wir kommentierten es damals wie folgt: „Die 53 Personen, die die Fragebögen beantwortet haben, waren ausgesprochen bemüht, so vollständig wie möglich zu antworten und haben beeindruckende

Erinnerungsleistungen vollbracht. Die Sorgfalt, mit der auf die Fragen eingegangen wurde, weist auf die persönliche Bedeutung des Austauschs hin und deutet auch auf den starken Wunsch, das Erlebte zu vermitteln und weiterzugeben. So notierte beispielsweise einer der Befragten: ‚Ich bin der Auffassung, dass unsere Erfahrungen unbedingt schriftlich festgehalten werden sollten'" (Dupas & Perrefort, 1998: 74).

Gesprächsgestaltung

Das Treffen war auf zwei Tage angelegt. Am ersten Tag fanden die Gespräche in nationalen, am zweiten Tag in binationalen Gruppen statt. Insgesamt wurden sechs Gespräche geführt, zwei auf Deutsch, zwei auf Französisch und zwei, bei denen abwechselnd beide Sprachen gesprochen wurden. Die durchschnittliche Dauer der sechs Gespräche betrug 160 Minuten. Die Teilnehmerzahl war auf fünf Personen begrenzt und für diejenigen, die nicht gerade „im Gespräch" waren, hatten wir parallel eine Schreibwerkstatt organisiert. Wie schon erwähnt, sind die Arbeiten aus diesem Atelier zum Teil in das vorliegende Buch aufgenommen worden.

Die Durchführung der Gespräche übernahmen drei in Gesprächsführung geschulte Forscher und wissenschaftliche Mitarbeiter. Nach dem Grundsatz „es gibt keinen Weg, wenn man geht, der Weg entsteht erst beim Gehen" (Morin, 1977: 21) haben wir uns absichtlich für einen empathischen, verstehenden Ansatz entschieden mit einem lockeren Leitfaden, um uns beständig an den Verlauf anpassen zu können und den Gesprächsfluss so wenig wie möglich durch steuernde Fragen zu unterbrechen. Das erlaubte es auch, die thematischen Impulse aus den Beiträgen der Teilnehmer aufzugreifen und die Interviewgestaltung weitgehend damit zu bestimmen. Unser Anliegen bestand nicht darin, gradlinige Diskurse zu einem vorgegebenen Thema zu erhalten, sondern mit Hilfe einer offenen und anpassungsbereiten Vorgehensweise ein möglichst scharfes, detailreiches und vielschichtiges Bild der Lebenswelten zu erhalten. Daher haben wir keine vorformulierten Fragen gestellt oder einen bindenden Gesprächsleitfaden verfasst, sondern eher einen Plan, ein grobes thematisches Gerüst entworfen, mit den Bereichen, die uns vom Erkenntnisinteresse her wichtig und angemessen schienen.

Der freie Umgang mit dem thematischen Leitfaden rechtfertigte sich im Verlauf der Gespräche, denn ohne namhafte Steuerung durch die Interviewer wurden von den Teilnehmern alle vorgesehenen Themenbereiche angesprochen und diskutiert. Ein solches Verfahren verlangt allerdings seitens der Gesprächsleiter nicht nur eine gewisse Vertrautheit mit dem zu erforschenden Terrain und ein bestimmtes Maß an Vorwissen über den Forschungsgegenstand, sondern auch soziale Kompetenzen wie Anpassungsfähigkeit, Aufgeschlossenheit, Beobachtungs- und Zuhörvermögen. Dank eines regelmäßigen Kontakts zur befragten Personengruppe und langjähriger teilnehmender Beobachtungen (durch vorherige Forschungen oder die Leitung von Fortbildungsveranstaltungen) besaßen die drei Gesprächsleiter solche Voraussetzungen und brachten neben Vorwissen und Erfahrung auch die notwendige Sensibilität für die emotionalen Komponenten der Erinnerungsarbeit mit. Mit dieser intimen Kenntnis des Terrains, aber auch mit einer echten Neugier auf die Erzählungen und Unkenntnis bestimmter Aspekte gelang es, „in das Wertesystem, in das Wesen des Informanten [einzusteigen] und dabei offen für das Verständnis der zurückhaltendsten Äußerungen zu sein" (Kaufmann, 2004: 87).

Das Gespräch selbst wurde relativ formlos, beispielsweise über folgenden Gesprächseinstieg eröffnet: „Wir sind heute hier, um über eure unterschiedlichen Austauscherfahrungen zu sprechen, prägende Momente, Schlüsselerlebnisse … Zum Beispiel könnt ihr erzählen, wie es für euch gewesen ist, wie es dazu kam … Wer möchte anfangen?"

Sehr rasch entwickelte sich eine entspannte und vertrauensvolle Atmosphäre sowohl unter den Teilnehmern als auch zwischen ihnen und den Gesprächsleitern. Es entspann sich zügig ein lebendiges, offenes, kooperatives und vielstimmiges Gespräch, ein wahrer „Plurilog", bei dem wir unsere Gesprächssteuerung auf Nachfragen, Verständnissicherung, Hörersignale oder Zeichen der Empathie (Überraschung, Erstaunen und Zustimmung) beschränken konnten. Die „Hebammenfunktion" des Interviewleiters – nämlich durch Fragen der Geburt von Gedanken zu verhelfen – teilten wir mit den Gesprächsteilnehmern, die sich gegenseitig die notwendigen Impulse und Hilfestellungen zur Vertiefung gaben. So entstand eine Situation, die eher einer Art informellem Treffen als einem Gespräch zu Forschungszwecken glich, und dank der rasch von selbst entstehenden Gesprächsdynamik war es kaum notwendig, bestimmte Themenbereiche einzuführen oder wieder aufzugreifen.

Datenbearbeitung

Die Diskussionen wurden aufgezeichnet und transkribiert, wobei darauf geachtet wurde, die Mündlichkeit der Diskurse so weit als möglich wiederzugeben. Die französischen Redebeiträge wurden von uns ins Deutsche übersetzt, wobei wir allerdings im Gegensatz zu den normal üblichen Transkriptionsstandards darauf verzichtet haben, den Originaltext im Anschluss an die übersetzte Passage wiederzugeben, was sich störend auf den Lesefluss auswirken könnte. Einige Auszüge sind relativ lang, denn es geht ja darum, die Austauscherfahrung aus der Innenperspektive der sozialen Akteure darzustellen. Da wir die Gespräche aber eher nach thematischen Gesichtspunkten analysiert haben und nur einige Sequenzen einer systematischen Diskursanalyse unterzogen haben, wurden die hier wiedergegebenen Auszüge der besseren Lesbarkeit halber „geglättet". So haben wir weitgehend bestimmte Markierungen mündlicher Rede eliminiert – wie etwa Eröffnungs-, Schluss- oder Gliederungspartikel wie *gut, naja, ne*. Auch syntaktisches „Auf-der-Stelle-Treten" (wiederholter Rückgriff auf ein und dasselbe syntaktische Segment); Wiederholungen, regionale Ausdrucksweisen wurden größtenteils gestrichen. Aus denselben Lesbarkeitsgründen wurde auch auf die üblichen Transkriptionsregeln in Bezug auf prosodische Elemente (Sprechgeschwindigkeit, Stimmlage, Intonationsmarkierungen usw.) oder markierte Pausen-und Überlegungszeichen (z. B. „hm") verzichtet. Allerdings schien es uns wichtig, nicht vollständig auf die diskursive Inszenierung des Erlebten zu verzichten und auch dessen emotionale Darstellung in den Narrationen zu verdeutlichen. So markieren z. B. Schrägstriche (/) besonders auffällige Selbstunterbrechungen oder Versprecher, denn sie geben Aufschluss über den konstruktiven Charakter der Wirklichkeit im Gespräch. Redewiedergaben werden in den Gesprächsauszügen systematisch durch Anführungszeichen markiert.

Ein induktiv-verstehendes und diskursanalytisches Auswertungsverfahren

Für die Auswertung der Daten haben wir uns für eine kombinierte Vorgehensweise entschieden, die zwar vorwiegend thematisch orientiert ist, sich aber bemüht, der diskursiven Darstellung, also dem „Wie" des Gesagten, Rechnung zu tragen. Wie eingangs erwähnt, gehen wir nicht von einer expliziten Hypothesenbildung im Vorfeld aus. Gewiss, wir sind uns durchaus bewusst, dass unser Vorwissen in die Gesamtanlage der Untersuchung mit eingeflossen ist. Insgesamt gehen wir bei der Datenauswertung jedoch induktiv und offen vor. Auf der Grundlage des empirisch erhobenen Datenmaterials – also den transkribierten Gruppengesprächen – werden schrittweise Kategorien und Hypothesen gebildet, Umformulierungen und Interpretationen vorgenommen und in Auseinandersetzung mit dem Material in mehreren Auswertungsschritten überprüft, erweitert, neu formuliert.

Diese beschreibende Funktion ist wesentlich und führt zu dem, was der Ethnologe Geertz (1987) *„thick description"* nennt, also zu einer kontextualisierten Tiefenbeschreibung des Gegenstands oder des Verhaltens, um Lebenswelten aus der Sicht handelnder Menschen zu beschreiben, deren Abläufe, Merkmale, Mechanismen aufzuzeigen und zu einem besseren Verständnis sozialer Lebenswelten beizusteuern. Die Rolle des Forschers kommt damit der eines „intellektuellen Handwerkers" (*artisan intellectuel*, Kaufmann, 2004) gleich, der sein auf dem Feld empirisch herausgebildetes Können formalisiert, Vorgehen und Theorienbildung aus der empirischen Basis ableitet und sein Instrumentarium souverän und mit der notwendigen Flexibilität einsetzt.

Die hier vorgestellte Untersuchung wird also aus dieser Perspektive heraus angegangen, kombiniert mit ethnosoziologischen Ansätzen zur Auswertung von Lebensberichten (Bertaux, 2001) und des verstehenden Interviews (Kaufmann, 2004), die auf der von Max Weber (1992) entwickelten Verstehenden Soziologie und der *Grounded Theory* (Strauss, 1992; Schütz, 1987) aufbauen.

Ein solches Vorgehen zielt weniger auf das Erfassen von Ergebnissen ab, sondern darauf, soziale Prozesse zu beschreiben, zu objektivieren und zu interpretieren, um schrittweise zu einem Verständnis der beobachteten Phänomene zu gelangen.

In verschiedenen Auswertungsschritten wurde das Material intensiv und systematisch untersucht, strukturierend vorbereitet und inhaltlich in große Themenbereiche eingeteilt.

Intersubjektive, übergreifende und rekurrierende Elemente in den Narrationen wurden besonders berücksichtigt. Denn trotz der Einzigartigkeit und individueller vielfältiger Ausprägung jeder Erfahrung, enthalten alle Diskurse rekurrierende Hinweise auf relevante Züge der Mobilität, wie z. B. Identitätsfragen oder innere Beweggründe, besonders im Zusammenhang mit der beruflichen Situation oder den Erfahrungen bei der Rückkehr ins Herkunftsland.

Wenngleich sich in einem Teil der Narrationen ein eher geradlinig verlaufener Lebensweg erkennen lässt, weitgehend verschont von Krisen variabler Intensität, weisen die meisten eher bewegte Lebenswege auf, mit Fragestellungen und inneren Unruhen, die durch den Aufenthalt beschleunigt wurden, aber die auch im Verlauf des Austauschjahres Lösungen und Heilungen erfuhren.

Bei der Analyse der Daten gehen wir davon aus, dass Identitäten in und durch den Diskurs hergestellt und dargestellt werden, sie sich durch und im sprachlichen Handeln verändern oder festigen. In diesem Sinn schließen wir uns der Aussage von Gumperz an, der behauptet, dass „soziale Identität und Ethnizität zu einem großen Teil über Sprache hergestellt und wiedergegeben werden" (1989: 14). Sprachliches Handeln ist also Identitätsarbeit in Aktion und die Analyse der verbalen Spuren dieser Identitätsarbeit gibt Aufschluss über Selbst- und Fremdzuweisungen.

Im ethnomethodologischen Ansatz werden diese Aktivitäten als „Kategorisierung" definiert. Wie Sacks (1992) zeigt, handelt es sich dabei um Sprachaktivitäten, über die die Interaktanten sich selbst und/oder den anderen sozialen Kategorien mit entsprechenden Attributionen zuordnen. (vgl. Gülich, 1997; Mondada, 1999). Die Auswahl aus der Gesamtheit der sozialen Kategorien ist dabei weder zufällig noch willkürlich. Sie variiert je nach Kontext, nach der Beziehungsstruktur sowie nach den sozialen Repräsentationen, die den ideologischen Gehalt der Kategorien bestimmen. Daraus folgt, dass jede Interaktion das Bild widerspiegelt, das der soziale Akteur von sich, seiner Zugehörigkeit (oder Nicht-Zugehörigkeit) zu einer Gruppe für sich und die anderen entwirft. Meist werden diese Kategorisierungen nicht explizit vorgenommen, sie basieren auf kollektivem Wissensvorrat und sind reich an Inferenzen.

Die sprachlichen Indizien einer Kategorisierung sind für Nichtmitglieder einer Gruppe oft kaum wahrnehmbar – Imitation eines Akzents; Wechsel des Sprachregisters, Kontextualisierungshinweise diverser Art können Kategorien der Zugehörigkeit signalisieren und Fremdheit konstruieren. Der Begriff der Kategorisierung ist im Hinblick auf seine konstruktivistische Konzeption von Identifikationen interessant, da er den Begriff Identität nicht aus einer deterministischen und festlegenden Perspektive heraus betrachtet, sondern sich vielmehr auf interaktive Strategien und Aushandlungsprozesse beruft, über die sich Identitäten im Diskurs konstituieren. Das zeigt sich auf besonders prägnante Weise in den Narrationen über die Erfahrungen im Verlauf der Mobilität. Um dies exemplarisch aufzuzeigen, werden im weiteren Verlauf dieses Kapitels zwei narrative Passagen einer diskursiven Fein-analyse unterzogen. Eine systematische Durchführung eines solchen Verfahrens wäre auf Grund der Datenfülle, aber auch des Erkenntnisinteresses im Hinblick auf unseren Untersuchungsgegenstand nicht in Frage gekommen.

Erzählendes Erinnern und gemeinsames Reflektieren

Auch wenn wir mehr oder weniger damit gerechnet hatten, dass der offene Ge-sprächsimpuls die Narrationen schnell in Gang bringen würde, so hat uns dennoch die Spontaneität und Bereitschaft überrascht, mit der sich die Teilnehmer auf das Vorgehen eingelassen haben. Von Beginn an bestimmten eine vertrauensvolle At-mosphäre und ein implizites, kooperatives Einvernehmen unter den Teilnehmern den Verlauf.

Dies begünstigte das erzählende Erinnern und Rückbesinnen auf Ereignisse und Erlebnisse während des Austauschs. Über das gemeinsame diskursive Handeln wur-de so ein dritter Raum ko-konstruiert, charakterisiert durch ein Zusammenwirken von Interaktion und Reflexivität, als Dimension emotionalen Mit-Teilens und Iden-titätsherstellung und -darstellung. Während des zweitägigen Treffens wurde Erleb-tes erzählend rekonstruiert, verglichen, bewertet und in Relation zur Erzählsituation gesetzt, etwa in der Art: „Ja, aber das war die Frage vorher, aber ich kann auch zu dieser etwas sagen, denn das ist die Frage, die ich mir jetzt stelle."

In ihrem Buch über die studentische Mobilität erwähnt Murphy-Lejeune eine vergleichbare Erzählbereitschaft seitens der befragten Studenten. Die Einzelinter-views eröffneten ihnen die Gelegenheit, vom Auslandsaufenthalt zu erzählen und sich durch dieses reflexive Vorgehen ihrer Veränderungen bewusst zu werden: „Ihre Stimmen sind einige Jahre später immer noch zu hören und finden gegenseitig Re-sonanz in dem breiten Spektrum der Interpretationen, die die fundamentale Hete-rogenität der Studierenden veranschaulichen. Trotz der großen Diversität, kristal-lisieren sich Regularitäten heraus, und zwar in der Art, wie sie ihre Erfahrung aus der inneren Perspektive heraus in Worte fassen" (2003: 57).

Aufgrund ihres Berufes verfügten die meisten Teilnehmer über ein gutes Erzähl-vermögen. Da sie es gewohnt sind, im Unterricht mit Märchen und Erzählungen zu arbeiten und sprachlich kreativ zu sein, sind ihre Erzählungen oft fesselnd, lus-tig, traurig, aufrührend und halten die Zuhörer in Atem, bringen sie zum Lachen, empören sie, reißen sie mit, bringen sie zum Weinen und Nachdenken. Folglich war die Kommunikation streckenweise stark emotional und die Emotionen wurden auch auf einer nonverbalen Ebene vermittelt, z. B. über Seufzer, Gesten, Umarmun-gen, solidarisches Berühren oder auch Schweigen.

Man hörte einander mit großer Aufmerksamkeit zu und bewies beachtliche in-ferenzielle Kompetenz. Denn anderen „die eigene Geschichte zu erzählen, ist fast ebenso wichtig, wie sie sich selbst zu erzählen" (Kaufmann, 2004: 155). Die indivi-duelle Geschichte jedes Einzelnen wurde Gegenstand kollektiver Reflexion und das

Vergleichen des Erlebten ließ Ähnlichkeiten und Unterschiede erkennen. So wurde beispielsweise erst im Vergleich mit von anderen Kollegen erlebten Situationen so Manches klar: „Ich war zwei Jahre lang in Bordeaux, hatte verglichen mit anderen damit unheimlich viel Glück" [Silvia, D/39]. Jüngeren Teilnehmern wurde bewusst, dass die Entscheidung ein, zwei oder mehr Jahre fortzugehen, wenn man erst einmal familiäre oder soziale Verpflichtungen hat, nicht mehr so leicht fällt wie am Anfang des Berufslebens, wenn man noch keine vergleichbaren Bindungen hat:

> Und dabei ist es in meiner Situation/weil ich viele Leute sehe, die mutig sind, mit einer Familie oder die mit einem Kind weggehen, das finde ich wirklich gut. Aber ich sage mir, das ist vielleicht jetzt die Gelegenheit, weil mich weniger als die anderen zurückhält, ich habe kein Haus gekauft, ich habe keinen Hund, ich habe gar nichts, es ist also deshalb wirklich leicht, wegzugehen [Yoann, F/26].

Über die erzählende Darstellung der Fakten und Ereignisse hinaus kam es sehr rasch zu interpretierenden und bewertenden Strategien. Bestimmte Aussagen fanden Zustimmung oder Ablehnung, wurden weitergeführt, fanden Gegenargumente, wurden ausdifferenziert und nuanciert. Das gemeinsame Erzählen über subjektiv Erlebtes hatte eine stark integrative Funktion, es entstanden Bindungen, die zeigten, welchen relationalen Wert man den Treffen beimaß.

Beständiger Perspektivenwechsel

Das Zuhören der Erzählungen anderer weckte rasch den Wunsch, von sich selbst zu erzählen, häufig mit der Haltung eines Erzählers, der die Aufmerksamkeit seiner Zuhörerschaft nicht mit der rituellen Formel „Es war einmal" auf sich lenkt, sondern durch einleitende Formeln wie „Ja also bei mir war es eine ganz ähnliche Geschichte" oder „Gut, also die Sache war so geplant". Unter dem beständigen Perspektivenwechsel erhellt das Erlebte des einen das Erlebte des anderen und verleiht so der Polyphonie der Diskurse und der Heterogenität der Fakten Kohärenz und Sinn: „Das Erzählen der Erfahrung, zwar einzigartig, aber nachvollziehbar und vergleichbar, interessiert die Gesprächspartner ganz besonders, vor allem wenn ein grundlegendes Einvernehmen unterstellt wird, zwischen Personen, die vergleichbare und doch voneinander unterschiedliche Erfahrungen gemacht haben" (Vasseur, 2008: 168).

Die gemeinsame Reflexivitätsleistung lädt die Teilnehmer dazu ein, über sich selbst nachzudenken, personale und soziale Aspekte des Erlebten situativ relevant zu machen und sie zu reflektieren. Denn „es reicht nicht, etwas erlebt zu haben. Damit dieses Erleben zu Erfahrung wird, muss es beständig aktiviert und überdacht werden. Erst wenn wir Erfahrung in Bewusstsein umsetzen, sind wir für einen Neuanfang bereit" (Morin, 1991: 10).

Erzählen als Identitätsarbeit

Als sprachliches Handeln hat das Erzählen von Selbsterlebtem sinnstiftende und wirklichkeitskonstruierende Funktion: „Identität, die im Medium des Erzählens hergestellt und dargestellt wird, besitzt bestimmte Eigenschaften und eröffnet eigene Erkenntnisse über die erzählenden Individuen" (Lucius-Hoehne/Deppermann, 2004: 167). Der Begriff „narrative Identität" wurde von Ricœur eingeführt und bezeichnet „jene Identitätsform, zu der der Mensch mittels Erzählfunktion Zugang findet" (1991: 35).

Im Erzählen inszeniert sich der Erzählende als sozialer Akteur, er muss nicht nur sein vergangenes Ich und sein Handeln darstellen, sondern es unter Berücksichtigung der Erzählsituation und in Bezug auf den oder die Zuhörer gestalten: „Das Erzählen ist somit sowohl Selbst*dar*stellung als auch interaktionell mitbestimmte und emergente Selbst*her*stellung mit dem das aktuelle erzählende Ich ‚Identitätsarbeit in Aktion' betreibt und für sich selbst einen bestimmten Geltungsrahmen und soziale Konsequenzen beansprucht" (Lucius-Hoehne/Deppermann, 2004: 168).

Das Erzählen als sinnstiftende Ko-Konstruktion „macht also neue Interpretationen von Identität als zufällige, fließende und hybride Identitäten möglich. Es ermöglicht die Entwicklung neuer innerer Räume der Selbstreflexion, offen für Alterität und Austausch" (Cognigni, 2009: 19).

Die sprachliche Inszenierung von Erlebtem

Bevor wir uns den Gesprächen in der chronologischen Abfolge der verschiedenen Phasen des Aufenthaltes zuwenden, wollen wir „diese Entwicklung neuer innerer Bereiche" und diese „neuen Interpretationen von Identität" in der Narration näher betrachten.

Für die sprachliche Inszenierung von Erlebtem greift der Erzählende auf verschiedene Mittel zurück. Wie weiter oben schon kurz angedeutet, wurde von den Teilnehmern häufig die Wiedergabe von Reden benutzt. Durch das Reaktivieren von Gehörtem und von Dialogen gestaltet der Erzählende seine Sprechhandlung so, dass nicht nur das inhaltlich Gesagte vermittelt wird, sondern vor allem die Art und Weise, wie das Gesagte und die jeweiligen Interaktionspartner auf ihn gewirkt haben, welche Handlungen durch sie ausgelöst wurden. Gleichzeitig liefert die Imitation der Stimmen auch Kontextualisierungshinweise, die den Zuhörern im Hier und Jetzt der Erzählsituation Anhaltspunkte zur Interpretation des Gesagten liefern. In den Gruppengesprächen, um die es hier geht, fungierten solche Interpretationshinweise oft als Solidaritätsappelle, auf die mit entsprechenden Bekundungen reagiert wurde.

Bei dem Bemühen, durch das Erzählen Kohärenz herzustellen, sieht sich der Erzählende mit voneinander divergierenden Reden und Dialogen aus der Vergangenheit konfrontiert, sozusagen als diskursive, akustische Spuren eines ihm wohlwollenden oder nicht wohlwollenden Blicks anderer, der sein Selbstbild beeinflusst hat. An Hand von zwei narrativen Sequenzen wollen wir im Folgenden Formen und Funktionen dieser Spuren exemplarisch untersuchen. Die darin enthaltenen Redewiedergaben und Stimmenimitationen geben Aufschluss über frühere Identitätsansprüche und neue Identitätskonstitutionen oder -ansprüche, ausgelöst durch die Mobilitätserfahrungen.

Vielstimmige Selbstdarstellungen

Bei der Auswertung der Gespräche fiel uns die auffällig hohe Frequenz von sequentiellen Redewiedergaben und Stimmenimitationen auf, also Wiedergabe von Äußerungen durch Imitationen der eigenen und/oder der Stimmen anderer. In einigen Fällen werden die Stimmen besonders stark durch Akzent, Sprechgeschwindigkeit, Tonhöhe usw. markiert und emotional gefärbt. Mit diesem Mittel zur rhetorischen Dramatisierung werden Äußerungen, die der Sprecher zu anderen oder auch zu sich selbst getätigt hat, Dinge, die ihm zu einem bestimmten Zeitpunkt seines Lebens gesagt wurden oder vergangene Dialoge, hörbar (vgl. Thüne, 2008).

In den Erzählungen wechseln diese polyphonen Sequenzen ab mit deskriptiven und reflektierenden Sequenzen, in denen der Erzähler das Erlebte analysiert und bewertet.

Man kann sie als sinnliche Verbalisierung des Rückbesinnens definieren; sie geben Aufschluss über Begegnungen und Interaktionen, die auf diese Weise kontextuell verankert und für die Erzählsituation aktiviert werden. So konstituieren sich Bilder, Rollen, Handlungsweisen, die die erzählende Person von sich selbst entwirft oder die ihm Co-Akteure zuschreiben. In der Redewiedergabe stehen sich Temporalitäten gegenüber, die der vergangenen Interaktion, von der man erzählt, und die der aktuellen, in diesem Fall das Gruppengespräch, in dessen Verlauf man sich an Äusserungen erinnert, sie rekonstruiert, (re) kontextualisiert und für die Selbstdarstellung und Selbstherstellung funktionalisiert: „Redewiedergabe ist mithin ein Instrument, um hinsichtlich der lebensgeschichtlichen Veränderungen des Selbsterlebens in der temporalen Dimension Verbindungen herzustellen und verschiedene Aspekte der Selbsterfahrung anschaulich im Dialog zu vermitteln" (Thüne, 2008: 18:).

Die Vielstimmigkeit dient also dem Nachspielen erlebter Szenen, durch sie werden Personen, fremde Personen oder unterschiedliche Facetten seines Selbst anschaulich gemacht oder in Szene gesetzt. Hierdurch lassen sich vergangene Identitäten von jenen abgrenzen, die man zum Zeitpunkt der Erzählung für sich in Anspruch nimmt. Der Gesprächspartner wird dadurch nicht nur Zeuge der wiedergegebenen Szenen, sondern wird teilnehmender Beobachter bzw. Zuhörer der Interaktionen.

„Das mit den Ratten, das ist in Paris nix"

Redewiedergabe ist also auch ein effizientes rhetorisches Instrumentarium, um die Beziehungen zu intensivieren und durch die Dramatisierung der Erzählung Empathie auszulösen. Das zeigt der untenstehende Ausschnitt, in dem Juliane ihre stoische Haltung den Ratten in ihrer Pariser Wohnung gegenüber beschreibt. Eine Einstellung, die im diametralen Gegensatz zu der ihres Vaters steht:

> Was glaube ich für meinen Vater ganz, ganz schwer war, war wie ich dann in Paris diesen Ärger mit dem Vermieter hatte, mit den Ratten in der Wohnung. Weil er hat da also wirklich/erst einmal fand er das unmöglich, dass so eine kleine/meine Freundin hat gesagt „Kochnische mit Wohnklo"/also dass man dafür so viel Geld bezahlt. Er ist mal hingekommen und hat gemeint: „Oh Gott, da muss ich erstmal das Werkzeug mitbringen". Und wie das dann mit den Ratten war, hat er gemeint: „Mein Gott, ich bin jetzt da und kann nicht kommen, wenn ich jetzt da bei dir wäre, da würde ich dann irgendwas machen". Und, also, ich habe mich geärgert, dass ich ihm das erzählt hab, weil ihn das im Prinzip mehr gestresst hat, wie mich, bzw. auf einer anderen Ebene. Also für mich war eher dieses Verhalten vom Vermieter schlimm. Mit den Ratten, das ist in Paris nix – davon weiß man ja irgendwo. Ich konnte da die Tür zur Küche zumachen, es war ja nicht die ganze Wohnung [Gelächter]. Na ja, eigentlich habe ich die ja auch nicht gesehen. Ich hab nur einmal eine gesehen, wie sie gestorben ist. Aber ansonsten – ich wusste die sind da, aber man sieht die nicht, die verschwinden ja. Ich hab immer angeklopft, bevor ich rein bin [Juliane, D/38].

Die Erzählerin schildert in dieser relativ langen Sequenz ein prägendes Ereignis ihres Lebens in Paris. Die Länge der Sequenz und die Aktivierung der Stimmen ihrer Freundin, insbesondere aber die ihres Vaters, verweisen auf die Relevanz, die sie noch im Nachhinein diesem Ereignis beimisst. Denn die Art und Weise, wie der Erzählende mit sprachlichen Mitteln sein vergangenes Ich und die Personen, mit denen er interagierte, darstellt, hat Konsequenzen für die Positionierung seiner Selbst in der Gegenwart. Durch diese doppelte Inszenierung – derjenigen, die direkt vor den anwesenden Gesprächspartnern stattfindet, und derjenigen, die durch Rückgriff auf früher Gesagtes wiedergegeben wird – wird das Ganze vor einem Publikum neu aufgeführt, das zwar vom Thema betroffen ist, aber völlig unbeteiligt an der ursprünglichen Situation war. Somit überlagern sich die vom Erzähler angestrebten Wirkungen. Jede diskursive Inszenierung hat eine Funktion, unter anderem die, den wiedergegebenen Erfahrungen Authentizität zu verleihen und die Glaubwürdigkeit des Erzählers zu verstärken. In vorliegender Sequenz stellt Juliane „das mit den Ratten" als initiatorische Prüfsituation dar, als Mutprobe für eine symbolische Selbstinitiation. Durch Minimierung und Abschwächung „Mit den Ratten, das ist in Paris nix", „ich hab nur einmal eine gesehen" inszeniert sie die Bewältigung der Mutprobe als nicht weiter bemerkenswerten Selbstbeweis. Diese Inszenierung wird verstärkt durch die Wiedergabe und Stimmenimitation der Äußerungen des Vaters „Oh Gott, da muss ich erstmal das Werkzeug mitbringen" und „mein Gott, ich bin jetzt da und kann nicht kommen, wenn ich jetzt da bei dir wäre, da würde ich dann irgendwas machen". Die zweifache, ironisierende Imitation der beunruhigten Stimme des Vaters lässt ihn als Person erscheinen, die mit Elementen der Fremdkultur nicht vertraut ist und ihnen mit situativ unangemessenen Handlungen und Denkweisen begegnen will. Die Art und Weise, wie sie sowohl den Vater als auch sich selbst in der damaligen Episode konturiert, wirft ein Licht auf ihre eigene Identität im Akt des Erzählens. Die Erzählerin zeigt auf, dass sie eine Entwicklung durchgemacht und sich von bestimmten Verhaltensmustern und Normen sowie Autoritäten abgelöst hat und den Übergang in einen anderen Status, nämlich den einer souverän handelnden Person, für sich beansprucht. Diese Identitätskonstitution wird noch durch den amüsanten Erzählstil unterstützt. Er hat umwerbende Appelfunktion an die Zuhörenden, insofern sie sich durch diese Erzählstrategie als eingeweihte, „frankreicherfahrene" Expertin darstellt und davon ausgehen kann, dass die Zuhörenden über ähnliches Wissen verfügen, es mit ihr teilen und ihr zustimmen werden.

In die ganze Schilderung ist eine deutliche Distanzierung und Bewertung eingeflochten, die vermittelt, wie weit sie sich durch ihre Erfahrung mit Andersheit von eigenkulturellen Mustern entfernt hat. Sie positioniert sich als für Alterität offen gewordene Person, die neue Zugehörigkeiten anstrebt. Die Erzählstrategien werden so geschickt eingesetzt, dass sie zu dieser Selbstaufwertung beitragen, ohne die Bescheidenheitsregel zu verletzen, die von jedem Sprecher bei der Inszenierung seines Ichs das Einhalten bestimmter Grenzen verlangt, wenn er nicht als unbescheiden und maßlos erscheinen will. Offenbar lässt sich insbesondere durch die Redewiedergabe der handelnden Personen das Spannungsfeld zwischen dem Bedürfnis, sich selbst als kompetent, gut und effizient darzustellen und es mithilfe einer ausgewählten Inszenierung auch zu belegen, so gering wie möglich halten. Die Stimmenimitation dramatisiert die Erzählung in emotionaler Hinsicht und ermöglicht es, die Identitätskonstruktionen in ihrer interaktiven Dynamik hörbar und sichtbar zu machen.

„Unmöglich, diese ganzen Ausländer hier" – erzählerische Wiedergabe von Alterisierungsprozessen

Im folgenden Beispiel gibt die Erzählerin in einem Feinkostgeschäft in Deutschland an sie gerichtete Äußerungen wieder, die sie zutiefst verwirrt haben. Zur Wiedergabe der Szene imitiert die Erzählerin ihre eigene Stimme zum Zeitpunkt des Geschehens, aber vor allem die Stimmen der damals anwesenden Personen. Sie inszeniert auf diese Weise Diskurse eines Kollektivs, in denen Zweifel an ihrer Aufrichtigkeit geäußert wurden:

> Nur eine kleine Anekdote, weil sie mir nämlich wirklich immer noch nach-
> hängt. Wenn ich versuche, meine beiden dreißig Jahre auseinanderliegen-
> den Aufenthalte in Deutschland zu vergleichen, so waren die Deutschen da-
> mals total frankophil und alles was Französisch war, war genial. Und jetzt,
> während des Austauschs, ist mir was passiert, als ich in Waldkirch war,
> war ich in einer kleinen Drogerie, die ich bis dahin toll fand, und ich kau-
> fe also was für 8 Euro, da waren ganz ganz viele Leute, es war um die Weih-
> nachtszeit, eine unglaubliche Schlange, naja, gut und ich gebe einen 50 Euro
> Schein und die Kassiererin gibt mir auf 10 Euro raus. Also sage ich ihr:
> „Nein, ich habe Ihnen doch 50 Euro gegeben". Und sie sagt: „Nein, nein, sie
> haben mir 10 Euro gegeben". Aber ich war sicher, ihr 50 Euro gegeben zu
> haben und hatte keine Lust, 40 Euro zu verlieren, und sie guckt die anderen
> an und die anderen so: „Nein nein, das waren 10 Euro". Sowas, ohne wirk-
> lich was gesehen zu haben, die anderen. Und dann, die Kundin gleich hin-
> ter mir, das war eine alte Omi, so, und ich fang an mich ein bisschen aufzu-
> regen und sage: „Nein, das geht so nicht" und da sagt die Omi „Unmöglich,
> diese ganzen Ausländer hier" [Christine, F/ 51].

Kern der Erzählung bildet hier eine Abfolge von Handlungen und Interaktionen,
die durch Redewiedergabe und Stimmenimitation inszeniert werden. Die Art und
Weise, wie das Ereignis erzählerisch wiedergegeben wird, konstruiert die Erzählende als Fremde und positioniert sie in einer Opferrolle in die sie durch die sprachlichen Handlungen der anderen Personen gedrängt wurde. Die Aneinanderreihung
der Redewiedergabe hat hier eine argumentative Funktion; verwoben mit morali-
schen Ansprüchen dient sie der Rechtfertigung ihrer Empörung und den Konsequenzen, die sie aus dem Geschehen zieht. Der Gruppe wird eine Rolle als Macht-
haber zugeschrieben und als misstrauisch und fremdenfeindlich charakterisiert. Im
Gegenzug entwirft die Erzählerin ihr Selbstbild. Durch ihre Positionierungsaktivi-
täten zeigt sie, dass sie sich einerseits von diesen Personen distanziert, andererseits
reklamiert sie implizit für sich in ihrer Selbstdarstellung bestimmte identitäre Aspekte, nämlich die einer machtlosen und handlungsunfähigen Person, die von einer fremdkulturellen Gemeinschaft ausgeschlossen wird. Wie schon im vorherigen
Beispiel beziehen auch hier die Erzählstrategien und der Erzählstil die Zuhörerpers-
pektive mit ein. Die Form der Erzählung kommt einer Art Lästern gleich, also einer
Diskursform, in der man die Charaktereigenschaften eines oder mehrerer abwesen-
der Dritter negativ darstellt und kommentiert. Mit diesen erzählerischen Aktivitäten appelliert die Erzählende an Unterstützung und zielt auf Solidaritätsbekundun-
gen durch die Zuhörer ab. Lästern spielt eine wichtige Rolle bei der Intensivierung
sozialer Kontakte und im Verlauf der Gruppengespräche waren derartige erzähle-
rische Episoden, die ein geteiltes Wissen unterstellen, meistens Anlass für Zustim-
mungsbekundungen zum Gesagten.

Abschließend noch einige Anmerkungen zum Kontext der Episode. Die Erzählerin, die sich in der Vergangenheit schon über einen längeren Zeitraum in Deutschland aufgehalten hatte, sprach fließend Deutsch, hatte aber einen französischen

Akzent behalten. Sie wurde also auf Grundlage von Sprachmerkmalen, insbesondere phonetischer Art, als Nicht-Mitglied kategorisiert. Solche sprachkulturellen Merkmale – Spuren eines Akzents, Mimik, Gestik, Intonation – fungieren als Xenismen und tragen zur Produktion des Anderen bei, „also eine Fiktion, die eine Andersheit besonders herausstellt, genauer gesagt, eine Fiktion, die dem entspricht, der sie schafft" (Guillaume & Baudrillard, 1994: 169). Sie können jederzeit ein Zugehörigkeitsgefühl in Frage stellen, denn als Identitätsmerkmale lösen sie im sprachlichen Handeln Alterisierungsprozesse aus, über die sich Fremdheit konstituiert. Der Status und Relevanz dieser Alterisierungsprozesse sind variabler Intensität, je nach Kontext und interaktiv aushandelbar. Interessant ist nicht nur, dass die Erzählerin genau diese Episode auswählt, sondern auch wie sie diese erzählerisch gestaltet. Die Art und Weise, wie sie die handelnden Personen und ihr damaliges erzähltes Ich darstellt, konturiert ihr gegenwärtiges Ich. Sie verweist auf die Diskrepanzen zwischen den Kategorisierungen, die die anderen von ihr vorgenommen haben und ihrem Selbstbild, das sich einer festlegenden Identitätszuschreibung verweigert.

Das zeigt, dass Mobilität zwar als Dimension begriffen werden kann, in der plurale Identitäten entstehen, neue symbolische Räume erschlossen und Zugehörigkeiten neu entworfen werden können. Deren Anerkennung kann sich aber an den Kategorisierungsprozessen der Co-Akteure stoßen und an ihrer Weigerung, plurale, hybride und im Laufe komplexer Mobilitäts- und Ablösungsprozesse entstandene Identitäten zuzulassen und anzuerkennen. Hier sei an die Metapher des Harlekins erinnert, die Michel Serres (2003: 153) verwendet, um die Pluralität unserer Identitäten und Zugehörigkeiten zu beschreiben: „Ohne Unterlass näht und webt ihr euren eigenen Harlekinmantel, Ton in Ton oder bunt gemustert, aber freier und bewegungsfreundlicher als die Landkarte eurer genetischer Befangenheiten". Diese Auffassung klingt auch in untenstehender Äußerung eines Teilnehmers an, der die Metamorphosen durch die Mobilität wie folgt beschreibt:

> Jeder hat ja etwas mitgenommen, der Franzose, der zurück kommt aus Deutschland, der hat sich irgendetwas abgeguckt aus Deutschland, was ihm vielleicht persönlich in seinem Puzzle noch gefehlt hat oder vielleicht etwas ersetzt hat, was in seinem Puzzle zwar drin war, aber das Steinchen sieht halt viel schöner aus. Und genauso geht es wahrscheinlich dem Deutschen, der aus Frankreich zurückkommt [Heinz, D/62].

In den folgenden Kapiteln ist die Auswertung der Gruppengespräche inhaltlich und themenorientiert. Sie orientiert sich an dem chronologischen Ablauf des Austausches: die Phase der Entscheidungsfindung, mit den internen und externen Auslösern für die Beteiligung; die familiären und sozialen Umstände, den individuellen Dispositionen und der Rolle der deutsch-französischen Dimensionen. Darauf folgen Ankunft und Integrationsphase, Aufbau eines sozialen Netzwerkes, sprachliche Aspekte und der Umgang mit dem neuen beruflichen Kontext. Abschließend wenden wir uns der Rückkehr und der Reintegration in das Herkunftsumfeld mit ihren emotionalen Höhen und Tiefen zu.

Es geht dabei vorrangig um die Ergründung des symbolischen Gehalts dieser spezifischen Mobilität und insbesondere um die wahrgenommenen Veränderungen im Laufe dieses langen Eintauchens in den Alltag des Nachbarlandes, die Aussöhnungsprozesse sowie den Erkenntniszuwachs in Bezug auf das Eigene und das Fremde im persönlichen, beruflichen aber auch sprachkulturellen Bereich. So gesehen gilt unser Augenmerk weniger der Geschichte an sich oder ihrem Inhalt, sondern eher „der eigenen, aus der Fähigkeit des Befragten zur Selbstreflexion hervorgehenden Identität" (Cognigni, 2009: 21).

Viertes Kapitel
Berufsrelevante Motive für die Teilnahme

Welche Gründe lassen sich in den Biographien der Lehrerinnen und Lehrer finden, die den Schritt ins Ausland gehen? Gibt es auslösende Momente, die sie ermutigen, sich Bewährungsproben zu stellen und Hindernisse zu überwinden? Was bewegt sie dazu, ihr vertrautes Umfeld zu verlassen, ja manchmal sogar die Familie? Warum sich von seiner Klasse, seinen Schülern trennen, auch wenn es nur eine vorübergehende Trennung ist? Warum entscheiden sie sich eines Tages, loszulassen, sich in schwierige Situationen zu begeben, sich auf ein unbekanntes Terrain zu wagen, um dazuzulernen und völlig neue, nicht immer einfache Erfahrungen zu machen?

Die Motive sind individuell breit gefächert, oft lässt sich eine Kombination aus internen, und externen Gründen ausmachen. Die Gewichtung fällt dabei je nach Lebensbiographie und persönlichen Einstellungen unterschiedlich aus. Spezifisch für die befragte Gruppe sind allerdings die berufsbezogenen Begründungen, also Motive, die in engem Zusammenhang mit der beruflichen Situation und dem sozialen Status des Lehrberufes stehen. Zunächst ist festzuhalten, dass, im Unterschied zur studentischen Mobilität, die Lehrkräfte zum Zeitpunkt ihrer Teilnahme am Austausch schon über eine oft längere Berufserfahrung verfügen, fest in der Berufswelt, mit ihrem sozialen Netzwerk, eingebunden sind und dass davon ausgegangen wird, dass sie sich nach Ablauf des Aufenthaltes wieder in diesen professionellen Kontext eingliedern. Es verwundert daher nicht, dass die berufsbezogene Spezifizität der Beweggründe in den Narrationen einen besonders großen Raum einnahm.

Narrative Merkmale des Erzählens der Berufsbiographien

Die Schilderungen des beruflichen Werdegangs im Vorfeld des Austauschs sind vom Bemühen der Erzählenden getragen, sich an seinen chronologischen Verlauf und strukturierende Momente zurückzuerinnern und diese in Bezug auf die Entscheidung zu reflektieren. Der Rückgriff auf die entscheidungsleitenden Motive gewährleistet somit eine Kohärenz von Fakten und Ereignissen, die einer zeitlichen und argumentativen Logik entsprechend in bestimmte Kontexte gestellt werden. Oft wird der Karriereverlauf präzise und detailliert beschrieben und geschildert, was einem in all den Jahren im Berufsleben widerfahren ist. Dabei geht es weniger darum, Entwicklungen in eine rationale Geradlinigkeit zu bringen, als um den Versuch einen beruflichen oder privaten Kontext deutend darzustellen und verständlich zu machen, wie bestimmte Erlebnisse zu Identitätskonflikten geführt haben, die schließlich für die Entscheidung zur Teilnahme ausschlaggebend waren. Dem

Schritt ins Ausland wird in solchen Fällen eine beinahe therapeutische Funktion zugeschrieben, die Fremde als Ort der (Zu-)Flucht und der Versöhnung mit sich und dem Kollektiv.

Die berufliche Situation, in der sich Corinne befand, veranschaulicht dies in besonders prägnanter Weise. Ständige Konflikte mit Kollegen, aber auch mit den Eltern eines Schülers, hatten schon lange vor dem Austausch zu einer Verunsicherung in Bezug auf ihre berufliche Legitimation geführt und den Wunsch nach Ausbruch und Umorientierung geweckt:

> Ich war Leiterin einer Grundschule und es lief sehr sehr schlecht. Die Schulaufsichtsbehörde (*Inspection académique*) war mir gegenüber bis dahin sehr wohlwollend und voller Anerkennung gewesen, hatte meine Arbeit immer lobend erwähnt und mich sogar gebeten, das *CAFIPEMF*[13] zur Hilfsausbilderin zu machen. Denn es ist ja so, dass wenn Schulräte in die Klasse kommen und sagen: „Sie sollten das *CAFIPEMF* machen", das eher ein Kompliment ist. Man muss wissen, dass man mir das auch vorgeschlagen hatte, weil ich das interne *CAPES* [Auswahlverfahren für die Lehrbefähigung für die Sekundarstufe] machen wollte und man mir dann sagte: „Nein, verlassen Sie uns nicht, wir brauchen Leute wie Sie", na gut, man hat mir geschmeichelt und so habe ich meine Bewerbung für das interne *CAPES* zurückgezogen und die *CAFIPEMF*-Prüfung gemacht [Corinne, F/49].

In ihrer weiteren Erzählung geht sie sehr ausführlich auf die Ereignisse ein, die sie schließlich zum Handeln veranlasst haben und beschreibt ihren damaligen Zustand als ein latentes Unbehagen und als Unfähigkeit, mit ihrer beruflichen Situation zurechtzukommen. Ihre Geschichte bildet in der untersuchten Gruppe bei weitem keine Ausnahme und verdeutlicht, dass die Mobilität in den meisten Fällen zu einem Zeitpunkt während der bereits eingeschlagenen beruflichen Laufbahn stattfindet, in dem man sich einer beruflichen, manchmal auch privaten Krise ausgesetzt fühlt, in einer Phase, die einem sinnentleerten Niemandsland (*no-mans land*) gleichkommt. Man erfährt sich als verwundbar und fragil und sucht nach Auswegen aus einer beruflichen Situation, die den persönlichen Vorstellungen nicht gerecht wird. Dabei wird sogar die Möglichkeit eines sozialen Abstiegs in Erwägung gezogen:

---

13 Das CAFIPEMF (*certificat d'aptitude aux fonctions d'instituteur ou professeur d'école maître formateur*, Ausbildungsbefähigung für das Grundschullehramt) erwirbt man durch eine spezifische Fachprüfung, zu der man im allgemeinen vom Schulrat aufgefordert wird, der die bisher geleistete Arbeit an der Schule bewertet. Die Anmeldung zum CAFIPEMF kann auch Folge eines Konflikts zwischen dem Bewerber und seinen Schulkollegen oder einer Infragestellung an seinen pädagogischen Entscheidungen innerhalb oder außerhalb der Schule sein. „Alle erfahrenen Mitglieder der Jury des CAFIPEMF haben eine solche Situation schon erlebt, in der das Fachexamen zum halboffiziellen Schiedsspruch wird. In solchen Fällen stellt das Bestehen des CAFIPEMF mehr als ein Einstellungsverfahren dar und verkörpert eine institutionelle Anerkennung, als Gewinner aus der Angelegenheit herauszukommen" (Quinson, 2004).

Und ich war drauf und dran, zu kündigen, ich träumte davon, Kassiererin zu werden. Ich hätte alles hingeschmissen, ich sagte mir: „Wenigstens ziehen sie dich als Kassiererin nicht zur Rechenschaft, wenn ein bisschen Geld in der Kasse fehlt", denn wenn ich einen Kassenfehler gemacht hätte, hätte ich immerhin noch Geld in die Kasse zurücklegen können, „Guten Tag – Auf Wiedersehen", keine Verantwortung, für mich jedenfalls wurde Kassiererin im Supermarkt zu einer Idealvorstellung von Beruf [Corinne, F/49].

Der Karrierebericht besteht nicht nur aus der Schilderung von Fakten oder Schlüsselepisoden. Er ist oft gekoppelt mit Reflexionen über seine jeweiligen Charakterzüge, was sich in Formulierungen wie „ich bin nicht so der Typ", „immer das gleiche machen" oder „es liegt in meiner Natur, mich immer wieder verändern zu wollen" niederschlägt. Es geht also nicht nur um die rein faktenbezogene Schilderung seiner beruflichen und persönlichen Biographie. Die argumentative und interpretative Darstellung von Ereignissen, Zusammenhängen und Entwicklungen im Diskurs eröffnet den Zugang zur narrativen Ko-Konstruktion der Erfahrungen und Emotionen. Dabei werden auch Identitätszuschreibungen und Kategorisierungen vorgenommen, indem man sich z. B. als offene, flexible und tolerante Persönlichkeit inszeniert, die sozusagen für die Teilnahme am Austausch prädestiniert ist: „[Ich nehme am Austausch teil], weil ich für alle Erfahrungen offen bin".

Mobilitätstendenz in der beruflichen Entwicklung

Bei einigen Beteiligten geht der Auslandsmobilität eine berufliche Entwicklung voraus, die wie bei Paule eine breit angelegte Diversifizierung der Karriere aufweist:

Ich finde es wirklich gut, dass es diese Art der Lehrermobilität gibt, weil ich schon lange dabei bin und zugeben muss, dass es Zeiten in meiner Laufbahn gab, in denen ich Lust hatte, die Lehrtätigkeit an den Nagel zu hängen, weil ich den Eindruck hatte, ständig dasselbe zu wiederholen. Dann gab es da für mich zunächst die Möglichkeit, eine Fremdsprache zu unterrichten, zu diesem Zeitpunkt fing das Unterrichten an, mich zu langweilen, es gefiel mir, aber ich fing an, mich zu langweilen und habe deswegen begonnen, den Kindern Deutsch beizubringen, das hat mir neue Power gegeben, danach habe ich die Integrationsklasse (*CLIN*) übernommen, das gab wiederum Power, danach bin ich nach Deutschland gegangen, das gab mir nochmals Power und dann bin ich zurückgekommen und habe noch etliche andere Pläne [Paule, F/53].

Betrachtet man die Gesamtheit der Gruppengespräche, so stellt man fest, dass das Bedürfnis nach neuer Dynamik durch Weiterbildung, durch Diversifikation der Aufgabenbereiche und Erweiterung des Erfahrungshorizontes, das sich wie ein roter Faden durch den beruflichen Werdegang von Paule zieht, auch für die überwiegende Mehrheit der Teilnehmer gilt. Das belegen zahlreiche Berichte über Schlüsselerlebnisse, die den Verlauf der Berufsbiographie markiert haben und auf seine Instabilität hinweisen. Insofern erscheint die Teilnahme am Austausch nur als logische Konsequenz eines seit langem auf soziale und berufliche Mobilität hin tendierenden Weges.

Das gilt auch für Laurent, der sich in der folgenden Sequenz zu seiner bisherigen beruflichen Entwicklung äußert. Auch er hat zahlreiche Fortbildungsangebote zur Weiterentwicklung und Diversifikation seiner Tätigkeit wahrgenommen. Allerdings scheint er jegliche Illusion hinsichtlich einer institutionellen Anerkennung seiner Bemühungen um Weiterbildung und Horizonterweiterung verloren zu haben. Beim Vergleich dieser Weiterbildungsmöglichkeiten, zu denen er auch seine zahlreichen Eigeninitiativen und Erfahrungen im Bereich von Schulpartnerschaften und Austausch zählt, mit dem Bildungspotential, das er im Lehreraustausch und seinen Begleitprogrammen sieht, übt er herbe Kritik am französischen Schulsystem:

> In allen anderen Fällen [*d.h.* den anderen Fortbildungen] heißt es: „Komm selber klar, na mach schon", es funktioniert oder es funktioniert nicht, egal, fertig, aus, kein Begleit- oder Nachbereitungsangebot. Jedenfalls war es für mich extrem frustrierend, ich hatte den Eindruck, dass alles, was man gelernt hatte, die ganze Erfahrung, die man gesammelt hatte, verloren war, dass es gar nichts bringt, weder karrieremässig, denn da schadet es einem eher, wenn man solche Sachen macht, da vergessen sie einen auf der hintersten Bank, man bekommt die schlechteren Klassen oder sonst irgendwas, ganz zu schweigen von der Beförderung, damit brauchst du erst gar nicht zu rechnen. Auch was man von all dem an andere weitegeben könnte, Ratschläge, Tipps, Denkanstöße – das interessiert keinen. Das ist einfach verlorene Zeit. Und da, finde ich, macht das DFJW einen guten Job. So gut übrigens, dass ich außerhalb der deutsch-französischen Szene gehört habe, dass das letztlich auch für andere eine Referenz ist. Auf europäischer Ebene gibt es viele andere Einrichtungen, die die Arbeit vom DFJW aufmerksam verfolgen, um auch selbst mehr solcher Sachen anzubieten, vor allem für die Lehrermobilität [Laurent, F/34].

In Laurents Bericht erkennt man eine persönliche Entwicklung, die von dem Bestreben getragen wird, sein Wissen und seine beruflichen Kompetenzen beständig zu erweitern. Zugleich stößt er sich schmerzlich daran, dass alle von ihm gesetzten Zeichen, sich permanent zu verbessern, statt sich mit Mittelmäßigkeit zufrieden zu geben, unbeachtet bleiben und keine offizielle Wertschätzung erfahren. Ihm wird bewusst, dass sein Wunsch nach institutioneller Anerkennung zum einen Triebfeder ist, sein persönliches Streben nicht aufzugeben, zum anderen Motiv für die Suche nach neuen Horizonten, die ihm sowohl die Möglichkeit bieten, sich weiterhin beruflich fortzubilden und sein Betätigungsfeld zu erweitern als auch endlich eine Anerkennung seines Einsatzes zu erhalten. Seine Schilderung bezieht sich also auf die

Zeit vor und nach der Mobilität, auf entscheidungsleitende Motive und auf die erfahrenen Veränderungen. So gesehen bedeutet die erzählte Rückerinnerung an Erlebnisse, Situationsdeutungen, Handlungsmotive, Emotionen das Verknüpfen erlebter, nicht unbedingt zusammenhängender Ereignisse, um so eine Lebensgeschichte zu erhalten, die einem selbst sinnvoll erscheint (vgl. Christen-Gueissaz, 2002).

Um seinen Lebensweg für die Zuhörer nachvollziehbar zu machen, nimmt der Erzählende häufig Anlauf in der Vergangenheit, um den Moment des Bruchs in einen Kontext zu stellen. Zu diesem Zweck enthält der Diskurs Angaben zu Besonderheiten der beruflichen Laufbahn, zu Ereignissen, die direkt oder indirekt mit der Entscheidung ins Ausland zu gehen, zusammenhängen:

> Ich habe das *CAPES* nie abgelegt, weil ich jung geheiratet habe. Ich habe Deutsch studiert und da ich verheiratet war, sagte man mir: „Sie werden das *CAPES* nie schaffen, weil sie verheiratet sind, sie haben verkehrt herum angefangen. Sie können nicht nach Deutschland gehen, weil sie verheiratet sind". Das ist dreißig Jahre her […] So ist das also: als ich 18 war haben sie mich fertig gemacht, weil ich verheiratet war. Ich war unbeliebt. Und man gab mir deutlich zu verstehen, dass ich mich nicht weiterentwickeln und eine Karriere im Sekundarschulbereich machen würde. Also habe ich das Grundschullehrer-Auswahlverfahren gemacht, das ich schon vorher einmal versucht hatte, weil ich unbedingt unterrichten wollte und habe es damals auch geschafft und bin dann eben Grundschullehrerin geworden [Corinne, F/49].

Eine derartige Auswahl in der Kette der Erinnerungen entspricht dem, was Bertaux (1986) „polieren" (*lissage*) nennt, also das Herstellen von kohärenten Zusammenhängen in der Präsentation des Ichs. Als Kristallisationspunkt der eigenen Geschichte dient sie dazu, eine Abfolge von Ereignissen zu rechtfertigen und so den Bruch als freie Wahl, als reifliche Entscheidung, gegebenenfalls aber auch als puren Zufall oder als unvermeidbar zu präsentieren. So stellt Corinne den Aufenthalt in Deutschland in der Retrospektive als einen zwar späten, aber dennoch errungenen Sieg über die symbolische Gewalt dar, mit der sich die Hierarchie über ihre eigentlichen persönlichen Ziele hinweggesetzt hat, was sie sowohl als Demütigung als auch als Behinderung ihrer beruflichen Entwicklung empfunden hatte. Durch die Aktivierung von früher gehörten Stimmen – „Sie werden das *CAPES* nie schaffen, weil sie verheiratet sind, sie haben verkehrt herum angefangen. Sie können nicht nach Deutschland gehen, weil sie verheiratet sind" wird nicht nur das Erlebte re-aktiviert, sondern auch die damalige Befindlichkeit und die Situation als immer noch offene Wunde gekennzeichnet. Gleichzeitig positioniert sie sich in der Redewiedergabe und dem anschließenden Kommentar aus der Hier-und-Jetzt-Perspektive der aktuellen Erzählsituation auch selbst. Sie zeigt nämlich, dass die herablassenden Äußerungen von damals sie zwar „fertig gemacht haben", aber auch Auslöser für einen Berufsweg waren, über den sie letztlich dazu kam, sich für den Austausch zu bewerben und so ihren Wert außerhalb des Systems unter Beweis zu stellen. Das erzählte Ich wird auf diese Weise positiv bewertet und eine Haltung dargestellt, auf die die Sprecherin zu Recht stolz ist.

Die mehrfache Erwähnung ihres Leidensdrucks durch die Abwertung und Missachtung erfolgt im Zuge eines Reflexionsprozesses, in dem die subjektive Bedeutung der Teilnahme am Austausch konstruiert wird. Mit Hilfe der szenischen Mittel der narrativen Konstruktion wird ein dynamisches Selbstbild dargestellt – „so bin ich Ich geworden" (Lejeune, 1975: 241) und in der temporalen Dimension der erzählten Lebensgeschichte konstituiert sich der Sinn der Austauscherfahrung, in diesem Fall, als identitäre Konvaleszenz.

Karrierekrisen als auslösende Motive

Zahlreiche Untersuchungen zu Berufsbiographien von Lehrern haben gezeigt, dass Lehramtskarrieren von Phasen oder Stufen geprägt sind, die sich in unterschiedlicher Abfolge aneinanderreihen können: „Die Entwicklung einer Laufbahn ist ein Prozess, keine Folge von Ereignissen. Bei einigen erscheint dieser Prozess durchaus gradlinig, doch bei anderen gibt es Ebenen, Rückschritte, Sackgassen, Auslöser, Brüche" (Quinson, 2004: 500).

In einem Artikel über die Phasen der Lehramtskarriere stellt Hubermann (1989: 6) folgende Fragen: „Gibt es ‚Phasen' oder ‚Stufen' im Lehrberuf? Ist man zu bestimmten Zeitpunkten seines Berufslebens mehr oder weniger ‚zufrieden' mit dem eigenen Werdegang? Gibt es Krisenmomente, denen ein wesentlicher Anteil der Personengruppe ausgesetzt ist? Was unterscheidet Lehrkräfte, die ihre Karriere voller Verbitterung und Resignation zu Ende führen, von solchen, die in ruhiger Gewissheit und Gelassenheit in Rente gehen?" Das folgende Schema illustriert diesen phasenhaften Verlauf einer Karriere:

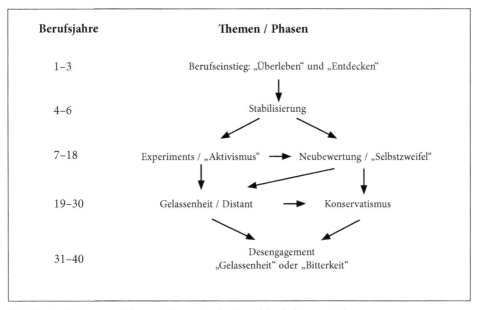

Modell der Abfolge von Themen/Phasen in der Berufslaufbahn von Lehrern

Quelle: Michael Hubermann, *Der berufliche Lebenszyklus von Lehrern* 1991, S. 249

Zwei Zeiträume sind offenbar besonders anfällig für Karrierekrisen: zum einen die drei ersten Jahre des „Entdeckens" und zum anderen die „Neubewertung/Selbstzweifel", die ab dem siebten Jahr der Berufsausübung auftreten kann. Man hinterfragt vor der definitiven Stabilisierung das eigene Engagement, das Verhältnis zu den Schülern, seine pädagogische Qualifikation, die Position im Kollegium und die Balance zwischen persönlichen und beruflichen Zielen:

> Ich begann mich in Frankreich in einer gewissen Routine einzurichten und ich bekam es so langsam satt. Nach Deutschland zu gehen hieß also auch, noch einmal neu anzufangen. Seit fünf Jahren war ich in der *Ecole maternelle* eingesetzt und jedes Jahr zu Weihnachten wurde das Gleiche gebastelt, der gleiche Nikolaus herausgeholt; nach einiger Zeit konnte ich sogar meine Hilfskindergärtnerin nicht mehr ertragen, ich bekam Probleme mit ihr und mit dem Schulleiter. Da habe ich mir gesagt, so kann es nicht weitergehen. Wenn ich es schon nach fünf Jahren satt habe, wenn ich mir schon nach fünf Jahren keine Mühe mehr gebe, was Neues zu machen, schon wieder den gleichen alten Nikolaus heraushole, nein, habe ich mir gesagt, noch 25 Jahre weiter so und ich bin alt und verbittert und das könnte ich nicht ertragen [Laurent, F/34].

Solche und ähnliche Äußerungen zeigen, dass der Eindruck von Routine mit dem Gefühl einhergeht, seine Arbeit (zu) perfekt zu beherrschen. Paradoxerweise wird dies als Gefahr empfunden, als könne man sich bei zu großer beruflicher Routine zu leicht gehen lassen und keine Mühe mehr geben. Jedoch allein schon die

Vorstellung davon wird dann wieder schnell verworfen, denn das hieße, nach und nach das berufliche Ideal aufzugeben, für das man sich engagiert hat und die ersten Schritte in Richtung Resignation zu tun.

Wenn ein solcher Zustand der Erschöpfung erreicht ist, kommt der Wunsch nach einem Bruch mit der Routine dem Gefühl gleich, endlich wieder frei durchatmen zu können:

> Ich war extrem motiviert, für mich war das wie Sauerstoff, denn, wie fast alle gesagt haben, Routine laugt mich aus, das ertrage ich nicht [Mathieu, F/44].

Und so legt man in das zeitlich begrenzte Fortgehen die Hoffnung, den Lauf der Dinge nicht nur zeitweilig ruhen zu lassen, sondern daraus kreative Energie zu schöpfen, die notwendig ist, um sich selbst neu zu positionieren und die Unterrichtstätigkeit unter neuen Voraussetzungen und mit neuen Kräften anzugehen:

> Was der Auslöser dafür war, dass ich nach Deutschland gegangen bin? Vielleicht, dass ich die Schule, an der ich damals war, ein wenig satt hatte und als das Infoschreiben über den deutsch-französischen Austausch kam, habe ich mir gesagt: „Warum eigentlich nicht, eine Luftveränderung, mal eine andere Erfahrung machen, täte mir gut" [Michèle, F/46].

Vor diesem Hintergrund versteht sich der Fortgang in die Schule des Anderen nicht als definitive Umorientierung oder gar als Rückzug, sondern als eine Weigerung, in berufliche Alltagsroutine zu versinken. Das hieße nämlich innere Resignation, eine Gedanke, dem man sich verweigert: „Nach Deutschland gehen, bedeutete auch einen Neuanfang" [Laurent, F/34].

Der symbolische Gehalt der Lehrermobilität

Betrachtet man Alter, Karrieredauer und den Zeitpunkt, zu dem die Entscheidung fällt, stellt man fest, dass die Jüngeren tatsächlich in den Jahren des Entdeckens und die Älteren in den Phasen der Neubewertung/Selbstzweifel fortgehen, also nach etwa zehn Jahren Berufserfahrung. Manchmal aber auch noch später, da bei den Jüngsten der Austausch circa ein bis zwei Jahre nach dem Einstieg ins Lehramt (Phase des Entdeckens) und bei den Ältesten zehn bis fünfzehn Jahre später (Phase des Zweifelns und Hinterfragens) stattfindet. Dies zeigt auch die untenstehende Aussage. Nachdem Paule ihre Bemühungen, durch Fortbildungen und Richtungswechsel regelmäßig Abwechslung in ihre Berufspraxis zu bringen geschildert hat, kommentiert sie dies wie folgt:

> Und das ist gut, denn ich sage mir, ich habe nicht immer das Gleiche ge-
> macht und dank dieser Möglichkeit langweile ich mich auch nach 33 Jahren
> nicht. Man könnte meinen, 33 Jahre Grundschullehrerin, da kann man sich
> ja gleich erschießen. Aber überhaupt nicht, ich habe den Eindruck, eine
> neue Arbeit zu machen [Paule, F/53].

Die Mehrheit der Grundschullehrer, die an den Gesprächen teilgenommen haben,
weisen Laufbahnen auf, die eine fortschreitende Dynamik durchzieht, mittels der
sie ihre Kompetenzen erweitert und ihren Erfahrungshorizont ausgeweitet haben.
Obwohl diese „Strategie des Lebenslaufs" in den meisten Berufen unerlässlich ist,
entspricht sie F. Quinson (2004: 193-194) zufolge nicht dem traditionell geltenden
Wertesystem des Grundschullehramts: „In der Welt der Grundschule ist es in der
Tat nicht üblich, sich zu einer solchen beruflichen Einstellung zu bekennen, zumindest nicht bis in die jüngere Zeit". Allerdings zeigen Studien über Berufsanfänger,
dass „eine strategische Zielgerichtetheit und eine Planung der Karriereentwicklung
häufiger (leichter?) von Grundschullehrern in Betracht gezogen werden" (*idem*).
Von diesem Standpunkt aus betrachtet hat die hier behandelte Lehrermobilität einen symbolischen Gehalt, durch den sie sich grundlegend von der schulischen und
akademischen Mobilität unterscheidet. Gewiss, man ist Grundschullehrer, aber eben
nicht nur: Man strebt nach etwas Anderem. Das kontinuierliche Bemühen um Diversifikation der beruflichen Tätigkeit, die stufenweise Erweiterung der pädagogischen Bereiche in den Laufbahnen der meisten Teilnehmer machen nachvollziehbar, weshalb sie sich eines Tages für ein Anderswo entschlossen haben, als Raum
für völlig neue Möglichkeiten, als Ort der (Fort-)Bildung und ersehnter Anerkennung, ohne die sich das häufig auf der gesellschaftlichen Bühne lädierte Selbstwertgefühl nicht wiedererlangen lässt. Mehr oder weniger schwerwiegende Probleme
mit Vorgesetzen oder im Kollegium bestärken den Beschluss:

> Gut, der Einstieg war der, dass ich in der Schule, in der ich in Deutschland
> war, unzufrieden war. Ich hatte große Probleme mit dem Rektor. Mit den
> Kollegen ging's einigermaßen [Heidrun, D/47].

Hinter einer solchen Unzufriedenheit verbergen sich einige ausgeprägt negative Erlebnisse, Enttäuschungen, die den Wunsch nach Veränderung, Unterbrechung oder
eben Mobilität in Form von Grenzüberschreitung auslösen:

> Stimmt, es ist ein Sprungbrett, man sucht nach neuen Erfahrungen, Fort-
> kommen und Veränderung in unserer Berufspraxis, nach neuen Wegen,
> neuen Orientierungen und deswegen, denke ich, sind wir hier [Mathieu,
> F/44].

Der Wunsch, sich vorübergehend einem als einengend und immer bedrückender
empfundenen Berufsfeld zu entziehen, ist weit davon entfernt, den Beruf in Frage
zu stellen oder ihn gar aufzugeben. Die Unruhe zeugt eher von Verbundenheit und

Loyalität, ja Liebe zur Lehrtätigkeit. Indem man mit aller Kraft zu anderen Orten strebt, um sich dort besser zu verwirklichen, um dort von neuem sein ganzes Potential zu entfalten, stellt man vielmehr unter Beweis, dass man auf keinen Fall in eine Banalisierung des Berufs abgleiten will. Ein Beruf, dem man sich verbunden fühlt, aber in dem man sich von der Macht der Gewohnheit wie gelähmt fühlt und der keine Herausforderung mehr bereitzuhalten scheint.

Dem Beruf neuen Sinn verleihen

Ins Ausland zu gehen, um das Verhältnis zum Berufes wieder zu beleben und dabei dem Ideal treu zu bleiben, das zur Ergreifung dieses Beruf geführt hat, scheint einer der Hauptbeweggründe und zugleich eine fast schon lebenswichtige dynamische Antriebsfeder der befragten Grundschullehrkräfte zu sein. In seiner Untersuchung zu Lehrkräften, die aus dem Lehramt ausgestiegen sind, um sich beruflich neu zu orientieren, gelangt Quinson zu derselben Feststellung: „Wenn man die Antworten der Teilnehmer unserer Umfrage liest, kann man ihre berufliche Konversion nicht als eine Flucht oder ein Aufgeben interpretieren. Sie bleiben sehr empfänglich für eine mit ‚Kinderliebe' verbundene Vorstellung von Qualifizierung, die auch bei Grundschullehrern, die weiter in diesem Beruf arbeiten, vorherrscht. […] Man kann feststellen, dass die Befragten mehrheitlich angeben, stärker durch die neuen beruflichen Perspektiven als durch Ablehnung bestimmter Aspekte des Lehrberufs motiviert gewesen zu sein. Diese positive, dynamische Dimension der Entscheidung ergibt sich ebenfalls sehr deutlich aus der Analyse der Gespräche und der Antworten auf die offenen Fragen. In den meisten Antworten ist die von den Befragten angegebene Hauptmotivation nicht die, das Klassenzimmer zu verlassen, sondern die, etwas Anderes anzustreben" (2004: 512).

Obwohl viele der Teilnehmer sich in den Gesprächen zu ihrer beruflichen Erschöpfung äußerten, wiesen sie jeglichen Gedanken über eine eventuelle berufliche Konversion oder einen Ausstieg aus der Lehrtätigkeit weit von sich. Ein provisorisches Aussteigen ist jedoch denkbar, und so entscheidet man sich für jenes fremde Anderswo als Projektionsfläche für Hoffnungen und Träume, denn, so schreibt Le Breton (1996: 42) „das Anderswo ist eine Fundstelle für die Fantasie und beseelt das zu fade gewordene Identitätsgefühl des Träumenden, es ist ein inneres Aufleben, das ihm zuflüstert, das Undenkbare sei in Reichweite und er müsse nur den Schritt über die Schwelle wagen. Das Anderswo ist vor allem ein Sehnen, eine Kritik an einem Hier und Jetzt, dem es nicht gelingt, die Lebensfreude aufrecht zu erhalten". Getrieben von Enttäuschungen und Zweifeln erlebt man den längeren Aufenthalt in einem unbekannten Berufsalltag als Verjüngungskur und erschließt sich von neuem sein kreatives Potential:

> Ich bin vollkommen einverstanden mit der Feststellung, dass sich eine Routine im Beruf breitmacht, jedes Jahr tischt man das Gleiche auf, obwohl Routine ja manchmal durchaus was Positives hat, auf eine Art ist sie auch ganz bequem, klar, das wissen wir doch alle aus Erfahrung. Aber na ja, wenn es schon zu lange wie am Schnürchen läuft, kriegt man eben irgendwann mal Lust, etwas Anderes zu machen, ist doch klar, oder? Und dieses Programm ermöglicht eben eine außergewöhnliche Öffnung [Sonia, F/42].

Die Teilnahme ist bei Einigen mit der Hoffnung auf Vorteile für die Karriere oder auf Anerkennung seitens der Schulämter oder übergeordneten Behörden, beispielsweise in Form einer Beförderung, eines neuen Tätigkeitsfeldes oder der Übertragung einer neuen Verantwortung bei der Rückkehr verbunden. Es kommt aber auch vor, dass die Teilnahme als eine Art Belohnung betrachtet wird, als Geschenk, das man sich selbst nach einem beruflichen Erfolg, dem Erreichen einer höheren oder anderen Stellung macht. Im Alter von über 60 Jahren hat Heinz endlich seine Verbeamtung erreicht und belohnt sich gewissermaßen selbst:

> Und jetzt hatte ich im Hinterkopf: „Du wirst verbeamtet" und blättere durch und sehe die Anzeige vom Blumenberg, dass es einen Austausch für verbeamtete Grundschullehrer gibt, und da dachte ich: „Das ist was für dich" [Heinz, D/62].

Allerdings hielt „das Geschenk" eine Reihe von Überraschungen bereit. So war beispielsweise vorgesehen, dass er bei seiner Ankunft in Cergy-Pontoise gleich in zwölf Schulen unterrichten sollte:

> Die wollten mir von vorneherein zwölf Schulen zuordnen und als dann meine Betreuerin sagte: „Das ist einfach unmöglich – zwölf Schulen – das ist an einem Schultag nicht zu schaffen", wurde es dann auf acht Schulen reduziert, und das bedeutete für mich, dass ich dann in jeder großen Pause von einer Schule zur nächsten gerannt bin. Und teilweise waren die eben so weit auseinander, dass ich mich dann wirklich beeilen musste: Anziehen, aufs Fahrrad, halbe Stunde fahren, drüben ankommen, wieder Mantel ausziehen, weitermachen [Heinz, D/62].

Im Kollegium trifft der Beschluss nicht immer auf Verständnis. Im Gegenteil, sich vorübergehend dem Schulalltag zu entziehen, weil man wachsendes Unbehagen empfindet, wird leicht als Eingeständnis persönlichen Scheiterns ausgelegt oder als Zweifel an seiner Qualifizierung für den Beruf. Die sozialen Repräsentationen, die mit dem Begriff „Grundschullehrer" assoziiert sind, scheinen Überdruss an der Lehrtätigkeit und Streben nach Selbstverwirklichung kaum zuzulassen. Wenn das Thema in den Gesprächen auftauchte, kam es vor, dass sich die Erzählenden plötzlich an das Aufnahmegerät erinnerten und sich einem Diskurs politischer Korrektheit verpflichtet fühlten: „Oh, ich weiß nicht, ob man das aufnehmen sollte, denn im Grunde genommen bin ich nach Deutschland gegangen, weil ich es an der Schule, wo ich damals war, ziemlich satt hatte".

Erwartungen, Hoffnungen, Entwicklungen

Wie bei anderen Mobilitätsprogrammen werden auch mit diesem Auslandsaufent-halt positive Erwartungen und Hoffnungen verbunden: Gelegenheit zur Verände-rung, persönliche sowie berufliche Bereicherung, Erweiterung von Vorwissen über eine andere Kultur, Verbesserung der Sprachkenntnisse:

> Das bringt weitaus mehr, als einfach nur die Klasse oder das *Département* zu wechseln oder eine Versetzung in den Süden oder Norden Frankreichs zu beantragen, kurzum, das ist echt, man wechselt das Schulsystem, man wechselt gewissermaßen zu einer anderen Kultur [Mathieu, F/44].

Da man „die Kultur wechselt", erhält man eine Vielfalt von Einblicken in eine an-dere Erziehungskultur. Der Einblick alleine genügt jedoch nicht, um die fremdkul-turellen Phänomene zu deuten und das mit ihnen verbundene Wertesystem zu ver-stehen und nachzuvollziehen. Die große Diversität der sozialen Kontakte und die Begleitprogramme zum Austausch tragen erheblich dazu bei, die Beobachtungen, Kenntnisse und das erworbene Wissen über das eigene und das zielkulturelle Schul-system und die Schulkultur bewusster zu vergleichen, aufzuarbeiten und zu reflek-tieren. Wenn auch individuell sehr unterschiedlich ausgeprägt, so war bei vielen Teilnehmern eine Entwicklung zu einem analytisch-kritischen Verstehen der ei-genen und der fremden Kultur klar erkennbar. Infolgedessen sieht man sich nicht mehr nur als Grundschullehrer mit einer routinemäßig funktionierenden beruf-lichen Tätigkeit, sondern beansprucht die Rolle eines Mediators, eines Brückenbau-ers mit einem konstruktiven, kritischen Engagement für beide Sprachen und Kultu-ren:

> Man darf nicht aus den Augen verlieren, dass wir auch mit unseren Unter-schieden ankommen. Und diese Unterschiede sollten wir als Reichtum und nicht als Schwäche betrachten, es gibt Dinge, die wir nicht können, Dinge, die wir nicht gewöhnt sind, weil uns das System, in dem wir ankommen, nicht vertraut ist, aber gerade mit unseren kleinen Unterschieden bringen wir ein bisschen Schwung in die Schulen, in denen wir dann arbeiten, und das bringt eine Dynamik und neue Kontakte mit sich, es führt zu einem extrem reichen Austausch von pädagogischer Praxis. Und dadurch können wir, wenn wir wieder zurück in Frankreich sind, auch nutzen, was wir er-lebt haben [Annick, F/52].

Die Hoffnung auf Anerkennung der erworbenen Erfahrung, auf einen Freiraum für Transfer und Entfaltung der neuen pädagogischen Erkenntnisse und Kompetenzen, der interkulturellen Gewandtheit sowie das Wissen um die eigenen identitären und beruflichen Metamorphosen – all das trägt zur Aufwertung des Selbstwertgefühls und dem Bewusstsein einer beruflichen Wertsteigerung bei.

Zweifel am sozialen Wert des Berufs

Da das Engagement, das der Auslandsaufenthalt den Lehrkräften abfordert, weit über den gewohnten Einsatz im schulischen Rahmen hinausgeht, erhofft man sich eine Verbesserung seines sozialen Ansehens – dies umso mehr, als Grundschullehrer nicht selten von sich und ihrem Beruf ein negativ besetztes Bild entwerfen. In die Konstruktion dieser negativen Selbstwahrnehmung fließen soziale Repräsentationen und oft ideologisch abschätzige Einstellungen zum Lehrerberuf sowie deren Verinnerlichung durch die Betroffenen selbst mit ein – „wir sind ja nur Grundschullehrer". Die ambivalente soziale Bewertung des Grundschullehrerberufs ist ein durchgängiges Thema in den Gesprächen sowohl aus der deutschen als auch aus der französischen Perspektive:

> Ich finde, das Bild, das man von mir als männlichem Grundschullehrer hat, ist nicht gerade das von jemandem, der es gesellschaftlich und beruflich zu etwas gebracht hat. Denn ein Mann, der ist Ingenieur, Betriebschef, der bewegt sich in höheren Sphären, während ich im Kindergarten angefangen habe. Man dachte sofort – und das bekam ich tatsächlich zu hören – ich hätte im Auswahlverfahren schlechter als die anderen abgeschnitten und sei deswegen im Kindergarten gelandet. Und ehrlich gesagt, habe ich mich immer geschämt zuzugeben, ich sei Beamter und Lehrer. Ich liebe meine Arbeit, das, was ich mache, ich liebe den Weg, den ich eingeschlagen habe, es macht mir wahnsinnigen Spaß. Aber wenn man mich nach meinem Beruf fragt, bin ich nicht stolz auf meinen Beruf. Ich bin nicht stolz auf meine soziale Identität [Laurent, F/34; allgemeine Zustimmung].

Wenn die Zweifel am eigenen sozialen Wert immer stärker werden, übernimmt man nach und nach die Opferrolle ins Selbstbild und fühlt sich immer hilfloser gegenüber dieser als stigmatisierend empfundenen Kategorisierung. Aus dem Gefühl sozialer Geringschätzung resultiert unausweichlich mangelndes Selbstvertrauen, was sich bei einigen darin äußert, dass sie nicht gern über einen Beruf sprechen, für den sie sich schämen:

> Ich habe gelernt stolz auf meinen Beruf zu sein, weil es ist etwas ganz Schönes, was ich da mitnehme. Es war früher für mich immer so, ich habe nicht gern erzählt, dass ich Grundschullehrerin bin. Grundschullehrerin in Deutschland ist so: „Ach so, du bist Grundschullehrerin". Da kannst du auch sagen: Ich bin Friseuse. Ich habe mich also wirklich eher geschämt. Jeder hat gedacht, er kann sich über mich lustig machen: „Hö, mit den

> Kinderchen" und so auf die Tour. Und ich habe mich wirklich richtig fast
> geschämt für meinen Beruf [Sabine, D/41; allgemeine Zustimmung].

Solche Beispiele zeigen, dass der Kampf um Anerkennung Triebfeder für identitäre Prozesse ist und wie Todorov (2002: 27) schreibt, „hungert der moderne Mensch verzweifelt nach Anerkennung". Status, Rollen, Stellungen, soziale Funktionen können jederzeit in Frage gestellt werden: „wir verbringen unsere Zeit damit, Bewunderung, Liebe und Zustimmung im Blick des Anderen zu suchen" (*idem*).

Ob es sich bei dem Gefühl, Zielscheibe von Missachtung zu sein, um eine objektive Gegebenheit oder um eine soziale Repräsentation handelt, ist im Grunde genommen irrelevant. Festzuhalten ist vor allem, dass es ein ganz entscheidender Motivationsfaktor für die Teilnahme am Programm war.

> Es liegt an uns, etwas zu unternehmen, um unsere Selbstachtung zu stärken. Andernfalls werden wir vergessen [Mathieu, F/44; allgemeine Zustimmung].

In diesem Sinn liefert das Streben nach personaler Integrität und nach Selbstachtung die nötige Energie, um sich den neuen Herausforderungen zu stellen, die der andere, der fremde und daher nicht immer komfortable Alltag bereithält.

Suche nach Anerkennung durch Selbstbeweis

Mit dem Auslandsaufenthalt wird in solchen Fällen der mehr oder weniger bewusste Wunsch verbunden, die Integrität seines gedemütigten Selbstbildes, eine positive Einstellung zu sich selbst wiederherzustellen, indem man seinen Wert anderswo unter Beweis stellt. Die Annahme der Bewerbung wird dann als erste greifbare Bestätigung dafür gedeutet, dass man eben doch Kompetenzen besitzt, die sich allerdings erst außerhalb des strikten schulischen Rahmens des eigenen Landes entfalten konnten und Anerkennung fanden.

Deshalb trägt der vorübergehende Ausbruch aus der konformistischen Anpassung und der symbiotischen Identitätsdynamik zur Peergroup dazu bei, wieder Achtung für seinen Beruf und sich selbst zu erlangen:

> Und dann habe ich mir das so bei den Franzosen abgeguckt, und als ich
> dann in Deutschland wieder eingestiegen bin, also ich bin jetzt stolz auf
> meinen Beruf. Ich mache den gerne und ich erzähle das auch jedem. Ich
> sehe jetzt zum Beispiel so Sachen, wie was weiß ich, eine Freundin von mir,
> die sagt: „Ich hole mir doch keine Putzfrau. Wenn wir Grundschullehrerinnen uns schon eine Putzfrau holen", ja und? Ich arbeite mit jedermanns
> Kindern. Wenn ich keine Zeit habe zu putzen, hole ich mir eine Putzfrau.
> Wo ist das Problem? Ich gehe auch ins Restaurant, wo andere Leute für
> mich kochen. Ich habe damit keine Probleme [Sabine, D/41].

Solche und ähnliche Äußerungen enthüllen ein tiefliegendes Unbehagen und gewähren Einblick in identitäre Konflikte aufgrund des Berufes. Die Mobilität schafft Distanz zu den negativ besetzten Bildern, denen man sich ausgesetzt fühlt und die man als stigmatisierend empfindet. Durch die Entgrenzung kann ein Weg zur Heilung solcher narzisstischer Kränkungen eingeschlagen werden, indem das Gleichgewicht wieder hergestellt wird zwischen dem Wunsch nach persönlicher Entfaltung und Loyalität zum Beruf, zwischen pädagogischem Einsatz und Raum für sich selbst.

So gesehen ist die Mobilität der Grundschullehrer in gleichem Maße als Streben nach Wissens- und Kompetenzerweiterung als auch nach Respekt und sozialer Anerkennung zu begreifen. Der Suche nach Anerkennung liegt bisweilen die diffuse Vorstellung zu Grunde, man habe mit seinem sozialen, beruflichen, manchmal persönlichem Schicksal noch eine Rechnung zu begleichen, entschädige sich für verloren geglaubte Träume („ich erfülle mir jetzt den Traum, den ich schon als Studentin hatte") und erlange eine Wiedergutmachung für den mangelnden Respekt von Seiten der Schulen und Schulämter, der Vorgesetzten und dem sozialen Umfeld.

Außenperspektive und Marginalität als Emblem-Signale

Das Sich-Lösen mit all seinen internen und externen Motiven weist auf Abgrenzungsprozesse hin, denen im Vergleich mit den nichtmobilen Kollegen eine distinktive Logik zu Grunde liegt. Sich im fremden Alltag bewährt und der Angst vor Unbekannten getrotzt zu haben – „in Deutschland ging ich anfangs mit zitternden Knien in manche Unterrichtsstunden. Das war mir seit über 20 Jahren nicht passiert" – festigt das Gefühl sozialer Distinktheit:

> Man fängt noch einmal von vorn an und darf dabei nicht aus den Augen verlieren, dass man oft die eigenen Befürchtungen mitbringt, das Gefühl, sich zu sagen „werde ich das schaffen? Werde ich nicht den Mut verlieren und aufgeben?" [Mathieu, F/44].

Die offensive Haltung, mit der man sich auf die Mobilitätserfahrung einlässt, u. a. mit dem Ziel, Selbstachtung wiederherzustellen und soziale Anerkennung für sich und den Beruf, an dem man hängt, zu erlangen, fuhrt zu einer Distanzierung von den Nicht-Mobilen, jenen Kollegen, denen es in Augen der „Mobilen" an Ehrgeiz, an Größe mangelt und denen sie Konformismus sowie innere und äußere Immobilität vorwerfen:

> Ich bin an einer zweisprachigen Schule, an der die meisten Kollegen am Austausch teilgenommen haben, und es gibt wirklich einen Unterschied zwischen denen, die am Austausch teilgenommen haben, und den anderen. Denn ich finde, dass die Leute, die am Austausch teilgenommen haben, viel offener sind und sich automatisch hinterfragen. Schon allein die Tatsache,

ins Ausland zu gehen, heißt ja, sich in Frage zu stellen, fast sein ganzes Leben in Frage zu stellen, wenn man verheiratet ist oder Kinder hat, ich habe
keine Kinder, aber ich bin verheiratet, das war also auch ziemlich problematisch [Laurent, F/34].

Diese Distinktionslogik stellt das Zugehörigkeitsgefühl zur Peergroup und zum Kollegium in Frage, was sich häufig in dem Gefühl von Marginalität niederschlägt:
„Wir sind fortgegangen, und es stimmt, wir sind Außenseiter, wir sind nicht mehr
dieselben wie vorher". Auf diesen Status des Außenseiters ist man in gewisser Weise stolz und bezieht daraus die Legitimation, den Kollegen gegenüber kritische Po-
sitionen zu beziehen:

Wir sind weniger in Routine verhaftet, also wir stellen uns viel leichter auf
Veränderungen ein, ich bemerke das und das geht bis hin zur Arbeit, bis
ins Detail, Unterrichtsgewohnheiten, alles, was mit dem Leben im Klassenzimmer zusammenhängt, uns fällt es viel leichter, daran etwas zu ändern
und umzugestalten. Leuten wie uns fällt das leichter als den Lehrern, die im
ewig gleichen Trott drin sind. Und die auch nach 25 Jahren noch genauso
auf derselben Stelle bleiben wollen, das ist ja ein Albtraum, 25 Jahre auf der
gleichen Stelle [Laurent, F/34].

Die konstruktive Marginalität wird somit zu einer emblematischen Identitätskategorie der Mobilen. Für Centlivres (1986) haben identitäre Embleme eine mobilisieren-
de Funktion, die in Krisensituationen oder unter Druck stärker aktiviert wird. Sie
sind Zeichen des Widerstands gegenüber Minorisierungs- oder Ausschlussstrategi-
en. In der obenstehenden Aussage kategorisiert Laurent die mobilen Grundschul-
lehrlehrer als „weniger der Routine verhaftet". Diese Identitätszuweisung wird als
immanenter Wesenszug der Teilnehmenden dargestellt, als gegebene Identität, als
eine subjektive Struktur mit angenommener Stabilität. Dabei handelt es sich um
eine imaginäre Konstruktion, denn jedes Individuum zeichnet sich gleichermaßen
durch „Einzigartigkeit und Fragmentierung" aus (Lahire, 2001: 25), erfährt sowohl
Gleichheit als auch Fremdheit mit sich selbst. Insofern hat die Identitätszuweisung,
die Laurent für sie selbst und andere Austauschteilnehmer vornimmt, in erster Linie eine emblematische Funktion, da sie einer positiven Bewertung der Mobilitäts-
bereitschaft und den daraus resultierenden distinktiven Phänomenen entspricht. Im
Gegenzug stigmatisiert sie die Immobilität und die damit angeblich einhergehende
berufliche Einstellung.

Aus der Perspektive einer solch valorisierenden identitären Kategorisierung ist
es verlockend, die marginale Position zu behaupten und aus dieser Außenperspektive mit Hinweis auf die Unterschiede zu urteilen und wertende Urteile über Kollegen zu legitimieren. In den Diskursen finden sich Abgrenzungsstrategien, die einer
gewissen symbolischen Gewalt nicht entbehren. So kommt es nicht selten vor, dass
nichtmobile Kollegen mit Arroganz, manchmal sogar mit missachtender Herablas-
sung beurteilt werden, was der folgende Gesprächsausschnitt illustriert:

[Paule]: Ich habe eine Kollegin, die seit 30 Jahren *CP*[14] in der gleichen Schule unterrichtet und /
[Christine]: Ja, denen da ist das doch egal
[Michèle]: die haben vielleicht 'ne Einstellung /
[Paule]: die sind gegen Langeweile immun (allgemeines Lachen)

Stellt man diese vielstimmig vorgenommene Heterostereotypisierung durch die Aufzählung von Eigenschaften – „die sind gegen Langeweile immun", „denen da ist das doch egal" der obengenannten Autostereotypisierung – „wir sind weniger in Routine verhaftet, also wir stellen uns viel leichter auf Veränderungen ein" – gegenüber, so ist festzuhalten, dass die diskursive Konstruktion dazu dient, das Engagement in der Mobilität aufzuwerten und im Gegenzug die Immobilität der Kollegen abzuwerten und zu kritisieren. Der gemeinsame Wissensvorrat, aus dem die Sprecherinnen schöpfen, liefert ihnen im Voraus und ohne Absprache die passenden Beiträge zur stereotypisierenden Ko-Konstruktion. Die so vorgenommene implizite Aufwertung der Mobilität hat identitätsbestätigende Funktion, wird aber im Gegenzug zum Stigmata-Signal, das unterschiedliche Verhaltensweisen abwertet und von den eigenen abgrenzt. Im Diskurs über divergente Verhaltensweisen und -muster wirken solche festlegenden Zuschreibungen wie eine Zwangsjacke für sich und die anderen, basieren auf Verallgemeinerungen und beschränken sowohl die Möglichkeiten zur Gegenargumentation als auch die Handlungsfreiheit. Gleichzeitig ist der Abwertungsprozess der anderen eine Strategie zur Schaffung sozialer Distanz und dient als Demonstration positiver Distinktheit. So wird eine Gruppenidentität konstruiert, eine Gemeinschaft, deren Mitglieder ihr Zugehörigkeitsgefühl durch das geteilte symbolische Bedeutungs- und Wertesystem der Mobilitätserfahrungen konstituieren und legitimieren.

Bei den Kollegen löst ein vorübergehendes Fortgehen zwischen Neid und Kritik schwankende Gefühle aus, denn einfach das Klassenzimmer zu verlassen widerspricht den normgerechten sozialen Verhaltensmustern, die von Grundschullehrern erwartet werden. Wer weggeht, demonstriert, dass er mehr für sich beansprucht als die Reduzierung auf eine rigide berufliche Kategorisierung und sich die Freiheit zur sozialen Distinktheit nimmt.

Vor diesem Hintergrund wird verständlich, dass Distinktionslogik, Marginalität, Anspruch auf Mediation sowie die Hoffnungen auf Anerkennung und Freiraum für den pädagogisch-didaktischen Transfer der Erfahrungen und des Wissens in ihrer sozialen Tragweite nur beschränkt mit dem Ertrag eines akademischen oder schulischen Auslandsaufenthaltes verglichen werden können, auch wenn der Anspruch auf Valorisierung bei allen Mobilitätsformen eine transversale Komponente ist. Wie noch zu zeigen ist, beeinflussen der symbolische Gehalt obengenannter Erträge des Austausches nicht nur die individuelle und affektive Ausprägung des Erlebens, sondern auch den Reintegrationsprozess bei der Rückkehr.

---

14 CP – classe préparatoire

Fünftes Kapitel
Latenter Wunsch nach einem Anderswo

In unserem Untersuchungsdesign wurden die Erzählungen gemeinsam im Prozess der Interaktionen hergestellt, ohne große Steuerung der Interviewer. Dadurch orientiert sich die Rekonstruktion der biographischen Prozesse vor, während und nach der Mobilitätserfahrung stark an den Relevanzen der Erzählenden und lässt Rückschlüsse auf die Bedeutung zu, die der Erzähler, aber auch die Gruppe, der Erfahrung in der Retrospektive beimisst, wie er im Rückgriff darauf Identitätszuweisungen vornimmt, verwirft, modifiziert oder neu konstruiert.

Die thematische und textliche Ausgestaltung der Erzählungen weist große strukturelle Ähnlichkeiten mit dem narrativen Verlauf eines Bildungsromans (Gerber, 2008) auf, in dem die Entwicklungsgeschichte des Helden, die Suche nach Orientierungsmustern und Bestimmung seines Standortes in der Gesellschaft zentrales Thema sind. Zu diesem Zweck begibt sich der Protagonist eines Tages auf die Reise in die Fremde, aus freien Stücken, gezwungenermaßen oder aus Notwendigkeit, manchmal aus geheimnisvollen und unerklärlichen Gründen, um nach der Lösung eines Rätsels zu suchen. Die Suche verläuft oft krisenhaft und ist mit der Selbstfindung und innerer Progression des Helden verbunden. Der Bildungsgang gleicht dabei einem Reifungsprozess, bei dem natürliche Anlagen in einem fremden gesellschaftlichen Umfeld über Konflikt- und Krisenerfahrungen zur Entfaltung gelangen.

Spontane Entscheidungen

Ähnlich wie im Bildungsroman schreiben einige Teilnehmer bei der diskursiven Inszenierung des entscheidungsstiftenden Moments ihren Aufbruch beispielsweise dem Zufall zu. Dieser Wink des Schicksals, dem zu folgen man beschließt, ist die eines Tages erhaltene Information zum Austauschprogramm. Man begreift sie als den „Ruf des Lebens", den man nicht ungehört lassen will und den man, in Ermangelung treffenderer Begriffe, fast ein wenig scheu „Zufall" nennt:

> Also bei mir war das der reine Zufall. Ich war Kindergärtner und fing gerade damit an, einen deutsch-französischen Austausch mit einem Kindergarten in Saarbrücken auf die Beine zu stellen, was auch ganz zufällig entstanden ist, weil eine Freundin in Saarbrücken arbeitet und einen französischen Austauschpartner suchte, und so habe ich in meiner Klasse angefangen, Projekte zu starten, und der Schulrat hat mir gesagt, dass ich, wenn ich damit weitermachen wollte, die Deutschlehrbefähigung (*habilitation d'allemand*) ablegen müsste, und als ich die machte, hat er uns das Austauschprogramm vorgestellt, so war es. Und da ich ja eigentlich sowieso die Schule wechseln wollte, mal ein bisschen was anderes machen wollte, war das dann die Gelegenheit, mal einfach weg, also, es war reiner Zufall [Laurent, F/34].

Der Entschluss, ins Ausland zu gehen, wird hier als eine Verkettung von unverhofften, aber nichtsdestotrotz kohärenten und logischen Umständen und Ereignissen dargestellt, wobei zugegeben wird, dass es schon vorher einen Wunsch nach Veränderung gab, den man sich und anderen aber nicht unbedingt eingestehen wollte. Bisweilen aktiviert das Verlangen nach einem Anderswo Dispositionen zur Spontaneität (Lahire, 2002), das heißt, man nimmt die Dinge, wie sie kommen, folgt einem Impuls, fast wie im Traum. Was die Entscheidung alles impliziert, wird einem dann oft erst so richtig bewusst, wenn es konkret wird:

> Ich habe das überhaupt nicht/wie soll ich es sagen?/vorausgeplant, ich habe nicht weiter darüber nachgedacht, dass ich für ein Jahr ins Ausland gehen würde. Aber dann, auf dem Informationstreffen, da war ich erst mal völlig fertig und mir wurde ganz anders, ich sagte mir: „Du meine Güte, ich gehe ein Jahr weg, was will ich da eigentlich?" [Stéphanie, F/36].

Auch andere wundern sich noch im Nachhinein, eines Tages diesen Ausstieg aus der vertrauten Behaglichkeit und Gewissheit ihres Alltags gewagt zu haben, um sich auf völlig Unbekanntes einzulassen:

> Ich hätte nie gedacht, dass ich jemals im Leben aus meinem Kaff wegziehen würde. Ich war zufrieden. Ich habe zwar während der Woche in X gewohnt, aber am Wochenende immer ab nach Hause, Volleyballclub, usw., ich hatte dort ein Haus gebaut usw. [Thomas, D/43].

Einige sind einfach xenophil und dementsprechend allem Fremdem gegenüber aufgeschlossen. Ihre Mobilität geht auf eine individuelle Disposition zur Mobilität zurück, die ihren Ursprung in frühen Sozialisationsprozessen hat:

> Das Ausland hat mich schon immer fasziniert. Das heißt, als ich klein war, bin ich immer ins Ferienlager gefahren. Mein erstes Ferienlager war in den Vogesen, das hat mir gut gefallen. Das zweite war in Italien, da war ich zehn, und als ich nach Hause zurückgekommen bin, habe ich meinen Eltern gesagt: „Ich will immer dahin fahren, wo man kein Französisch spricht". Und meine Mutter hat geglaubt, sie hört nicht richtig, weil ich schon mit zehn gesagt habe: „Schick mich nicht ins Ferienlager in Frankreich, das finde ich langweilig", ich wollte damals schon ins Ausland, was anderes erleben. Und als ich klein war, fand ich es faszinierend, in den Ferien an einem Ort zu sein, wo nichts so war, wie bei uns, die Gebäude waren anders, das Essen war anders. Bei mir war es einfach die Faszination fürs Ausland [Laurent, F/34].

Einfluss des familiären Umfeldes auf die Entscheidungsfindung

Sowohl aus den Gesprächen als auch aus den Fragebögen zeichnet sich eine überwiegende traditionsgemäße Tendenz zur Sesshaftigkeit beim familiären Umfeld ab,
welches dem Mobilitätsvorhaben häufig mit Skepsis und Zurückhaltung begegnet, worauf wir an anderer Stelle noch näher eingehen werden. Allerdings gibt es
auch andere Konstellationen und das Fernweh steht im Zusammenhang mit der Geschichte der Familie bzw. ihrer Mitglieder und deren soziokulturellem Relevanzsystem und Erfahrungen:

> Meine Mutter war in den 60er Jahren Au-pair-Mädchen in Paris und ich
> habe im Endeffekt wahrscheinlich das gemacht, was meine Mutter auch mal
> gemacht hat [Thomas, D/43].

Auch in anderen Erzählungen werden Elternfiguren genannt, an deren Lebensgeschichte man sich zugunsten der Entscheidung orientiert hat. Maries Vater stammte
aus der ehemaligen DDR und war dort Trainer der Olympia-Schwimm-Mannschaft.
Diese Position ermöglichte ihm Auslandsreisen und seine Erzählungen über sprachliche Verständigungsschwierigkeiten haben Marie in ihrem Verhältnis zu Sprachen
und anderen Kulturen stark geprägt:

> Mein Vater hat viel von seinen Auslandsreisen erzählt und auch was er für
> Probleme hatte, weil er die Sprache nicht beherrschte. Mein Vater war fünf-
> zehn oder sechzehn als der Krieg vorbei war, der hat also seine Schulbil-
> dung nicht gehabt. Die Schulen waren zu, er konnte nicht lernen, er konn-
> te auch nicht richtig schreiben und er hat immer darunter gelitten. Und im
> Ausland war's dann ganz schlimm: Er konnte sich nicht verständigen. Also
> das war das, was ich sozusagen mit der väterlichen Erziehung in die Wiege
> gelegt kriegte: Man muss sich verständigen können, dann schlägt man sich
> nicht die Köpfe ein. Weil man kann sich ja gegenseitig erklären, was man
> denkt und was man meint [Marie, D/56].

Marie führt ihre Liebe zum Ausland und für Sprachen auf Werte zurück, die ihr sozusagen als ideologisches Erbe von ihrem Vater übertragen wurden und dem sie
sich gewissermassen verpflichtet fühlt. Ihre Motivation für den Austausch ist somit
auch von dem Bestreben nach Transmission und Kontinuität getragen.

Auch Juliane stellt einen Zusammenhang zwischen ihrer Motivation und der Familiengeschichte her, indem sie ihre Entscheidung als die Vollendung eines Vorha-
bens, das ihr Vater seinerzeit für sich selbst nicht umsetzen konnte, darstellt.

> Mein Vater hätte so was eigentlich selbst gern gemacht. Er hatte ein Ange-
> bot als junger Mann mit Saudi-Arabien und hat es nicht gemacht, weil sei-
> ne Mutter schwer krebskrank war. Und von dem her konnte der das auch
> hundertprozentig verstehen [Juliane, D/36].

Die Rolle zufälliger Begegnungen mit Schlüsselpersonen

Neben den Verweisen auf das familiäre Umfeld wird in den Erzählungen auch auf die Rolle von Personen verwiesen, denen in der Erinnerung eine Schlüsselfunktion für die Einstellung zum Fremden und dem späteren Entschluss zur Mobilität zugeschrieben wird. Die Teilnehmer erinnern sich besonders an frühere flüchtige und dem Anschein nach unbedeutende Begegnungen, denen jedoch aus der Retrospektive heraus eine gewisse Bedeutung für den späteren Werdegang beigemessen wird:

> Ach ich weiß auch noch, dieser erste Schüleraustausch mit/ – Gott, da kam der schöne Pierre Yves, ich weiß es noch wie heute, und da stand er so da und ich dachte: „Das ist jetzt der Franzose". Gott ja, wirklich so ein Typ – der kam aus dem Süden. Mit schwarzen Locken und so und ich dachte: „Das ist Frankreich". Und ich glaube, das sind so diese Sachen, warum man dann irgendwann nach Frankreich geht. Wahrscheinlich liegt es eigentlich an Pierre-Yves [Nadine, D/32].

Im folgenden Auszug beschreibt die Erzählerin, welche Rolle eine eher zufällige Begegnung bei ihrer Entscheidungsfindung gespielt hat. Sie war schon seit längerer Zeit in Schulaustauschprogrammen engagiert und nahm an einem deutsch-französischen Schulausflug in die Vogesen teil:

> Und dann war dort mit der französischen Klasse eine Berlinerin. Und sie hat mit uns eine Wanderung gemacht. Und dann kamen wir ins Gespräch – wieso kommst du aus Berlin nach Colmar? Wie kommt/wie macht man das? Wie kommt man aus Berlin nach Colmar? Das war mir völlig rätselhaft. Und dann hat sie mir von dem Programm erzählt [Barbara, D/53].

Wie diese Aussagen zeigen, wird in der Narration die Bedeutung Dritter für spätere Entscheidungen neu konstruiert und verstanden, denn das biographische Erzählen „verleiht den Erfahrungen neue Bedeutungen, eröffnet neuen Handlungsspielraum, der Erzählende wird zum Akteur, d.h. er selbst verändert sich" (Gohard-Radenkovic, 2008).

„Ich bin nach fünfzehn Jahren Windelnwechseln weggegangen" – die Teilnahme als emanzipatorischer Akt

Die Rückerinnerung an die Situation, in der die Entscheidung für den Auslandsaufenthalt fiel, lässt Konflikte erkennen zwischen Sozialisation und dementsprechenden Dispositionen einerseits, persönlichen Zielsetzungen und Hoffnungen andererseits. So kommt es vor, dass man in der Teilnahme die Gelegenheit sieht, sich – wenn auch spät – vom Elternhaus zu emanzipieren, das rückblickend als zu behütet wahrgenommen wird. Im Gegensatz zu ihren Eltern, die ihr aus Sorge stets jeglichen

Auslandsaufenthalt verwehrt hatten, hat Margot ihre beiden Töchter immer ermuntert, zu reisen und jede Gelegenheit zur Teilnahme an Austauschprogrammen zu nutzen. Da ihre Kinder inzwischen erwachsen waren, beschloss sie, sich nun ihrerseits, im Alter von 50 Jahren, aufzumachen:

> Meine Eltern haben mich also genau konträr erzogen: das Mädchen muss behütet werden. Und dann dachte ich, als meine Töchter dann soweit waren, dass ich die auch allein lassen konnte: „jetzt möchte ich diese Erfahrung auch mal machen, möchte mich mal durchsetzen in einem fremden Land". Das war so die Grundmotivation für mich [Margot, D/50].

Selbst wenn dies bei Erwachsenen überraschen mag, kommt der Ausbruch aus einem sozialisierenden Umfeld, das auf die Möglichkeiten der Selbstverwirklichung einschränkend wirkte, für manche dem Gefühl von Souveränität und Autonomie gleich:

> Ich würde sagen, dass ich sehr viel mehr Selbstvertrauen habe. Also, ich traue mich viel mehr zu machen und es ist, als ob ich gewachsen wäre, endlich raus aus der Adoleszenz, endlich erwachsen und somit bereit, mein Leben selbst in die Hand zu nehmen. Es ist nicht so, dass man mich vorher nicht gelassen hätte, aber ich habe etwas selbst realisiert und dadurch ist klar geworden, dass ich eine Entscheidungsgewalt habe, die niemand in Frage stellen kann und dass ich das Recht habe, selbst zu entscheiden, was mir für mich gut erscheint [Corinne, F/49].

Auf die Gefahr hin auf Unverständnis zu stoßen oder gar als illoyal zu gelten, ist die Entscheidung in solchen Fällen fast schon ein emanzipatorischer Akt. Er ermöglicht es nicht nur, sich von deterministischen Mustern zu distanzieren, die Fatalitätshaltungen und Passivität nach sich ziehen, sondern auch, sich auf einen identitären Umorientierungsprozess einzulassen. In ähnlicher Weise haben sich fast alle Teilnehmerinnen dieser Altersstufe – also oft weit über 40 – in Bezug auf ihre Teilnahme geäußert. Diese wird als Loslassen und Ausbruch aus festgefahrenen sozialen Rollen gewertet:

> Alle Frauen um die 45 kennen so etwas, die Lust, ein bisschen aus dem Alltag auszubrechen, Neues zu erleben, aber in einem anderen Rahmen [Annick, F/52].

Obwohl Annick in ihrer Argumentation eine gewisse Vorsicht walten lässt, indem sie ihren persönlichen Entschluss stereotyp als kollektive weibliche Haltung darstellt – „alle Frauen um die 45 kennen so etwas" – und den Ablösungsprozess durch den Numeralartikel „ein bisschen" abschwächt, wird deutlich, dass die Mobilität einen Szenenwechsel ermöglicht, der die Rollenveränderung fördert und oft auch beschleunigt.

Nicht nur Vorbehalte des familiären Umfeldes werden relevant gemacht, sondern auch die eigenen früheren Ängste vor dem Fremden und Unbekannten:

> Früher, als ich an der Uni war, habe ich mich stets geweigert, fortzugehen, auch noch im 8. Semester, denn schon allein der Gedanke an einen Auslandsaufenthalt versetzte mich in Panik und dann stand da auch noch „für ein Jahr" – so lange wäre früher für mich nie in Frage gekommen. Ich habe es aber diesmal trotzdem gemacht und war froh, nach fünfzehn Jahren Windelnwechseln rauszukommen, weil ich fand, dass ich mein Leben ein bisschen ändern musste [Stéphanie, F/36].

Solche Hemmungen überwunden zu haben, indem man sich als Erwachsener auf das Wagnis Mobilität eingelassen hat, ist an sich schon ein persönliches Erfolgserlebnis, auf das man stolz ist.

Um das Bedürfnis nach Veränderung zu rechtfertigen und zu legitimieren, argumentiert man häufig mit Verweisen auf individuelle Dispositionen, denen zufolge man sich durch bestimmte Charakterzüge und Einstellungen von seinem Umfeld abhebt:

> Da ich offen bin für alle möglichen Erfahrungen, dachte ich mir: „Das mache ich" und bedaure es kein bisschen [Michèle, F/46].

Die Veränderungen, die der Schritt ins Unbekannte mit sich bringt, werden als Herausforderung empfunden, als ein Erproben seiner selbst, um sich zu stimulieren und über sich selbst hinauszuwachsen:

> Ich weiß, dass ich, sorry, so nenn ich das – also, dass ich einen kleinen Tritt ins Hinterteil brauche, das heißt, ich muss mich ständig hinterfragen und mich Schwierigkeiten aussetzen [Laurent, F/34].

Das Bedürfnis auszubrechen manifestiert sich bei vielen zu einem Zeitpunkt, der als Ende einer Lebensphase empfunden wird. Die Teilnahme wird so von der Hoffnung auf einen Neuanfang getragen, auf ein Aufleben inmitten von Andersheit. Die wohltuende Wirkung überträgt sich später auf die ganze Familie:

> Und die Kinder sind sehr stolz auf das, was ich gemacht habe, mit meinem Mann ist es, als seien wir frisch verheiratet. Also, was mich betrifft, ich konnte wieder ganz neu anfangen. Denn es stimmt, wenn es diesen Austausch nicht gegeben hätte, weiß ich nicht, was aus mir geworden wäre [Corinne, F/49].

Austausch und räumliche Trennung haben auch für Barbara positive Auswirkungen auf die ganze Familie, insbesondere auf ihre Partnerschaft:

> Für meine Familie war der Austausch auch ein Segen. Ich war ja/ich war
> so'n bisschen/wie soll ich sagen/die Ehe war so'n bisschen auf der Kip-
> pe, ja. Und wir waren einfach räumlich getrennt. Ich war in Paris, mein
> Mann kam regelmäßig und er war dann auch manchmal länger da, das hat
> uns wahnsinnig gut getan und wir sind immer noch zusammen [Barbara,
> D/53].

Die Narration der entscheidungsleitenden Motive weckt aber auch Erinnerungen an
frühere, manchmal schmerzliche Erfahrungen, die wiederbelebt werden und durch
den neuen Kontext eine andere Zuschreibung erfahren:

> Diese Melodie der Sprache und diese liebevolle Art der der Familie standen
> im krassen Gegensatz zu dem, was ich bei mir zu Hause erlebte, das war et-
> was viel Härteres. Ich war also in einer neuen Familie und sagte mir: „wow,
> so kann eine Familie also sein". Es fällt mir sehr schwer, hier darüber zu
> sprechen [Annick, F/52].

In dieser Sequenz erinnert sich Annick zugleich an ihren ersten Schüleraustausch
in Deutschland und an die damaligen Verhältnisse in ihrer eigenen Familie. Dass
sie gerade diese Erinnerung für relevant hält, deutet auf die symbolische Verortung
ihrer Teilnahme am Austausch hin – sie unternimmt die Reise fast wie eine Pilger-
fahrt, zurück an einen Ort, an dem sie in einem schwierigen Lebensabschnitt für
kurze Zeit positive Differenzerfahrungen machen konnte und die belebende Kraft
der Andersheit erfahren durfte.

Um frühere Erfahrungen mit dem Nachbarland geht es auch im folgenden Kapitel. Neben vielen anderen Beweggründen kommt den Motiven, die auf den symbolischen Gehalt der Teilnahme an einem deutsch-französischen Programm hinweisen,
eine ganz spezielle Bedeutung zu.

Sechstes Kapitel
Emotionale Einstellungen zum Land und zur Sprache des Anderen

Bisher haben wir uns noch nicht mit der deutsch-französischen Dimension der Grundschullehrermobilität beschäftigt. Der Umstand, dass es sich um ein Austauschprogramm handelt, an dem Deutsche und Franzosen teilnehmen, um ihre jeweilige Sprache in der Schule des Anderen zu unterrichten, beeinflusst natürlich die Art und Weise, wie die Erfahrung wahrgenommen wird und welche Relevanz man ihr in der Rückerinnerung beimisst. Es versteht sich auch von selbst, dass die bisher erwähnten Beweggründe mit ausgesprochen positiven Erwartungen und Einstellungen dem Land des Anderen gegenüber einhergehen. Dies zeigen zunächst die quantitativen Ergebnisse, die gewisse, wenig überraschende Tendenzen in Bezug auf geläufige, wenn nicht gar stark stereotype Bilder vom jeweiligen Nachbarland aufweisen. Exemplarisch sollen dies nur einige der genannten Themenbereiche illustrieren. So gibt man auf französischer Seite an, von „der Literatur", „der Sprache", „dem Umweltschutz" angetan zu sein und äußert nachdrückliches Interesse an der deutschen Geschichte zu haben.

Ernährung und Humor sind Gegenstand kontrastierender Meinungen. Die Deutschen mögen an Frankreich die „Lebensart, das *Savoir-Vivre*" und „die Schönheit des Landes". „Überorganisation", „Steifheit" und „Unterschiede bei den Mahlzeiten" finden die befragten französischen Lehrkräfte an Deutschland weniger attraktiv, während ihre deutschen Kollegen die „Oberflächlichkeit hohler Phrasen" im Französischen oder die schlechte Angewohnheit, „den Wagen mit laufendem Motor abzustellen", kritisieren.

Allerdings erfahren diese pauschalen und stereotypen Einschätzungen, die sich aus der quantitativen Datenerhebung ergeben, bei der Analyse der Narrationen eine deutliche Nuancierung und weitere Präzision. Dort werden nämlich die kulturellen Phänomene nicht nur angesprochen und beschrieben, sondern auch reflektiert und durchaus kontrovers diskutiert. Dabei machten sich durchaus Unterschiede unter den Teilnehmern bemerkbar. Je intensiver in der Gastkultur gelebt wurde, desto mehr wurden auch feinere Unterschiede wahrgenommen und meistens souveräner kommentiert.

Liebe und Faszination für das Nachbarland

Es verwundert nicht weiter, dass die befragten Grundschullehrkräfte dem Nachbarland schon lange ganz spezifische Gefühle entgegenbringen, die sich für beide Seiten in Begriffe wie Liebe und Faszination fassen lassen:

> Also ich hab festgestellt – das kann ich jetzt nicht sachlich begründen, das
> ist aus dem Bauch heraus – wenn ich über die Grenze fahre, fühle ich mich
> zu Hause. Und wenn ich wieder zurück komme und sobald ich über die
> Grenze komm – ich seh sie ja gar nicht, die existiert ja nicht mehr, aber
> ich hab das so im Gefühl und so verinnerlicht – wenn ich wieder zurück
> fahr, geht's mir nicht gut. Also ich werde traurig, ich fühl mich nicht wohl
> und ich weiß, ich muss zurück, weil ich ja arbeiten muss, weil ich ja das
> auch meinen Schülern versprochen hab, dass ich wiederkomme, aber ich
> verbring alle meine Ferien in Frankreich und ich hab das Gefühl, ich gehö-
> re hier her [Marie, D/56].

In vielen Narrationen ist die Erinnerung an die Grenzen noch sehr präsent. Man ist
sich bewusst, Zeitzeuge tiefgreifender historischer Umwälzungen gewesen zu sein:

> Wir haben alle die deutsche Geschichte erlebt, zum Beispiel 1989, die Mau-
> er, das haben wir alle im Fernsehen gesehen, die deutsche Grenze, ich habe
> noch den geschlossenen Grenzposten erlebt, wo ich meinen Ausweis zeigen
> musste, und heute ist da ein Frisör. Und jetzt kann man einfach rübergehen
> und man merkt gar nicht, dass man in Deutschland ist, und das haben wir
> alle erlebt, das ist jüngste Geschichte. Wir haben die Grenzwachen gesehen
> usw. jedenfalls gab es in meiner Straße einen deutschen Sperrposten und
> dann war Schluss, man konnte nicht weiter gehen. Man musste seine Papie-
> re zeigen, das Auto aufmachen, den Kofferraum ausräumen, naja, das haben
> wir hier alle erlebt [Laurent, F/34].

Sämtliche Teilnehmer waren bereits unterschiedlich lange im Land des Anderen:
im Urlaub, aus familiären oder freundschaftlichen Gründen, für Praktika, im Schüleraustausch, bei außerschulischen deutsch-französischen Begegnungen, oder, unter den Jüngeren, als Teilnehmer am Erasmus-Programm. Zweifellos waren diese
Vorerfahrungen eine wichtige Triebfeder bei der Entscheidung für eine Teilnahme
am Austausch. Das Interesse am Partnerland, seiner Kultur, seiner Sprache und seiner Geschichte geht häufig bis in die eigene Schulzeit zurück und hat mit den Jahren nicht nachgelassen. Unter völlig anderen Voraussetzungen noch einmal fortzugehen, sich beruflich im anderen Land unter Beweis zu stellen, ist also ebenso als
Herausforderung zu bewerten – die teilweise als große Leistung dargestellt wird –
sowie als fester Wille, mit dem Status des Touristen und den damit verbundenen
privilegierten Rollenzuordnungen, wie zum Beispiel das Betrachten zielkultureller
Phänomene aus sicherer Distanz, zu brechen:

> Ich habe in Deutschland immer nur äußerst angenehme Erfahrungen ge-
> macht, und das seit fast 13 Jahren, weil meine Eltern mich dazu ermutigt
> hatten, Sprachaufenthalte zu machen, um das, was wir in der Schule lern-
> ten, noch ein wenig auszubauen, und das hat mir immer gefallen und ich
> habe immer gute Erfahrungen gemacht, aber als ich dann älter war und ar-
> beitete, habe ich mich immer gefragt: „Ich liebe doch Deutschland immer

noch, wir fahren immer im Urlaub dorthin, das ist immer toll, aber wäre es genauso gut, dort zu arbeiten? [Mathieu, F/44].

Für einige Teilnehmer haben die Vorerfahrungen eines Assistenzjahres oder eines Praktikums manchmal jahrzehntelang den Traum wach gehalten, irgendwann einmal zurückzukehren, so als handele es sich um eine Rückkehr zu den Ursprüngen:

> Ich habe Deutsch studiert und gut, also als ich meine *licence* abgeschlossen habe, davor oder danach, das weiß ich nicht mehr genau, bin ich für zwei Jahre nach Deutschland gegangen, als Sprachassistentin, und das war wirklich eine Offenbarung, die Offenbarung meines Lebens. Ich habe dort auch meinen Mann kennengelernt, der Sprachassistent war, auch Franzose, und dann wollten wir eigentlich nur eines, in Deutschland bleiben, wir wollten überhaupt nicht nach Frankreich zurück. Wir sind mit der Vorstellung zurückgekommen, dass wir nur vorübergehend in Frankreich sein und danach wieder in Deutschland leben würden. Und dann haben wir drei Kinder bekommen und uns häuslich niedergelassen und dann dachten wir nicht mehr daran, noch mal nach Deutschland zu gehen [Christine, F/51].

Jüngeren Teilnehmern bot der Austausch die Möglichkeit, wieder in der Nähe eines Partners zu leben, den man bei einem früheren Aufenthalt als Student oder Assistent kennengelernt hatte:

> Während meiner Ausbildung als Grundschullehrer am IUFM, habe ich eine Deutsche kennengelernt, die mit dem Erasmus-Programm in Bordeaux war, ich habe mich in diese Person verliebt, aber wir haben uns nicht sehr oft gesehen und dann habe ich mein Ausbildungsjahr gemacht und wir waren acht Monate lang getrennt, und da habe ich mich ohne lange zu zögern für den deutsch-französischen Austausch beworben [Paul, F/29].

Familiäre Konstellationen, Konflikte mit der Familie oder der Umgebung, aber auch verpasste Gelegenheiten, ungenutzt gelassene Möglichkeiten schon viel früher einem Ruf in die Ferne zu folgen, bilden wesentliche Bestandteile jener Lebenswege, die zur Mobilität hinführen, und sind oft eine entscheidende Komponente. So ist es auch bei der Mobilität von Lehrkräften im deutsch-französischen Kontext. In einigen Narrationen wird das Fortgehen als längst fällige Rückkehr an einen fast schon mythischen Ort diskursiv inszeniert, als Traum, der sich der Realisierung lange entzogen hatte:

> Ich wäre gern viel früher wieder nach Deutschland gegangen, schon seit langem wollte ich an diesem Austausch teilnehmen, aber ich lebte getrennt, musste mich um meinen Sohn kümmern. Mein Sohn wollte absolut nichts von Deutschland wissen, also saß ich in Frankreich fest, denn er sollte seinen Vater regelmäßig sehen, das war eine gute Sache, aber der Vater wollte ihn nicht die ganze Zeit haben, und so musste ich warten, bis er selbständig

genug war, um mich zu bewerben, so ist das eben, ich war wirklich ausgesprochen glücklich, weggehen zu können. Das entsprach einem sehr lange
gehegten Wunsch [Paule, F/53].

Persönliche Bezüge zur deutsch-französischen Geschichte

Zu den fast einstimmig positiven Bildern vom anderen Land gesellen sich die Vorstellungen vom Austausch selbst und seiner ideologischen Bedeutung. Es ist ein
deutsch-französischer Austausch, der im Zuge der Versöhnungsbemühungen zwischen den beiden Staaten mit dem politischen Willen ins Leben gerufen wurde, etwas für die Jugend und sogar die Jüngsten zu tun. Wir konnten in unserer ersten,
1998 durchgeführten Untersuchung mit Grundschullehrern, die zwischen 1973 und
1997 am Austausch teilgenommen hatten, nachweisen, dass ein Großteil von ihnen
eine in unterschiedlichem Ausmaß von deutsch-französischen Konflikten geprägte
Familiengeschichte aufzuweisen hatte.

Damals kam der Teilnahme am Austausch vor allem auf französischer Seite
noch eine ganz besondere Bedeutung zu und glich für einige einer Mission, die –
wie einer der Teilnehmer angab – darin bestand „meinem familiären Umfeld zu
zeigen, dass Deutsche keine Monster sind" (Dupas & Perrefort 1998: 77).

Es war tatsächlich nicht selten, dass das Umfeld der französischen Grundschullehrer negative Ressentiments gegenüber Deutschland hegte und dass die Teilnahme
am Austausch auf große Vorbehalte seitens der Familie und Verwandten stieß. Allerdings konnten die meisten französischen Grundschullehrkräfte in Folge ihrer
Schilderungen über die Austauscherfahrung und durch ihre Sichtweise Veränderungen der Vorstellungen ihres familiären Umfelds, insbesondere in Bezug auf die
jüngste Vergangenheit, feststellen. Das deutet auf eine weitere, ganz spezifische Bedeutung des Programms hin, nämlich die der Transmission und der interkulturellen
Mediation: Diese Grundschullehrer haben nämlich nicht nur durch ihren Unterricht, sondern auch durch das Erzählen über das affektive Erleben im anderen Land
dazu beigetragen, den oft noch zwiespältigen Blick und die ambivalente Einstellung
in eine positivere Richtung zu lenken. Allerdings gelingt dies auch heute und trotz
Generationenwechsels nicht immer:

Nein, das ist noch nicht vorbei, ich sehe meine Eltern nicht mehr, seit ich
mit einem Deutschen verheiratet bin, tja, so ist das nun mal [Michèle,
F/46].

Zwar stehen Nachwirkungen der Vergangenheit und eine eventuelle Mission zur
Versöhnung als Motiv zur Teilnahme längst nicht mehr an der Spitze der Beweggründe. Nichtsdestoweniger taucht die Familiengeschichte, in der familiäres und
kollektives Gedächtnis der deutsch-französischen Vergangenheit ineinandergreifen,

in vielen Erzählsequenzen auf. Mal war ein Großvater als Kriegsgefangener in Deutschland, mal ist die ganze Familie betroffen gewesen, wie dieser aus Lothringen stammende Grundschullehrer berichtet:

> Meine Eltern haben die deutsche Besatzung erlebt und ich hatte eine Großmutter, die als junge Erwachsene unter der deutschen Besatzung gelebt hat. Ich habe also immer die Geschichte von der deutschen Besatzung gehört und deswegen waren wir direkt betroffen und meine Eltern kannten noch die Zeit, in der man in der Schule auf die Finger geschlagen wurde, wenn man Französisch sprach. Deutsch war Pflicht, und deshalb war es verboten, Französisch zu sprechen. Meine Großmutter, im *Département* Moselle, wurde von den Deutschen gezwungen ihren Familiennamen zu ändern, weil der nicht deutsch genug klang, und nach dem Krieg konnte sie ihn wieder ändern. [Laurent, F/34].

Die Teilnahme an diesem Programm hat zwar den politisch-ideologischen Charakter eingebüßt, den sie für viele Grundschullehrkräfte in den 1970er und 1980er Jahren noch besaß, dennoch verleiht der mit den deutsch-französischen Beziehungen verbundene symbolische Gehalt dem Austauschprogramm eine gewisse Aura und verlangt spezifische Positionierungen, wie etwa die als Mittler zwischen den Generationen:

> Wir haben eine Veränderung beobachtet, weil ich meine beiden Großeltern besucht habe, als ich Weihnachten nach Hause gekommen bin, und ich hatte eine deutsche Freundin, und als ich ihnen das gesagt habe, hat meine Großmutter das seltsamerweise gut aufgenommen, obwohl ihr das noch vor einigen Jahren überhaupt nicht gefallen hätte, in dieser Hinsicht hat sie Fortschritte gemacht. [Yoann, F/26]

> Wenn ich das Wort „Erzfeind" oder so was aus der Geschichte schon höre – wir sind eine neue Generation. Und wir, wenn wir den Kindern die Weichen stellen mit Sprachkenntnissen, mit unseren Erfahrungen, mit unseren Gefühlen, mit unseren ganz privaten Dingen, das ist nämlich das, was die Kinder beeindruckt [Heinz, D/62].

In einem allgemeinen Kontext, in dem der Deutschunterricht in Frankreich ebenso wenig wie der Französischunterricht in Deutschland die Schüler für die Nachbarsprache zu begeistern vermag, lässt sich leicht nachvollziehen, dass die Lehrkräfte sich in einer ganz besonderen Verantwortung sehen:

> Ich hab in Frankreich richtig gelebt, ich hab meine Arbeit gelebt. Und ich hab mich vielmehr investiert, so wie du das auch gesagt hast, viel mehr investiert in meinen Beruf, als ich das in Deutschland jemals gemacht hab. Weil das einfach 'ne ganz besondere Verantwortung ist, wenn wir als

> Deutsche in Frankreich sind. Sowohl aus der Geschichte als auch aus Be-
> rufsehre [Marie, D/56].

Das Bestreben, die deutsch-französischen Beziehungen ganz konkret zu gestalten,
indem man fortwährend auf die eigenen Erlebnisse, auf seine persönliche Geschichte zurückgreift, um die Kinder für die Sprache und allgemeiner für das Nachbarland und seine Einwohner zu sensibilisieren und zu interessieren, zieht sich durch
alle Erfahrungsberichte. Das Engagement der Lehrer geht weit über die rein pädagogischen oder didaktischen Aspekte hinaus. Der Austausch fordert einen vollstän-
digen menschlichen Einsatz, und insofern liegt den Lehrern sehr daran, ihre Affinität zum Nachbarland, die ja schon allein durch ihre Präsenz an der Schule sichtbar
ist, auch emotional zu vermitteln:

> Und was ich, glaube ich, wirklich vermittelt habe, ist so ein stückweit, dass
> meine Schüler wissen, dass ich Frankreich mag, und ich habe schon das
> Gefühl, dass sie dann schon so ein Stück eine Beziehung aufbauen. Teilwei-
> se geht es dann bis hin zu den Eltern. Ich habe dann irgendwann einmal er-
> zählt, dass ich auf dem Eiffelturm schon Schlittschuhfahren war. Und drei
> Tage später kam ein Vater und hat gemeint: „Stimmt das? Sie waren Schlitt-
> schuhfahren auf dem Eiffelturm?"[Marie, D/56].

Andere sind sich der Tatsache bewusst, dass ihre eigene Mobilität ein Beispiel und
Ansporn für die Kinder sein kann:

> Wenn man von Mobilität spricht, denkt man vor allem an Studenten und
> deshalb es ist auch gut, dass die Schüler merken, auch Lehrer sind mobil,
> wir sind doch Vorbilder, naja, jedenfalls Vorbilder in Anführungszeichen
> [Paule, F/53].

Ein verklärter Blick auf Deutschland

Auch wenn aus den Gesprächen deutlich hervorgeht, dass der Krieg und eventuelle direkte Betroffenheit zwar noch erinnert und tradiert werden im Spannungsfeld zwischen kollektivem Gedächtnis und biographischen Erinnerungen, so zeichnet sich aber ebenso klar ab, dass besonders bei den französischen Teilnehmern die
Erinnerungsbilder an Deutschland viel stärker durch die 70er und 80er geprägt sind
– durch historische Wendepunkte wie Mauerfall und Aufhebung der Grenzen.

   Sowohl in den Medien als auch in der Öffentlichkeit war jenes „andere, sys-
temkritische Deutschland" mit seinen alternativen Friedens- und Umweltschutzbe-
wegungen sehr präsent, und auch in den Lehrbüchern, mit denen ein großer Teil
der Lehrer Deutsch gelernt hat, lässt sich in jenen Jahren ein inhaltlicher Wandel
im Vergleich zu den 60er Jahren verzeichnen. Über Schüleraustausch, pädagogi-
sches Praktikum und Sprachassistenz wurde man an Ort und Stelle mit alternativen

Lebensformen sowie neuen sozialpädagogischen Methoden und erziehungswissen-schaftlichen Ansätzen konfrontiert:

> Als ich an der *Ecole Normale* war, weil ich nämlich noch nach dem damali-gen System ausgebildet worden bin, waren wir zwei Monate in Freiburg, für unser pädagogisches Praktikum. Wir haben Grundschulklassen beobachtet und was wir da gesehen haben, war einfach toll. Damals – aber das sehe ich inzwischen anders – war die Erziehung an den deutschen Schulen wirklich ein Vorbild für mich und ich war hin und weg von der Kreativität, die es in den Klassen gab [Paule, F/53].

Die Bewunderung für alternative Lebensformen, soziale Bewegungen und neue pä-dagogische Bildungs- und Erziehungskonzepte wurde gefördert durch den Einfluss politisch engagierter Lehrer:

> Ich hatte unglaubliches Glück, weil ich in einem Gymnasium in der Pro-vinz war, an dem die Deutschlehrer sehr stark politisch engagiert waren. Ich sehe mich noch in der *Seconde* mit unserem Deutschlehrer in seiner kleinen Ente, wir waren zu fünft unterwegs, nach Saint-Dizier, zum Konzert einer DDR-Band, die da spielte, naja, gut, sowas gibt es heute nicht mehr. Jedenfalls haben die unglaubliche Sachen mit uns gemacht [Annick, F/52].

Das Deutschlandbild in den 70ern und 80er Jahren war insbesondere bei Studen-ten, Lehrern, Hochschullehrern und anderen Multiplikatoren auch stark geprägt von der Existenz zweier deutscher Staaten. Während in der Perzeption vom west-deutschen Staat trotz alternativer sozialer Bewegungen das „gute" Deutschland-bild mit dem „bösen" noch stark konkurrierte, erfreute sich das DDR-Bild nicht nur bei Anhängern der Kommunistischen Partei und Linksintellektuellen einer ge-wissen Bewunderung. Zumal die „Andersartigkeit" der DDR geschickt und gezielt von ihrer Regierung in Richtung Frankreich eingesetzt wurde, da sie weitgehend dem im französischen Unterbewusstsein immer noch präsenten Bild der *„deux Al-lemagnes"* entsprach: das „gute" Deutschland, die DDR, versus das „böse" bzw. frie-densfeindliche Deutschland, die BRD (vgl. Pfeil, 2004). Für zahlreiche Intellektuelle, Akademiker und Lehrer stand das kommunistische Regime und das Leben in der ehemaligen DDR im Einklang mit ihren eigenen politischen Überzeugungen. Hinzu kamen Städtepartnerschaften, in kommunistischen Stadtverwaltungen ging es in den Ferien in die DDR. Nicht immer nur aus politischen Gründen:

> In die DDR zu fahren, war viel billiger als in die BRD. So ging es eben in die DDR, was anderes hätten meine Eltern mir nicht bezahlen können, und so bin ich mit *France-RDA* fortgekommen, das kostete überhaupt nichts, denn wir haben gearbeitet, haben Kartoffeln geerntet, zwei Wochen lang und zwei Wochen lang bekamen wir Geld für Ausflüge und Besichtigungen. Anders konnte ich in den Ferien nicht fort [Annick, F/52].

Lernte man Französisch in der DDR, so genügte oft schon die Begegnung mit einer Person, einem Repräsentanten, um sich ein ganzes Land vorzustellen und es zu idealisieren:

> Und, ich hatte das Glück, ich hatte eine tolle Französischlehrerin in der DDR, das war 1970. Die hatte das geschafft, nach fünf Jahren, ihren DDR-Freund heiraten zu dürfen, in der DDR. Und die kamen also nach Rostock weil der in Rostock wohnte, und ich bin ja da aufgewachsen und die suchte ne Stelle. Und später dann hatten wir eine total alte Französischlehrerin, die hatten sie aus der Rente zurückgeholt. Und die hat zu uns gesagt: „Mädels" – reine Mädchenklasse, 30 Mädchen, die Qual – „Mädels, nur diejenigen, die bei mir ne Eins kriegen, dürfen bei *Mademoiselle* in den Spezialunterricht gehen". Ich, die es liebte stillzusitzen und zu pauken, ich habe die Verbtabellen gelernt. Ich wollte diese Eins, ich wollte bei *Mademoiselle* Unterricht haben. Wir haben in der neunten Klasse mit 15 angefangen, Französisch zu lernen. Wir haben mit *Mademoiselle* einen fantastischen Französischunterricht gemacht, wir sechs oder acht Mädels mit ihr. Wir haben über Liebe gesprochen. Ich hab Wörter gelernt, die fand ich vorher nicht im Wörterbuch, und sie war so glücklich. Und ich hatte das Gefühl: Frankreich ist Leben, Frankreich ist Liebe, Frankreich ist alles, das was im Leben schön ist [Marie, D/56].

Die damalige Faszination für eine völlige Andersartigkeit hatte jahrzehntelang ein imaginäres, mit starken Gefühlen behaftetes Bild vom Nachbarland gestützt. Fast schon Mythos war diese idealisierende Vision eine identitätsrelevante Kategorie in beruflicher wie auch in persönlicher Hinsicht. Der längere Aufenthalt im Nachbarland, mit seinen alltäglichen Höhen und Tiefen, nagt jedoch an dieser Idealvorstellung. Paradoxerweise entsteht über die Nähe eine ernüchternde Distanz, die insbesondere den Blick der französischen Lehrkräfte auf das andere Land entmythologisiert und realistischer macht:

> Es war alles in allem doch ein eher schweres Jahr mit vielen Enttäuschungen. Viele Enttäuschungen, weil ich das Bild von Deutschland vor dreißig Jahre so idealisiert hatte, dass ich eine Enttäuschung nach der anderen erlebte. Die Mentalität war auch ganz anders geworden. Ich habe keine netten Leute kennengelernt, naja keine besonders netten, jedenfalls hatte es nichts mehr zu tun mit dem Deutschland, das ich gekannt hatte. Es war eine völlig andere Erfahrung und dann hatte ich auch noch meine Tochter dabei, die aber keine Lust hatte, da zu sein, und wirklich die ganze Seite eines idealen Deutschlands in Bezug auf Unterricht und all das, was ich Ende der 1970er Jahre erlebt hatte, war jetzt überhaupt nicht mehr so [Christine, F/51].

Angesichts des gesellschaftlichen und politischen Wandels, neuer Werte und neuer Verhaltensweisen fällt es nicht immer leicht, den Blick zu desillusionieren. Denn es bedeutet auch, sich selbst neu zu verorten und die Grundlagen, auf denen die stark emotional besetzten Bindungen aufgebaut hatten, neu auszuhandeln. Dieser Prozess kann zu Dissonanzen führen, die manchmal als schmerzhaft empfunden werden, insbesondere wenn die aus dem idealisierten Blick heraus generierten Erwartungen enttäuscht werden:

> Für mich war es sehr schwierig, weil es gar nicht der Erfahrung entsprach, die ich mit 19, 20 Jahren als Sprachassistentin gemacht hatte. Ich war nicht mehr die kleine Französin, die man mit offenen Armen empfängt, und in der Schule war ich ein Mauerblümchen. Damals kannte ich Leute, die in Wohngemeinschaften lebten, das war die Zeit nach '68, das war doch mein Traum, ja, aber davon habe ich diesmal gar nichts mehr gespürt. Ich habe eine kleine Anzeige aufgegeben, um in eine WG zu ziehen und Null Antwort bekommen [Christine, F/51].

In der Sprache leben

Im Gegensatz zu Ergebnissen aus unserer Untersuchung zur schulischen Mobilität im Rahmen des Voltaire-Programms, die gezeigt haben, wie intensiv die Schüler sich mit dem Leben in der Sprache des anderen Landes auseinandergesetzt haben und diesbezüglich ein hohes Reflexiousniveau entwickelten, wird dies in den Gesprächen mit den Lehrern vergleichsweise wenig thematisiert. Das mag u.a. daran liegen, dass die Schüler sich zum ersten Mal mit einer Situation konfrontiert sahen, in der sie im Alltag kontinuierlich in einer Sprache kommunizieren mussten, deren Lernprozess in der Schule noch nicht abgeschlossen war, während sich die Situation für die Lehrer anders darstellt. Das bedeutet allerdings nicht, dass sie keine Sprachprobleme hatten. Aber zum einen scheint sich die Gewichtung sprachlicher Probleme angesichts der beruflichen und persönlichen Herausforderungen, die der Austausch an sie stellt, in andere Bereiche verlagert zu haben. Zum anderen waren ihre Kenntnisse der Sprache des Nachbarn sehr heterogen, variierten zwischen guter sprachlicher Gewandtheit und durchschnittlicher Sprachkompetenz. Alle hatten bereits Gelegenheit gehabt, ihre Sprachkompetenzen vor dem Austausch und außerhalb des schulischen Kontexts anzuwenden. Allerdings nutzten einige Teilnehmer ihren Aufenthalt, wie schon in Kapitel 1 erwähnt, für Sprachkurse, um ihre Kenntnisse zu verbessern oder zu perfektionieren:

> Als ich in Deutschland war, habe ich viele Kurse an der Volkshochschule belegt. Ich habe mich sehr für die Sprache interessiert. Ich habe mein Vokabular auf Deutsch und Französisch aufgenommen und es mir angehört. Ich habe das sehr ernst genommen [Michèle, F/46].

Auch wenn sprachliche Defizite und kommunikative Pannen in Alltagsituationen offenbar nicht zu nennenswerten Problemen geführt haben, so gilt dies weniger für das kommunikative Verhalten. Aus den Gesprächen geht hervor, dass kulturspezifische Varianten der Kommunikationsstile zu Verunsicherungen bei der Interpretation und Einschätzung des Gesagten führen können:

> Das habe ich mich schon immer gefragt, weil man Deutschen gegenüber viel direkter sein kann als zu Franzosen, bei denen vieles indirekt und implizit ist. Kann man, wenn man in Deutschland eingeladen ist, sagen: ist das eine Einladung zum Essen oder nicht? Kann man sowas fragen? In Frankreich macht man das nicht, zu fragen: Ist das eine Einladung zum Essen? Weil das heißt, dass ich zum Essen zu kommen will. Eigentlich sind die Franzosen kompliziert, verklemmt. Wir denken immer, dass Hintergedanken im Spiel sind [Christine, F/51].

In den Fällen, in denen die Interaktionen nicht zufriedenstellend verlaufen, können Gefühle von Unsicherheit und ausbleibende Anerkennung Blockaden auslösen und Zweifel am sozialen Image aufkommen lassen:

> Es gab da Kollegen, die machten schlimme Bemerkungen, ich konnte mich dagegen nicht wehren, sie sagten ständig: „Anschließend hast du wieder alles falsch verstanden", das ist furchtbar. Für mich war das wirklich ganz schlimm [Annick, F/52].

Eine Fremdsprache fließend und vielleicht sogar akzentfrei zu sprechen, bedeutet nicht notwendigerweise, auch die kulturellen Regeln, die die Interaktionen bestimmen, zu beherrschen – „gut, im Alltag kann man klarkommen, aber manchmal geht es um Nuancen, und das kann zu einem wirklichen Problem werden". Die daraus entstehenden möglichen Dissonanzen zeigen, dass es weitaus schwieriger sein kann, unterschiedliche Kommunikationsstile zu interpretieren und sein kommunikatives Verhalten dementsprechend anzupassen als die Fremdsprache nach rein formalen Gesichtspunkten zu beherrschen:

> Es gibt ein Sprachproblem. Ich verstehe zwar, aber manchmal ist das, was man sagt, auch kulturell. In solchen Fällen sagt man etwas auf eine bestimmte Weise und plötzlich sieht man, dass der andere ein komisches Gesicht macht. Ich frage mich dann immer: „Was hab' ich denn jetzt bloß gesagt?" Und manchmal ist das furchtbar, weil es verletzend ist. Das kommt wirklich daher, dass die Wörter ganz unterschiedliche Assoziationen wecken [Yoann, F/26].

Besonders im schulischen Kontext, mit Kollegen oder Vorgesetzten, Eltern und vor allem Schülern sind sprachliche Verunsicherungen durch Variationen unterschiedlicher Kommunikationsstile nicht selten:

> In der Sprache des Anderen kann man nicht adäquat reagieren. Ich war
> wirklich viel mit den Schülern zusammen, aber es gab immer einen Punkt,
> an dem ich an eine Grenze kam, nicht weiter wusste, weil ich keine Worte
> gebrauchen wollte, die man nicht sagen darf, denn eigentlich habe ich nie
> herausgefunden, was man sagen kann und was nicht [Stéphanie, F/36].

Wie intensiv die Frustrationen durch solche sprachlichen Hindernisse und Rückschläge empfunden werden, ist individuell und kontextuell unterschiedlich. Das
Ausprobieren der unterschiedlichen Stile, Imitation der Gesten, Mimik, Intonation,
Redewendungen sowie Deutungsversuche, Missverständnisse, Dissonanzen, kom-
munikationsgebundene Krisen, sind bis zu einem gewissen Punkt vergleichbar mit
Initiationsriten. Eine Art sprachliche Mutprobe mit Bewältigungsfunktion, mit deren Hilfe Übergang markiert wird, Statusveränderung stattfindet und Zugehörigkeit
ausgehandelt bzw. signalisiert wird.

Besonders zu berücksichtigen ist die Tatsache, dass das Unterrichten der eigenen
Sprache in einer fremdsprachlichen Umgebung einen Perspektivwechsel verlangt
und eine Distanz zur ihr schafft. Sowohl durch das Sprechen der Fremdsprache als
auch durch den veränderten Blick auf die Muttersprache wird ein Reflexionsprozess ausgelöst, über das Eigene, das Fremde, über kulturelle und sprachliche Identität. Anzeichen für eine gewisse Entfremdung der eigenen Sprache ist der Verlust
des natürlichen Sprechens, was ganz besonders der Fall in der Unterrichtätigkeit
ist: eine Art sprachliche Zwischensituation, in der die eigene Sprache fast zu einem Fremdkörper wird. Man gibt sich Mühe, besonders klar betont und deutlich
zu sprechen, reflektiert Strukturen, Wortschatz und Ausdrücke, die bislang selbstverständlich schienen. Dieser Reflexionsprozess über die fremde Sprache als auch
über das Fremdsein in der eigenen Sprache führt zu einem verstärkten Bewusstsein
für die Sprachnot des alloglotten Sprechers und einer größeren Deutungskompetenz
von Missverständnissen und Verständigungsschwierigkeiten.

Man eignet sich nach und nach nicht nur ein Sein in der Sprache an, sondern
auch ein Wohlsein. Das zeigte sich auch in den Gruppengesprächen, bei denen
das *code-switching* zwischen Deutsch und Französisch selbstverständlich war. Der
Sprachwechsel, manchmal auch das Sprachenmischen erfüllt dabei identitätsstiften-
de Funktionen, indem die Sprachenwahl kreativ eine neue eigenständige Identität
konstruiert, aus beiden Sprachgemeinschaften und beiden Kulturen schöpft. Sie reflektiert einen eigenen, exklusiven Weg mit Mitteln der Sprachenwahl:

> Immer wenn ich ganz besonders froh und glücklich bin, dann fallen mir
> französische Wörter ein. Und immer, wenn ich Stress habe, dann werde ich
> ganz nach unten deutsch, also wirklich bösartig. Dann mache ich schnell
> die Tür zu, damit mich keiner hört. Aber Freude, viele positive Dinge, Ge-
> fühle, die ganz tief gehen, da fallen mir sofort französische Wörter ein [Ma-
> rie, D/56].

Diese tief emotionale, sinnliche Beziehung zur Sprache des Anderen wird von vielen Lehrkräften geteilt:

> Ich habe eine deutsche Brieffreundin, also das war wirklich was/jedenfalls werde ich das nie vergessen. So eine sanfte Stimme, davon war ich ganz überwältigt. Ich gehöre ja der Generation an, die im Fernsehen in Filmen alle fünf Minuten „Heil Hitler" hörte. Und ich erinnere mich noch gut an einen Film, in dem Zwangsarbeit vorkam und in dem sie „eins zwei, eins zwei, eins zwei" sagten, das war eben Deutsch für mich. Und dann komme ich in diese deutsche Familie, wo es zum einen sehr guten Kuchen gab, und dann machen sie denn Mund auf und wow, was für eine Musik. Das habe ich nie vergessen, diesen Moment, an dem sie den Mund aufgemacht haben [Annick, F/52].

In ihrer Narration inszeniert Annick die konkrete Begegnung mit der deutschen Sprache als Schlüsselerlebnis. Von der unerwartet sanften Musikalität überwältigt ermöglicht ihr diese Urerfahrung einen völlig neuen, eigenen Zugang zu einer Sprache, die sie bislang als stigmatisiert erfahren hatte. Zur Reinszenierung dessen, was sie früher mit „Deutsch" verband, greift sie auf Stimmenimitation zurück und bringt damit zum Ausdruck, welche tiefgreifenden Spuren das Gehörte in ihr hinterlassen hat, eine noch offene Wunde, die ihr Verhältnis zum Deutschen belastet hatte. Die gleichzeitige Erwähnung von Sanftheit der Stimme und Süße des Gebäcks als sinnliche Erfahrung wird als Mittel eingesetzt, um sich neu zu positionieren und Identitätsarbeit zu leisten. Die Erzählende zeigt somit, dass sich ihre Sicht auf die Sprache (und deren Sprecher) verändert hat und die erzählte Episode weist auf eine Verarbeitungsleistung und einen Veränderungsprozess hin.

Der Umgang mit sprachlichen Vorurteilen

Wie aus den Einzelprofilen hervorgeht, hatten einige der Teilnehmer Deutsch mehr oder weniger gezwungenermaßen lernen müssen und von daher war ihr Verhältnis zur deutschen Sprache nicht ganz frei von Ambivalenz. Über den alltäglichen Umgang mit der Sprache des Nachbarn normalisiert sich das Verhältnis und die Vielfalt der Sprachregister, der Varietäten, u. a. die Sprache der Kinder als völlig ungewohnte Hörerfahrung, macht die Kommunikation in der Fremdsprache zu einer umfassenden Gesamterfahrung, die Veränderungsprozesse einleitet:

> Jedenfalls ist da etwas mit dem Deutschen. Gut, anfangs war es unnatürlich und gezwungen, aber da ist was passiert [Mathieu, F/44].

Berücksichtigt man das stark emotional geprägte Verhältnis zur Sprache des Anderen so wird nachvollziehbar, dass den Lehrkräften besonders viel daran liegt, dass sie in ihren Herkunftsschulen nicht nur unterrichtet, sondern auch geschätzt wird. Allerdings stoßen die Bemühungen, insbesondere die der französischen Lehrkräfte, sowohl im beruflichen als auch im privaten Umfeld nicht selten auf Widerstand, denn die deutsche Sprache ist weiterhin häufig Gegenstand negativ besetzter Vorstellungen, die sich u.a in verspottenden Imitationen der deutschen Ausssprache ausdrücken. Das ist Christine widerfahren, als sie in ihre Herkunftsschule zurückkehrte: „Sie [d.h. die Kollegen] standen da, imitierten den deutschen Akzent nach und sagten zu mir ‚es ist vorbei, du bist nicht mehr in Deutschland'". Gespeist durch Medien, Filme, Literatur gehört das Imitieren des deutschen Akzents zu den Komponenten des kollektiven Gedächtnisses in Bezug auf die deutsche Sprache in Frankreich. Als Stigmata-Signal dient die Imitation im vorliegenden Beispiel einerseits dazu, die Tragweite der Mobilitätserfahrung der Kollegin zu minimieren und ihre Zugehörigkeit zur Peergroup als nicht mehr eindeutig erscheinen zu lassen. Andererseits gerät sie in einen Legitimitätsdruck, unter dem sie ihr berufliches Engagement für eine Sprache rechtfertigen muss, über deren Andersartigkeit immer noch negative stereotype Urteile gefällt werden:

> Im Südwesten Frankreichs gibt es viele, die mich komisch ansehen: „Wieso denn Deutsch? Deutsche kennen nur Disziplin, die Sprache ist hässlich" – ja so ist das eben, wenn ihr wollt, sind das Klischees, aber die verstehen auch nicht, dass ich gern Deutsch unterrichte [Paul, F/29].

Derartige sprachliche Formen, die einen einzelnen Aspekt karikieren oder gar stigmatisieren, verorten die Kommunikation auf einer fließenden Grenze zwischen einer gewissen Art von Humor, die ständig zwischen Spiel und Aggression schwankt und bei der man nicht immer sicher sein kann, ob es „zum Spaß" oder „im Ernst" ist. Im von der Erzählerin geschilderten Kontext lässt die Imitation des deutschen Akzents durch die Kollegen diese Grenze verschwimmen.

An dieser Stelle sei darauf hingewiesen, dass jeder Sprachgebrauch beim Interaktionspartner eine bestimmte stereotypisierte soziale Wahrnehmung auslöst und zu Kategorisierungen des Sprechers führt. Mit solchen Kategorisierungen sind bestimmte Einstellungen ebenfalls stereotyp verbunden, die wiederum Erwartungen oder Handlungen auslösen können. Wenn also Wahrnehmung gesprochener Sprache automatisch ein Sprecherbild beim Wahrnehmenden auslöst, wird klar, dass wertende Äußerungen über Sprache nahezu automatisch auf die Sprecher bezogen sind. Die Gleichsetzung von Urteil über die Sprache mit Urteil über die Sprecher ermöglicht es, indirekte Bewertungen bezüglich bestimmter Menschengruppen vorzunehmen, indem man die Bewertungen in Aussagen über die Sprache kleidet. Insofern ist der Schritt von explizitem Reden über eine Sprache zum impliziten Diskurs über ihre Sprecher nicht weit. Wird die Sprache durch Imitation karikiert und somit lächerlich gemacht, so werden gleichzeitig deren Sprecher der Lächerlichkeit preisgegeben. Es geht also auch um Fremd- und Eigenpositionierung sowie Ausdruck und Zuschreibung von Befindlichkeiten, Gefühlen, Emotionen. Somit wird verständlich, dass insbesondere nach dem Austausch und den dadurch ausgelösten

Entwicklungen und Veränderungen, stereotype Vorurteilsäusserungen, gleich ob über Sprache, Sprecher oder Land, Betroffenheit hervorrufen und Gefühle verletzen.

> Und gleichzeitig merkst Du, dass es noch viele Klischeevorstellungen gibt: „Die Deutschen trinken viel Bier, die haben kein Benehmen, und dann die Sprache – Mensch, ist die hässlich" und wenn ich dann versuche zu sagen „nein, das ist eine melodische Sprache, und die Deutschen sprechen ganz langsam, das ist leicht zu verstehen" – „So ein Quatsch, das ist eine abgehackte Sprache". Daran ist Hitler schuld, ich meine, mit seiner Art zu reden und bei den Leuten bleibt nur das hängen. Das ärgert mich, dafür schäme ich mich, denn das ist wirklich eine Deutschenfeindlichkeit, man weiß nicht, warum man die Deutschen nicht mag, und schlimmstenfalls sagen die, denen es gelingt, sich ein wenig zu rechtfertigen: „die Sprache ist hässlich und außerdem waren das Nazis [Paul, F/29].

Der Erzähler animiert in dieser Sequenz verschiedene Stimmen und Dialoge aus seinem Umfeld, die er mittels unterschiedlicher prosodischer Profile (Lautstärke, Akzentuierung, Stimmfärbung usw.) so ausgestaltet, dass den Gesprächspartnern (beim Gruppengespräch) nicht nur der Inhalt des Gesagten vermittelt wird, sondern auch die Befindlichkeit des Erzählenden. Auf diese Weise kontextualisiert er die Redewiedergabe und schreibt den Personen, deren Reden er wiedergibt, bestimmte Identitäten zu. Gleichzeitig bringt die Reinszenierung die Positionierung und Identitätsaspekte der eigenen Person zur Geltung und liefert Hinweise für die Interpretation der Darstellung. In diesem Fall lässt er sein erzähltes Ich als ein zwischen den Kulturen vermittelndes Ich auftreten, das er implizit positiv bewertet. Allerdings macht er auch seine Betroffenheit angesichts seiner vergeblichen Mediationsversuche deutlich.

Bei unserer ersten Befragung (1998) erwähnten viele Lehrkräfte die negativen Urteile ihres Umfeldes in Bezug auf die deutsche Sprache und ihre gescheiterten Versuche, Einfluss auf derartige Vorurteile zu nehmen. Aus der Forschung zum Sprachbewusstsein wissen wir, dass historische Konflikte als Sprachkonflikte tradiert werden, die in stereotypen Negativurteilen über Sprachen zum Ausdruck kommen. Und obwohl sich tendenziell ein Wandel der sprachbezogenen Stereotype und Vorurteile abzeichnet, zeigen die oben angeführten Beispiele, dass sich vor allem französische Lehrkräfte immer noch mit der Geschichtlichkeit des Sprachbewusstseins in Bezug auf die deutsche Sprache konfrontiert sehen und sich damit auseinandersetzen müssen.

Siebtes Kapitel
Familiäre Verpflichtungen und Zwänge

Umstrukturierung des Familienalltags

Wie wir schon bei der Auswertung der quantitativen Untersuchungsergebnisse gesehen haben, sind die meisten Teilnehmenden verheiratet oder leben in einer Partnerschaft, haben Kinder und sind fest verankert in einem familiären und häuslichen Umfeld, mit all dessen Gewohnheiten, Zwängen und Pflichten. Die Entscheidung, für ein Jahr oder noch länger fortzugehen, bringt zwangsläufig organisatorische Probleme mit sich und fordert eine Umstrukturierung des Alltags, um die entstehende Lücke zu füllen. Denn auch wenn die Trennung nur vorübergehend ist, von Kurzbesuchen und Urlaub unterbrochen wird, so bringt sie doch beträchtliche Veränderungen für alle Betroffene mit sich. Manche Lehrkräfte planen, ihre Kinder mitzunehmen, denn sie sehen in dem Auslandsaufenthalt eine einmalige Chance, ihren Kindern neue Horizonte zu eröffnen und ihnen zugleich die Möglichkeit zu geben, Sprach- und Kulturkenntnisse zu erwerben oder zu verbessern. Ein solches Vorhaben kann jedoch bei den Kindern auf eine klare Ablehnung stoßen und somit zum vorübergehenden Verzicht auf das Vorhaben führen:

> Und meine Kinder – fester Freundeskreis, die beiden großen in der Pubertät, dreizehn und fünfzehn, meine große Tochter und mein Sohn. Ich wollte den Antrag schon viel eher einreichen und da haben meine Kinder gesagt: „Wir kommen nicht mit". Dreizehn und fünfzehn und rauslösen aus ihrem Freundeskreis, wo die Freundinnen und Freunde wirklich viel mehr zu sagen haben als die eigene Mutter. Und da hab ich meinen Antrag sozusagen wieder zurückgezogen, wieder in die Schublade gelegt [Marie, D/56].

Bei mehreren Kindern kann sich die Frage stellen, ob alle Kinder mitkommen sollen oder nur eins. Welches bleibt beim Partner, welches nimmt man mit? Wie auch immer die Entscheidung ausfällt und wie einvernehmlich auch immer sie getroffen wurde, steht sie doch unvermeidbar unter dem Zeichen von Schuldgefühlen und lässt die Einsamkeit entweder des einen oder des anderen erahnen:

> Ich hatte wirklich Heimweh, entgegen aller Erwartung. Ich habe meine fünfzehnjährige Tochter mitgenommen, aber der Rest meiner Familie, mein Mann und die beiden anderen Kinder haben mir sehr gefehlt. Im Grunde hätte ich die Erfahrung lieber mit ihnen gemeinsam gemacht [Christine, F/51].

In vielerlei Hinsicht stellt eine solche Konstellation eine Besonderheit unter den vielen pädagogischen Mobilitätsformen dar. Zum einen muss man den schulischen, sozialen und sprachlichen Adapationssprozess des Kindes an den unvertrauten Kontext allein begleiten und unterstützen. Kommt es beispielsweise zu Konflikten oder erweist sich die Aufnahme in die Peergroup komplizierter als erwartet, so kann dies zur Bildung von Vorurteilen führen, denen es zu begegnen gilt.

So kommt es zu einem beständigen Perspektivenwechsel, da der Blick sich mal aus der eigenen Sicht, mal aus der Sicht der Kinder auf die fremdkulturelle und fremdsprachliche Umgebung richtet. Bei dem Bemühen, die Kinder bei ihrem Integrationsprozess zu unterstützen, gerät die eigene Anpassungsarbeit erst einmal in den Hintergrund:

> Die Große weinte, als wir umgezogen sind, aber sie weinte noch drei Mal mehr, als wir zurückkamen. Als wir nach Frankreich zurückgegangen sind, war die Große extrem enttäuscht, aus Berlin weggehen zu müssen, wir mussten bei der Hin- und Rückreise mit ihren Tränen umgehen und insgesamt war das alles sehr anstrengend, denn wenn Du das erlebt hast, eine Familie mitzunehmen. Nun ja, ich musste die Familie motivieren und deshalb musste ich, trotz Erschöpfung und anfänglicher Schwierigkeiten, positiv denken [Annick, F/52].

In solchen Herausforderungen liegt ein gravierender Unterschied zur akademischen Mobilität von Studierenden, die in der Regel frei von derartigen familiären Verpflichtungen sind. In vielerlei Hinsicht, insbesondere psychischer, steht der mit Kindern fortgehende Partner unter hoher Belastung. Es gilt nicht nur mit der vorübergehenden geographischen Trennung vom Partner zurechtkommen – was an sich schon eine völlig ungewohnte Erfahrung für die meisten ist –, sondern man muss sich auch den vielfältigen Herausforderungen stellen, die der grundverschiedene berufliche und private Alltag bereit hält:

> Ich bin mit meinen Kindern weggegangen und mein Lebensgefährte ist in Paris geblieben. Also ohne Mann. Aber ich glaube nicht, dass es für ihn am schwersten war. Für mich war es auch nicht leicht, ich hatte ja die Kinder bei mir. Er beweinte seine Einsamkeit und ich weinte wegen meiner Arbeit, weil ich nämlich um fünf Uhr morgens aufstand, um alles zu schaffen, und erst abends um sieben fertig war, ich war wirklich sehr sehr müde [Annick, F/52].

Diese doppelte Herausforderung wird oft unterschätzt. Der zweifache Belastungsdruck kann zeitweilig entmutigen, man fühlt sich einsam und hat Heimweh: „Frei von Bindungen zu den Seinen fühlt sich der Fremde ‚vollkommen frei'. In ihrer Absolutheit trägt diese Freiheit freilich den Namen Einsamkeit" (Kristeva, 1990: 21). Dementsprechend hängt die Entscheidung für oder gegen eine eventuelle Verlängerung des Austauschs von der Art und Weise ab, ob und wie diese Gefühle überwunden werden und wie sehr die Abwesenheit das Familienleben belastet.

Zu diesen Überlegungen kann noch angefügt werden, dass auch die Herkunftsschule sich gegen eine Verlängerung aussprechen kann und unter dem Risiko, bei einer Beförderung oder einer interessanten beruflichen Option nicht in Betracht gezogen zu werden, zieht man es vielleicht vor, den Aufenthalt auf ein Jahr zu begrenzen.

Abgesehen von den Kindern stellt sich die Frage, ob der Partner oder die Partnerin sich ebenfalls auf das Abenteuer Auslandsaufenthalt einlassen will. Die Entscheidung hängt von der jeweiligen Konstellation eines jeden Einzelnen ab – der beruflichen Situation des Partners, von familiären aber auch materiellen und finanziellen Zwängen. Ein weiterer entscheidungsleitender Grund ist das Alter der Teilnehmenden. Nicht selten haben sie Eltern fortgeschrittenen Alters und manche mit nachlassender Gesundheit. Die Erfordernisse solcher Situationen entscheiden nicht nur über die Dauer des Aufenthalts, sondern auch über die Wahl des Einsatzortes, der dann geographisch möglichst nahe zu ihrem Wohnort im Herkunftsland liegen sollte.

Wie schon in den Einzelprofilen erwähnt, sind einige „Grenzgänger" unter den Teilnehmenden, sie pendeln täglich zwischen beiden Ländern. Es liegt auf der Hand, dass ein solch täglicher Wechsel zwischen „hier" und „da", ein tägliches Passieren geographischer, sprachlicher und kultureller Grenzen, ein anderes Erleben impliziert als eine räumliche Entfernung mit gewisser Dauer.

Bedenken, Unverständnis und Unterstützung im sozialen Umfeld

Das soziale Umfeld spielt eine maßgebliche Rolle für Identitätskonstruktion, Einstellungen, Verhaltensweisen und -regeln. Freunde und Familie beeinflussen uns oft unbewusst, aber nachhaltig in die eine oder andere Richtung. Aber im Gegensatz zu mobilen Studierenden, für die der Studienaufenthalt im Ausland integraler Bestandteil ihrer Ausbildung geworden ist, und in seiner Selbstverständlichkeit im allgemeinen nur Ermutigung durch das familiäre Umfeld erfährt und Begeisterung, manchmal ein wenig Neid seitens der Kommilitonen hervorruft, wird die Lehrermobilität, um die es hier geht, nicht immer einstimmig positiv aufgenommen. Sie stößt auf Vorbehalte, (Vor-)Urteile und bisweilen auf Unverständnis bei Familie und Freunden:

> Bei uns war es schon so, dass im Umfeld die Leute eher negativ reagiert haben, weil sie natürlich gesagt haben, sie können es nicht verstehen, dass wir mit zwei so kleinen Kindern dieses Wagnis machen. Ich fand es ganz im Gegenteil eine große Chance für die Kinder [Nadine, D/32].

Solche und ähnliche Reaktionen geben Einblick in das emotionale Spannungsfeld vor der Abreise. In die Vorfreude und Neugier mischen sich Bedenken und Stimmungsschwankungen, teils aufgrund eigener Ängste, teils aber auch durch die

Reaktionen wichtiger Bezugspersonen. Es bedarf dann einer gehörigen Portion Mut und großer Zuversicht in die Richtigkeit der eigenen Wahl, um sich gegen diese Meinungen trotzdem für ein Fortgehen zu entschließen. Bei der Frage nach den Ursachen der Vorbehalte ihres sozialen und familiären Umfeldes stellt Nadine fest:

> Ich habe erst gedacht, dass es am Alter liegt, aber ich muss jetzt sagen, im Nachhinein stimmt es nicht. Also, es gibt Leute, die es verstehen, auch wenn sie um Einiges älter sind als wir, und es gibt auch ganz junge Leute, wie meine Schwester, die hat gedacht, ich spinne jetzt komplett, dass ich mit den Kindern weggehe. Die hat wirklich gedacht, ich habe den Verstand verloren [Nadine, D/32].

Wenn die Bedenken der anderen auf den Resonanzboden der eigenen Ängste, Zweifel und Verunsicherungen stoßen, überlagern sie nicht nur im Vorfeld die Freude, sondern auch die emotionale Befindlichkeit nach der Ankunft im Gastland. Sobald dort die ersten Schwierigkeiten, die ersten Irritationen durch Unverständnis der Normen und Regeln der neuen Lebensumwelt auftreten, werden Zweifel an der Richtigkeit der Entscheidung laut:

> Die ersten vierzehn Tage waren für meinen Sohn sehr kompliziert, und da bin ich kurze Zeit ein bisschen ins Grübeln gekommen, ob das jetzt so eine gute Entscheidung war, weil er nicht mal zum Schultor reingehen wollte und man durfte ja nur bis zum Schultor [Nadine, D/32].

Der Wunsch nach Ausbruch aus der ruhigen und gesicherten Selbstverständlichkeit des Alltags, aus einer zur Routine gewordenen, wenig stimulierenden Arbeit wird seitens des sozialen Umfeldes mit Gleichgültigkeit oder wenig Verständnis begegnet:

> Ich hab den Kleinen mitgenommen in den französischen Kindergarten. Den Großen hab ich zu Hause gelassen und ich war eigentlich sehr positiv, dass ich dachte, ich mach das jetzt und es kann ja so schlimm nicht werden. Ich bin ja gar nicht weit von zu Hause weg. Und meine Umgebung hat eigentlich unterschiedlich reagiert. Den Meisten war das relativ egal eigentlich. Oder also, sagen wir mal, wenige Leute haben es wirklich verstanden. Also meine Familie schon. Die fanden das toll. Aber so die Leute rundum konnten nicht wirklich verstehen, warum ich so was mache [Sabine, D/41].

Vor allem die Grundschullehrer, die mit ihren Kindern weggehen, sehen sich teilweise völligem Unverständnis ihrer Freunde ausgesetzt:

> Also in dem Moment, wo Kinder im Spiel sind, habe ich gemerkt, können es die Leute nicht nachvollziehen. Es gab dann so Reaktionen wie „in deinem Alter macht man so was doch nicht mehr". Und dann habe ich erzählt, das machen aber ganz viele Leute, auch die älter sind. Die sagen, okay, die

Kinder sind aus dem Gröbsten raus. Jetzt kann ich das machen. Später geht
es dann vielleicht nicht mehr, weil dann auch noch andere Angehörige da
sind, oder so. Da haben sie gesagt, das könnte schon sein, aber wenn ich
dann erzählt habe, dass auch Familien mit Kindern da waren, dann sagten
sie: „Das ist das, was ich schwer nachvollziehen kann". Genauso wenig wie
sie vielleicht nachvollziehen können, dass da jemand, der im Ausland war
und dann zurückkommt, ein anderes Lebenskonzept hat [Juliane, D/36].

Allerdings gibt es auch andere Reaktionen. In das anfängliche Unverständnis mischt
sich angesichts der mutigen Entschlossenheit der Teilnehmer Bewunderung und
Anerkennung und ihr Entschluss wird zum positiven Gegenentwurf eigenen Verhaltens:

Und vom Bekanntenkreis kam eher so die Reaktion: „Ja schön, aber könnte ich mir für mich nicht vorstellen. Würde ich mich nicht trauen". Also das
ist so: „Oh Gott, und wie machst du das?" [Juliane, D/36].

Das Fernweh entspricht bis zu einem gewissen Grad einem Bedürfnis nach „Hete-
rotopie" (M. Foucault), also nach einem Ort, der dem Anderen vorbehalten ist, der
als Gegenmodell das Imaginäre beherbergt. Es gibt Anlass zu den unterschiedlichs-
ten Spekulationen und Interpretationsleistungen. Als Corinne ihren Freunden und
Bekannten mitteilt, dass sie eine Stelle in Ostdeutschland, an der Ostsee angenommen hatte, kam es zu erstaunlichen Vermutungen:

„Du bist doch verrückt, Du bist verrückt. Wieso machst Du das? Ist dir eigentlich klar, was das heißt?". Und alle dachten, ich hätte Probleme mit den
Kindern. Dass meine Kinder kriminell geworden wären. Alle dachten, ich
ließe mich scheiden und die Scheidung verliefe schlecht. Und die Leute verstehen es nicht, die Leute verstehen es einfach nicht [Corinne, F/49].

Auch Marie sah sich heftiger Kritik und Vorwürfen ausgesetzt, als sie kurz nach
dem Mauerfall, also in einem ganz speziellen Kontext, mit ihren Kindern zu einem
ersten Austausch aufbrach:

Und an meinem Geburtstag – ich hatte das Haus voll, ich bin vierzig geworden und habe verkündet: Ab September arbeite ich in Frankreich. Da
haben meine eigenen Freunde zu mir gesagt: „Du bist eine Verräterin, in
dem Moment wo unser Land zusammengebrochen ist, haust du ab. Wo wir
jede Kraft brauchen können, für die demokratische Umgestaltung". So war
ich also die Verräterin, die abhaute [Marie, D/56].

Mit der Zeit allerdings sieht das Umfeld in diesem Bedürfnis nach „anderen Räumen" weniger eine Gefährdung für die Beziehung oder interpretiert es als Fantasterei oder verantwortungsloses Verhalten, sondern bewertet es eher als einen Schritt

hin zu einer positiven Neuverortung. Ab diesem Moment beeindruckt der Bruch mit dem Alltag und dem, was als „normal" gilt. Seine individuelle Bedeutung wird schließlich von der Umgebung erkannt und anerkannt:

> Als ich zehn Jahre später wieder nach Frankreich gegangen bin, wurde plötzlich gesagt: „Na, du bist aber konsequent, du bist aber mutig, du bleibst aber dabei und das finden wir toll". Also der Tenor hatte sich völlig ins Positive umgewandelt und von diesem „du bist eine Verräterin" – was mich fast erschlagen hat – bis hin zu „du bist aber konsequent" und „du bist aber mutig, dass du das noch mal machst und dass du von uns da was mit hinnimmst und uns auch wieder die Möglichkeit gibst, dich zu besuchen und selber wieder neu zu entdecken" Und meine Schwester sagt heute: „Du bist halt so, du brauchst das und wir haben gemerkt, das tut dir gut". Also es ist wirklich in diesen zehn Jahren ein ganz positiver Effekt zu bemerken in meinem Freundeskreis, in meiner Familie [Marie, D/56].

Achtes Kapitel
Herausforderungen in der neuen sozialen Lebenswelt

Prolog: Alltagsaufnahme von Paule

Merkzettel für morgen
Köln, 5. Januar
6.30: Daran denken, die 15 *galettes des rois* aus dem Tiefkühlfach zu nehmen.
7.00: SMS an Elke senden, um das *Sprachtandem* um 16 Uhr zu bestätigen.
7.15: Beim Rausgehen nicht die vier Müllsäcke vergessen, die die Küche zustellen.
Auf keinen Fall die Galette-Verpackungen in dieselbe Mülltonne wie die
Pappkartons werfen. Achtung, Frau Homber im ersten Stock hat einen strengen
Blick auf so etwas.
7.30: Den roten Ball aus meiner Schultasche nehmen – den brauchen wir heute
nicht mehr. Dafür den braunen Bären mitnehmen, aber nicht den mit den gelben
Ohren. Achtung: Die *CD2* von *Alex et Zoé* nicht vergessen. *** Nicht mit der CD
von *Chimbadoum* verwechseln.
▲▲ Nochmal … die *Galettes* … Die Figürchen nachzählen und prüfen, ob sie
ausreichen.
8.00: Wichtig: kein Unterricht in der 3B, sondern *Vertretung* in der 2A mit den
fünf Kindern zusätzlich aus der 4A (nur die *Französischgruppe*) ALSO *Galette* für
Donnerstag aufbewahren.
PAUSE:
- versuchen, die *Konrektorin* zu erwischen, um mit ihr über das Treffen in
Düsseldorf der französischen Lehrer in NRW zu sprechen.
- trotzdem ein *Brötchen* mehr essen, um nicht wie letztens völlig zu unterzuckern.
Pech für die Diät!
Letzte Stunde: Auf keinen Fall nochmal das Lied mit dem kleinen blauen Hasen
singen … keine Lust, wieder das ständige *schon wieder?* zu hören …
13.00: Scheibenkleister, das hatte ich vergessen, … heute ist *AG* und auch noch
mit den Kleinen. Was mach ich denn mit denen? ▲▲ !!!! DRINGEND was
ausdenken!!!
14.30: In der Wohnung die Schmutzwäsche holen und in den *Waschsalon* bringen,
es ist ja keine einzige Socke mehr sauber.
Während die Maschine läuft, zum REWE gegenüber gehen.
16.00: Tandem-Treffen mit Elke.
18–18.30: *Konjunktiv I* – Übungen in der U-Bahn machen.
Vorher beim *KVB* am *Neumarkt* vorbeigehen, um die *Monatskarte* zu kaufen.
18.30: *Volkshochschule*: Atsuko die *Zusammenfassung* geben. Sie auch fragen, ob sie
Sonntag zur *Lesung* des *Museumdiensts* über Gerhard Richter geht.
21.00: Philippe anrufen und ihm sagen, er soll nicht vergessen, eine *Mitfahrt* zu
buchen, um an Karneval nach Köln zu kommen.
21.30: Das Goldpapier für die Kronen in der dritten Schule ausschneiden.

Sich einrichten

Studien zu Erasmus-Studierenden haben die Bedeutung der Unterkunft für die Eingewöhnung und den Aufbau sozialer Kontakte belegt. Sie ist ein nicht zu vernachlässigender Faktor bei der Beurteilung des Auslandsaufenthalts. Was die Studierenden betrifft, so gehört eine mehr oder weniger provisorische Unterkunft zum Studentenleben dazu. Ähnlich wie in dem Kultfilm „L'Auberge Espagnole" („Barcelona für ein Jahr") gehören Wohngemeinschaft und das Zusammenleben zum Studienaufenthalt im Ausland. Für die Lehrkräfte dagegen ist die Umstellung vom Komfort einer Wohnung, in der man sich eingerichtet und niedergelassen hat, auf eine manchmal weniger komfortable, kleinere und vor allen Dingen unvertraute Wohnung eine der größeren Herausforderungen. Gleichzeitig eröffnet der Wohnungswechsel aber auch neue Möglichkeiten, die die materiellen Aspekte unbedeutend erscheinen lassen:

> Also ich habe Frankreich schon immer geliebt und durch den Austausch konnte ich das dann wirklich leben. Ich kann mich wirklich noch an diese erste Situation erinnern, wie ich dann in meiner kleinen Wohnung war und zuerst überlegte, wo ich meine ganzen Sachen unterbringen soll, weil es ist man ja auch gar nicht gewohnt auf 25 qm unterzukommen, aber das ging dann alles, und ich habe/es ist bei mir vielleicht auch wieder extrem, aber ich liebe einfach Frankreich, ich liebe französische Lebensweise, ich liebe Franzosen und alles, was Französisch war, war für mich einfach gut, da gab es gar nichts anderes. Alles war einfach gut [Heidrun, D/47].

Diese manchmal radikale Veränderung der Wohnsituation wird dementsprechend als befreiend und als Loslösung von sozialen Bindungen empfunden:

> Ich sah mich schon in einer kleinen Einzimmerwohnung, einer mit meinem Camping-Kocher, meinem Radio und meiner Luftmatratze, aber allein schon der Gedanke daran machte mich glücklich. Und dann bekam ich ein möbliertes Zimmer, nach deutschem Geschmack möbliert, in einem Einfamilienhaus und nur fünf Kilometer vom Strand entfernt – ich habe mich zwei Jahre lang wie eine Prinzessin gefühlt [Corinne, F/49].

Den Blick auf die andere Seite jenseits der Grenze gerichtet, wird im Vorfeld die volle Dimension der unterschiedlichen Lebensumstände nicht immer ganz erfasst. Man unterschätzt, dass sich zwischen einer bequemen und vertrauten Häuslichkeit mit ihren gewohnten Routineabläufen und der neuen Umgebung Welten auftun können. Ein Neuland, das es zu entdecken und zu erforschen gilt und einen temporeichen Alltag, der weit vom „langen ruhigen Fluss" entfernt ist, von dem man bis dahin getragen wurde:

Ich hab mein ganzes Leben in Freiburg verbracht, das muss ich jetzt auch sagen. Bin da aufgewachsen, habe da studiert, habe da dann Kinder erzogen, habe dann da auch gearbeitet im Umkreis und es hat gereicht – ich wollte endlich mal raus. Was Neues sehen. Und dann war ich in Paris, im 17. Quartier und im 14., im chinesischen Viertel in zwei Grundschulen und im 17. in einer Grundschule. Im 17. Quartier in sehr sehr großen Klassen, das war sehr schwierig für mich, teilweise. Ich hab das gemacht, ich hab gedacht: „Ich bin in Paris, ich schaff das. Ich mach alles. Hauptsache ich/" und so ungefähr. Aber das war wirklich so viel – ich hatte 480 Schüler, glaub ich zu unterrichten [Barbara, D/53].

Aufbau eines neuen sozialen Netzwerks

In sozio-anthropologischem Sinne konstituiert sich Fremdheit über die Differenz vertraut/unvertraut; teilen/nicht teilen von Selbstverständlichkeiten, impliziten Regeln und Wertesystemen. Weitere primäre Merkmale sind Nicht-Zugehörigkeit zur Gruppe, das Nicht-Teilen des kollektiven Gedächtnisses und Transparenz des sozialen Status. Diese Konstruktion des Fremden durch Negativmerkmale wird auch in folgender Sequenz thematisiert:

Ich bin vorher nie umgezogen, das heißt, ich musste also nicht als Kind in eine andere Stadt, wo ich also bei null mal anfangen musste. Und das war das erste Mal dann im Leben, dass man im Endeffekt, nachdem man in irgendwas reingewachsen ist, dass man irgendwo hinkommt und fängt wirklich bei null an. Man kommt dort an, man ist nicht existent, man steht noch nicht im Telefonbuch. Es gibt nur einige Eingeweihte, die überhaupt wissen, dass man dort ist, und die wohnen noch nicht mal dort unten. Also muss man sich mal auf die Hinterbeine stellen und muss mal selbst aktiv werden und probieren, ein soziales Netz nochmal aufzubauen. Das macht man nie im Leben, in Deutschland selbst wird man auch nicht alles so abschneiden müssen, wie man es dort unten muss. Dort kennt einen niemand, es ist eine andere Sprache, und man fängt auf einmal an und muss dann aktiv werden, ohne dass man durch irgendjemand anderes da rein gezogen wird, muss man den ersten Schritt machen. Es ist ein Bewusstmachen, wie man sich im Endeffekt in einer Gesellschaft oder wie man sich irgendwo einbringt, denn man sitzt/ich sitze in Montpellier und keiner hat geklingelt. Es hat niemand gefragt, ob ich da bin oder so etwas [Thomas, D/43].

Es wird somit erforderlich, sich ein neues soziales Umfeld, ein neues Netz von Bekannten und Bezugspersonen aufzubauen. Soziale und freundschaftliche Kontakte spielen eine bedeutende Rolle, um sich emotional und organisatorisch zurechtzufinden. Gerade in der Eingewöhnungsphase, in der das Gefühl von Einsamkeit und Heimweh nach Vertrautem überwältigend sein kann, sehnt man sich nach sozialen Kontakten, nach Bezugspersonen, die affektive und soziale Unterstützung gewährleisten können. Fehlt dieses Bezugssystem, können Schwierigkeiten schnell zur Überforderung werden und zu einer negativen Bewertung des Gesamtertrages der Erfahrung führen, zumal sich dem Fremden der Zugang zu neuem Wissen und Lernen vor allem durch Menschen erschließt, denen er begegnet und die meistens zufällige, unfreiwillige Mittler und symbolische Repräsentanten ihrer Kultur sind.

Der Aufbau eines solchen sozialen Bezugssystems verläuft individuell sehr unterschiedlich, abhängig von Persönlichkeitsmerkmalen, Kontaktbedürfnissen, Freizeitaktivitäten, Unterkunft, Schule usw. Dabei spielt die Disponibilität und Kontaktbereitschaft des aufnehmenden Umfeldes eine wichtige Rolle. Denn oft entscheidet die *local community* darüber, ob sie bereit ist, den Neuankömmling aufzunehmen und sich auf Situationen einzulassen, die in vielerlei Hinsicht durch sprachliche und kulturelle Asymmetrie gekennzeichnet ist und deren Bewältigung gegenseitiger Anstrengung bedarf. Nach der Euphorie des ersten Kennenlernens, dem Gefühl von Nähe, entstanden durch die Faszination, die vom Fremden ausgeht, ist die Bereitschaft, eine dauerhaftere persönliche Beziehung aufzubauen, nicht von vornherein gegeben, denn „es liegt an den Machthabern, zu bestimmen, wer fremd ist und wer nicht" (Erdheim, 1988: 247).

Es kostet Mühe und Energie sich auf ungewohnte Verhaltensmuster, Umgangsformen und Denkweisen sowohl sprachlich als auch kulturell einzulassen. Eigeninitiative ist gefragt. Kurzlebige Kontakte mit Bezugspersonen, die gerade im richtigen Moment Trost und Halt geben, wechseln sich ab mit dauerhafteren Beziehungen zu Personen, die als Schlüsselpersonen den Zugang zu neuen Kreisen eröffnen und beim Aufbau eines erweiterten, solideren sozialen Umfeldes eine wichtige Rolle spielen. Verständlicherweise setzen viele Lehrkräfte große Hoffnung in das schulische Umfeld als potentielles soziales Netzwerk. Die meisten geben indes an, dass ihre Erwartungen diesbezüglich enttäuscht wurden; der Umgang mit den Kollegen blieb eher unverbindlich. Intensivere Freundschaften sind überwiegend außerhalb der Schule und des beruflichen Umfeldes entstanden.

Die Strategien, die zur sozialen Integration eingesetzt werden, sind offensiv und zielbewusst. Man belegt Kurse; meldet sich in Sportvereinen an, schließt sich Chören oder Gesangsvereinen an. Welches Multiplikatorenpotential manche Freizeitaktivitäten haben, erzählt Yoann, der sich in Deutschland einem Sportverein angeschlossen hatte und sich zum Reisebegleiter und Dolmetscher für Mitglieder seines Vereins entwickelt:

> Sie sind für fünf Tage nach Frankreich gekommen, also hatte ich ein kleines Treffen organisiert, sie sind zu zehnt gekommen und mit meinem französischen Verein habe ich ihnen ein paar Dinge in den Vogesen gezeigt, wir sind auf der Mosel Kajak gefahren, sind auf dem *Sentier des Roches* gewandert und dann das Turnier als Freundschaftsspiel und das war lustig, ich musste alles gleichzeitig übersetzen und am Schluss war ich total k.o. [Yoann, F/26].

Akteure und Co-Akteure – eine komplexe interaktionelle Balance

Wie schon erwähnt, erfordert der Aufbau dieses Netzwerks viel Kraft, vor allem in der ersten Zeit, denn man muss sich in einen Alltag einfinden, der noch fremd ist und in dem man weder Wurzeln hat noch Spuren, denen man folgen könnte.

Andererseits ist der Fremde – zumindest derjenige, der sich nicht mehr oder weniger definitiv im Gastland etablieren will oder muss – aufgrund seiner Ungebundenheit frei von gewissen sozialen Verpflichtungen, die über die zeitliche Befristung seines Aufenthaltes hinausgehen. Er ist jemand, der heute ankommt und morgen wieder geht. Das eröffnet die Möglichkeit, sich neu zu verorten, neue Relevanzen zu konstruieren und eine andere Einstellung zum Leben zu entwickeln. Eine Einstellung, bei der es vorrangig darauf ankommt, wie man den Herausforderungen sich neu zu orientieren und zu integrieren, begegnet. Bevor dies in einem Umfeld gelingt, mit dessen Andersartigkeit man noch nicht vertraut ist und dessen Selbstverständnis sich dem Fremdverständnis noch nicht erschließt, haftet dem Bemühen um Kontakte und Freundschaften etwas Künstliches und Erzwungenes an:

> Man muss sich ein bisschen zwingen, es ist gar nicht so einfach wie man sich das gedacht hat. Denn selbst wenn man jetzt sagt „ja genial" und man viele Freunde hat, musste man sich am Anfang schon anstrengen, sonst klappt es nicht, anfangs ist es ein bisschen künstlich, aber das geht mit der Zeit vorbei [Paule, F/53].

Das Bedürfnis, sich ein soziales Netzwerk aufzubauen und darüber Bezugs- und Vertrauenspersonen zu finden, die Hilfestellung leisten, beruht u. a. auf der Befürchtung, den neuen Herausforderungen allein nicht gewachsen zu sein. Es verweist auch auf das Verlangen nach Zugehörigkeit und Inklusion. Gewiss, der spezifische institutionelle Kontext des deutsch-französischen Austauschprogrames, das Alter und die dementsprechende Lebenserfahrung der Teilnehmenden, Vorwissen oder in manchen Fällen sogar eine längere Erfahrung mit dem Gastland können den Integrationsprozess erleichtern. Dennoch verlangt die Aufnahme in den normalerweise geschlossenen Kreis der gastgebenden Gruppe Offenheit, Ausdauer, Selbständigkeit und Eigeninitiative, aber auch die Fähigkeit, sich selbst und Eigenes zu reflektieren. So gesehen engagiert man sich in dem neuen sozialen Netz sowohl mit großem Enthusiasmus als auch mit Verunsicherungen und Befürchtungen in Bezug auf die anderen, aber auch auf sich selbst.

Die Bemühungen um den Aufbau sozialer Kontakte kann das Selbstwertgefühl angreifen, insbesondere wenn sich der Sinn der Einstellungen und Verhaltensweisen der Einsicht entzieht:

> Es gibt Leute, die lassen einen auflaufen, das ist mir ganz oft passiert. Am Wochenende machte ich mich fertig: „Gut, also Samstag von dann bis dann geh ich da und da hin, und dann mach ich das mit Dings" und dann „Hallo?" oder SMS: „ich bin krank, ich bin müde, oh ich bin krank oder mir

ist nicht gut" und na bitte, das Wochenende fängt an und man ist ganz allein, aber gut, ich komm schon klar, ich gehe ins Kino, ist nicht schlimm, da sterb ich nicht dran, aber trotzdem ist es im Ausland schwerer, allein zu sein. Man muss sich anstrengen, um Leute kennenzulernen, es ist super, aber /Und dann muss man auch gute Laune haben, man darf jedenfalls nicht stöhnen, du musst einfach mehr Energie aufbringen [Christine, F/51].

Wer die Initiative ergreift, der Bittsteller, liefert sich der Willkür des Anderen, dem guten Willen der Gastgebergruppe aus, die letztendlich über Aufnahme oder Ablehnung entscheidet. Schon allein die Nicht-Zugehörigkeit macht leicht verwundbar. Diese geht zudem noch einher mit einer Asymmetrie in der Beziehung, denn als Bittsteller ist man der Schwächere, der Freunde sucht und braucht, um Hilfestellung bei der Integration zu leisten. Das Ungleichgewicht der jeweiligen Positionierungen birgt ein gewisses Demütigungspotential sowie ein Risiko für sein soziales Image (*face* vgl. Goffman, 1974):

> Manchmal kommt nichts dabei raus. Du bemühst dich und am Ende – nichts. Und im Grunde kommst du dir dann ziemlich blöd vor [Yoann, F/26].

Trotz der Ambiguität, die Zweifel entstehen lässt – ist man wegen seines Fremdenbonus und Exotenstatus interessant? wegen seiner Ressourcen als Muttersprachler? wird man instrumentalisiert? –, gibt man das Bemühen um neue Kontakte nicht auf:

> Am Anfang hörte ich ihnen zu und dachte mir irgendwann „Was mache ich eigentlich mit dieser Person, die spricht mit mir und dann nein, nein, Du bist in Deutschland, also musst Du Leute treffen, also hör Dir an, was sie sagt" und manchmal hat man nicht unbedingt Lust, aber man muss sich bemühen, Leute zu treffen, aber es ist toll [Paule, F/53].

Der Ausruf „es ist toll" bringt ein Gefühl zum Ausdruck, das bezeichnend ist für Bewertung der entstehenden Bindungen, denn „es zeichnet sich dann eine neue, schmeichelndere und spielerischere Beziehung zum Anderen ab, die sich in einem neuen Alltag etabliert, dessen vorrangige Bedeutung in der Aufeinanderfolge von Augenblicken besteht, deren Wert aus nichts anderem als aus ihrer Flüchtigkeit selbst besteht" (Maffesoli, 2006). Und manchmal, ohne dass man besondere Anstrengungen unternommen hätte, tauchen Schlüsselpersonen auf, Torhüter, die einem zu Hilfe eilen, wenn man dabei ist, den Halt zu verlieren. So ging es dieser Lehrerin, die große Schwierigkeiten mit ihrer Klasse hatte und nicht mehr wusste, wie sie mit der Feindseligkeit von Kindern, Kollegen und Eltern umgehen sollte. Sie erhielt unerwartet Unterstützung eines Vorgesetzten:

Ein pädagogischer Berater, also ein „Ratgeberdingsbums". Glücklicherwei-
se ist er gekommen, weil er einen Superbericht geschrieben hat, er hat gesagt „das ist toll, was sie da alles macht". Er hat in allen Einzelheiten meinen Unterricht beschrieben, wie ich mich um die Kinder kümmerte, was
ich alles in den Unterricht eingebracht hatte und dann haben mich doch
dank seiner Hilfe die Kollegen für den Rest des Jahres akzeptiert. Aber bei
den Eltern hat es nichts bewirkt [Michèle, F/46].

Das mehr oder weniger dauerhaft entstehende soziale Gefüge bietet aber auch
Raum, die Veränderungen seiner Sozialkompetenzen zu erproben. In dem breitge-
fächerten Spektrum an Bezugskreisen geht es darum, mit Personen aus sehr unterschiedlichen Lebensbereichen, unterschiedlichen Alters und mit unterschiedlichem
Kommunikationsverhalten in der Fremdsprache zu kommunizieren. So handelt es
sich im schulischen Beziehungsalltag darum, inhaltliche, organisatorische Gespräche, Absprachen oder auch einfach *small talk* mit Kollegen, Vorgesetzen, Verwal-
tungspersonal zu führen; dann wieder andere Gesprächs- und Beziehungsformen
mit den Schülern, den Kindern, den Eltern zu bewältigen. Und auch außerhalb des
schulischen Rahmens gilt es ebenfalls, sich den Herausforderungen der kommunikativen Diversität des Alltags und eines oft sehr gemischten sozialen Netzwerkes
zu stellen. Es geht ja bei der kommunikativ-sprachlichen Herausforderung nicht
nur um rein formale Sprachkompetenz, sondern um das Erfassen, Verstehen von
Gesagtem und Ungesagtem, um adäquates, intentions- und handlungsangemesse-
nes Reagieren und Interagieren. Aufgrund ihres Berufes besitzen viele der Lehrer
schon ein großes Potential an dafür erforderlichen persönlichen Sozial- und Kom-
munikationskompetenzen. Zu den strukturellen Merkmalen der Lehrtätigkeit gehören nämlich, u. a., Fähigkeiten wie Umgang mit Neuem, Nichtvorausagbarem, Adaptation, also die Involvierung in einen permanenten Lernprozess. Die zeitliche
Begrenzung im Ausland, die besondere Stellung als teilnehmender Beobachter, die
Position und die Figur des Fremden können sich positiv auf die Bereitschaft auswirken, offener, lockerer als im gewöhnlichen Alltag mit Normen und Regeln umzugehen, neue sprachliche, kommunikative, soziale Verhaltensweisen zu imitieren
und auszuprobieren, deren ganzes Potential fast schon spielerisch auszureizen und
dabei manchmal sogar gewisse Grenzen zu überschreiten. Insofern ist das soziale
Netz, das während des Austauschs aufgebaut wird, auch ein privilegierter Raum für
ganz besondere an- und aufregende Lernerfahrungen. Eventuell schon vorhande-
ne Sozialkompetenzen wie Adaptationsfähigkeit und Flexibilität können durch ihren Einsatz und die entsprechenden Erfolgserlebnisse positiv wahrgenommen, gefestigt und ausgebaut werden; der ephemere Charakter mancher sozialer Kontakte
lehrt, sie gerade wegen ihrer Flüchtigkeit, Leichtigkeit, dafür aber umso intensiveren
Beziehung zum Anderen, zu schätzen. So gesehen erfährt man sich als Lebens-Ler-
ner, macht nicht nur irgendeine Erfahrung, sondern wird durch die Andersheit der
Beziehungen in der fremdkulturellen Umgebung zum reflektierenden Erfahrungs-
lernen angeregt.

Epilog

Das offene Fenster
oder
Le mercredi libre

Mittwoch – Etappe zwischen zwei anstrengenden Arbeitsphasen – *on fait étape*. Das Fenster zum Schulhof steht offen. Ich wache auf. Wo bleibt das alltägliche Gewirr ankommender Schüler, das Ritual der Verabschiedung, das Zuknallen einer Autotür, das Aufheulen eines Motors, das Schwatzen einiger Mütter, die die Rückkehr zum täglichen Allerlei hinauszögern? Schlagartig wird mir klar – heute ist Mittwoch! Ausschlafen … Unmöglich. Diese Stille! Ein Sonnenstrahl tastet sich sacht über das Fensterbrett, streichelt meine Blumen und wird mich gleich kitzeln. Vögel raufen lautstark um einen der heute raren Krumen. Ich atme durch und entschließe mich, diesen besonderen Morgen zu honorieren.

Bei meiner Nachbarin ist noch alles still. Ich hüpfe leise die Treppe hinunter. *Mince!* Wieder einmal eine der Stufen erwischt, die sich nicht ohne lautes Knarzen betreten lassen. Tja, pädagogischer Austausch ist auch ganz praktischer Austausch! Die Skala des neu zu Lernenden ist nach oben offen! Dafür kenne ich inzwischen die Tücken des eisernen Schulhoftors. Schwatz mit der *boulangère* – Mittwoch – Tag des *Croissant au beurre*! Ein Vogel zwitschert zwischen meinen Blumen – *le concert du mercredi*.

Ich schaffe es, die Treppe hoch zu schleichen und bald umfächelt der zarte Duft des *café au lait* meine Zeitungslektüre. *Encore un bol*. Ach wie gut, dass die Sonntagszeitung erst dienstags hier eintrifft. Auch sie trägt dazu bei, dem Mittwoch den Anstrich eines Sonntags zu geben.

    Die Seiten knistern beim Umblättern. Als leise Antwort von nebenan ist das Rauschen in der Wasserleitung zu vernehmen. Die *cafetière* nebenan *est en route* und gleich wird die Tür klappern. Meine Nachbarin kennt jede einzelne der knarrenden Stufen. Ich vernehme ein „*oh, la puce*".

    Sie hat die *croissants* an ihrer Tür gefunden und freut sich. Ich freue mich ebenfalls, denn mit ihr habe ich wirklich Glück. Auch dank ihrer Tipps wird mein Schuljahr in einem Vorort von Paris (93) zu einer richtig guten Zeit.

Mittwoch – Zeit für neue Unterrichtsmaterialien – ein Filzstift quietscht, die Schere arbeitet sich sacht durchs Papier. Wieder ist der Kleber weggerollt. *Il colle par terre*. Es wird langsam Zeit für den *apéritif*. Schnell noch die Blumen versorgt und dann laufe ich mit 2 Gläsern und 2 Flaschen die Treppe hinunter. Es knarrt, natürlich. Die Plastikstühle ratschen über den betonierten Schulhof, als ich sie in die Sonne rücke. *L'heure du kir*.

Endlich – die Haustür klappert, zwei Teller samt Gabeln auch. *Dégustation du repas.* Meine Nachbarin und ich – wir – genießen unseren Mittwoch. Oben in der Küche dreht sich meine Wäsche in ihrer Maschine. Wir schweigen, haben uns übers Jahr so vieles erzählt. Nur eine Frage ist noch offen an diesem Mittwoch. Wann werde ich dein Lachen wieder hören? Egal, ob Du zu mir an die Ostsee kommst oder ich zu Dir an den Atlantik reise, *au far ouest?*
2000 km können so nah sein. Ich vermisse den Mittwoch.

Neuntes Kapitel
Höhen, Tiefen und konstruktive Marginalität

Prolog

(Wieder-)Geburt

Eines schönen Dezembertages fällte ich die verrückte Entscheidung
Familie, Routine, Schultasche und *petits farcis* zu verlassen
Angetrieben nur von dem Verlangen, die vergangene Idylle wiederzufinden
Dieser damals im sogenannten Feindesland verbrachten Jahre
Euphorisch war der Aufbruch, ausgelassen die Reise von Süd nach Nord,
Die anfänglichen Pannen schnell vergessen über dem Bestreben einen Schlussstrich zu ziehen,
Dabei übersehen, dass es für dieses schöne Vorhaben Mut brauchte
Aber der dringende Wunsch, vollkommen einzutauchen, erfüllte mich mit unvergleichlichem Drängen,
Mehrfach-Mülleimer, Stofftaschen, Stricksocken besorgte ich mir in aller Eile
Vergaß die französischen Schüler für einige Zeit, vermisste sie fast,
Passte mich der Spontaneität und direkten Ausdrucksweise der deutschen Schüler an,
Erlebte mit ihnen unvergessliche Projekte, genoss die Sprache des Anderen
Nicht alle Tage waren lieblich und leicht,
Wiedergeboren zu werden und in ein neues Leben einzutauchen ist ein verdammt harter Weg,
Das Gleichgewicht zwischen zwei Leben muss man finden und jeden Tag mit einem Lächeln auf den Lippen angehen,
Am Abend manchmal zusammenbrechen und am nächsten Morgen noch stärker geworden wieder aufstehen,
Ärger, Angst und kleiner Kummer sind vergessen, wie das Glück der Geburt nach den Wehen,
In eine andere Haut, ein anderes Leben schlüpfen, macht am Ende reicher, stärker und reifer
Metamorphose für eine neues Erwachen der Sinne und die Wiedergeburt der Wahrnehmungen,
Euphorisch, eine von so viel Selbstzufriedenheit noch schöner gewordene neue Welt zu entdecken.

Christine

Jede Reise beginnt mit dem Überschreiten einer Schwelle, einer räumlichen Grenze, die „auf die Reinheit jeden Anfangs verweist, eine Art unberührter Schönheit voller unbegrenzter Möglichkeiten" (Michel, 2002). Zunächst bedeutet das Überschreiten der Grenze, einen Alltag zu verlassen, der aus Gewohnheiten und Selbstverständlichkeiten besteht, die nur selten hinterfragt und erklärt werden, da sie sich ständig wiederholen und unbedeutend erscheinen. Darüber hinaus bedeutet ein solcher Schritt jedoch auch, sich von Gewohntem zu trennen, denn „an jeder Schwelle klingt ein Ruf und bereitet die Metamorphose desjenigen vor, der sie überschreitet. Der Horizont ist die Grenze, die mit Langeweile vermischte Sicherheit von mit Begeisterung vermischtem Risiko trennt." (Le Breton, 1996: 42).

Wie der Ethnologe Arnold van Gennep (*Übergangsriten*, 1986 [1909]) dargelegt hat, verläuft der Wandel des sozialen Status, der durch den Übergang hervorgerufen wird, in drei häufig mit Riten verbundenen Stufen: die Vorbereitungsstufe, geprägt durch die Trennung von der Gruppe, einem Zustand oder Ort; der einführenden oder marginalen Stufe, auf der sich das Individuum außerhalb der Gruppe bewegt und sich in einer Art Zwischenzustand befindet, und schließlich die Stufe nach der Überleitung mit der Rückkehr in die Gruppe oder den Übergang in einen neuen Zustand. Auf der Vorbereitungsstufe beflügelt schon allein der Gedanke an das, was einen auf der anderen Seite der Grenze erwartet, die Fantasie. Die Lehrkräfte verwenden gern Metaphern, um die Bedeutung ihrer Grenzüberschreitung zu erfassen und zu verdeutlichen. „Das war der Strohhalm, nach dem ich gegriffen habe"; „Ich dachte, gut, kratzen wir die Kurve und dann los" „ich habe mich Hals über Kopf entschieden, als mir dieses Angebot unterkam". Solche metaphorischen Formulierungen „Kurve kratzen", „Hals über Kopf", „Strohhalm" drücken zum einen die mit der Art des Übergangs verbundenen Vorstellungen aus. Zum anderen deuten sie auf eine aktuelle Lebensform, die als unbefriedigend empfunden wird und zum Aus- und Aufbruch antreibt. Unter dem Zeichen des Übergangs verleiht das Überschreiten der Grenze nicht nur in physischer Hinsicht größere Bewegungsfreiheit: „Im Ausland leben ist ein Freiraum, ein Zwischenraum inmitten von sozialen Zwängen, Anforderungen, Rollen [...] ein Raum, der dazu bestimmt, neue Lebensweisen anzunehmen, neue Erfahrungen zu machen und der nicht nur eine neue Beweglichkeit im Denken und Handeln ermöglicht, sondern der dies sogar fordert. Es ist eine Gelegenheit, das Leben außerhalb starrer Strukturen auszuprobieren" (Zschocke, 2006: 73).

Die Verlagerung des Zentrums

Das Verlassen der eigenen vertrauten Welt und die Erfahrung der Verlagerung des Zentrums *(décentrage)* implizieren eine Distanzierung von Vertrautem, ein Loslösen von Gewohnheiten und ein Infragestellen von Vorhandenem und vor allem von Selbstverständlichem. Die Ankunft in einem unbekannten Alltag mit fremden Bestandteilen erschüttert zutiefst die sichere Ordnung und das vertraute Verhältnis, das man bis dahin zu seinen gewohnten Lebensmustern unterhielt. Sie verlieren nun ihre Eigenschaft einer sicheren, als schützend empfundenen Ordnung. Diese „beunruhigende Fremdheit" des Vertrauten will erschlossen und vor allem gedeutet werden. Zusätzlich bringt der Verlust sowohl sprachlicher, kommunikativer wie auch soziokultureller Bezugspunkte Unbequemlichkeit und Unsicherheit mit sich. Neue Anhaltspunkte und Netzwerke müssen aufgebaut werden, denn die Begegnung mit der Andersartigkeit kommt einer Konfrontation mit dem Rätselhaften, Unerwarteten, Unvorhersehbaren gleich: „Die vorübergehende Trennung von der Herkunftskultur bietet die wertvolle Gelegenheit, ihre manchmal zu große Geborgenheit zu verlassen, getragen von dem berauschenden Gefühl, den elterlichen Weisungen und den vom familiären Umfeld ausgeübten Zwängen zu entkommen. Die Erfahrung kann einen speziellen Glückszustand auslösen, ein wenig übermütig bei dem Gedanken, soziale und kulturelle Normen zu überschreiten" (Perrefort, 2006: 173).

In diesem Sinne bringt die Mobilität, die hier als Grenzüberschreitung angesehen wird, völlig neue Beziehungen zu sich selbst und zu anderen hervor, in einer Art Fieber, welches charakteristisch für die ganz besondere Atmosphäre solcher Momente ist. Durch die Verlagerung des Zentrums engagiert sich das Individuum in neuen sozialen und kulturellen Umgangsformen. Dadurch wird eine Sensibilität für sich selbst und für die Andersartigkeit gefördert, die im gewohnten Alltag selten so stark hervortritt und sowohl den Fremden im Anderen als auch den Fremden in sich selbst verortet.

Das gemeinsame Erzählen ließ zwar sowohl Ähnlichkeiten als auch Unterschiede in der Sensibilität erkennen, aber es brachte vor allem fluide und vielfältige Identitätszuschreibungen (vgl. Bauman, 2007) zum Vorschein. In diesem Zwischenzustand, einem Spannungsfeld zwischen Permanenz und Veränderung, Kontinuität und Bruch, zeichnet sich der beginnende „Prozess einer Metamorphose ab, der eine sozialisierende Initiation ankündigt" (Maffesoli, 2006) sowie Lernprozesse, deren Unabgeschlossenheit die meisten Grundschullehrkräfte betonen:

> Ich habe viele Freunde, die mit 50 Jahren sagen: „Oh, ich merke, dass ich alt werde", jedenfalls all diese Altersprobleme, und ich dagegen konnte letztlich zum ersten Mal mit 50 tun, was ich wollte, und je älter ich werde, desto mehr sage ich mir, dass ich wirklich endlich viel mehr als früher das tue, was ich will, das ist wie eine Wiedergeburt. Aber ich denke auch, dass ich noch nicht den Ausgang aus dem Austausch gefunden habe, ich habe noch immer nicht mit der Erfahrung abgeschlossen [Paule, F/53].

Marginaltät als konstruktiver Rückzug und Ort des Möglichen

Die Mobilität kommt somit einem Initiationsprozess gleich, der darin besteht, sich seinem vertrauten äußeren als auch innerem Relevanzsystem gegenüber neu zu positionieren. In vielerlei Hinsicht ist die Zeit im Ausland eine Zeit am Rande und „der Rand, wie auch der Außenseiter, bleibt der Ort aller Möglichkeiten" (Thierry Goguel d'Allondans, 2002: 134). Hinzu kommt, dass die spezifischen Modalitäten des Austauschprogramms das Gefühl einer gewissen Marginalität noch begünstigen:

> In Frankreich war ich ein Deutscher, der sein Gehalt aus Deutschland bezog, das heißt, ich war etwas außen vor im System. Ich musste mich gar nicht groß investieren, ich meine, ich konnte immer außen vor bleiben und das hat mir sehr geholfen. In der Schule haben mich weder der Direktor noch der Schulrat je behelligt, mehr von mir verlangt als Deutschunterricht. Das heißt, ich war an meiner Schule integriert, aber letztendlich ein wenig als „Besucher", wir waren ja Gäste. Aber wir waren kein Mitglied des Staffs, der am großen Rad des alltäglichen Lebens da unten drehte [Thomas, D/43].

Diese Marginalität kann als konstruktiver Rückzug aufgefasst werden, der den Zugang zu neuen Räumen eröffnet, denen des Anderen, aber insbesondere denen des Eigenen, denn „nichts ist dem Erblühen förderlicher als das Sichzurückziehen" (Heraklit):

> Ich hab mich eben nicht vor die Glotze gesetzt, sondern ich bin raus gegangen. Das ist sonst nicht so meine Art gewesen, aber das hat auch mir persönlich zu einem neuen Lebensstil und auch zu einem neuen Lebensgefühl verholfen [Marie, D/56].

Aus dieser Position heraus ergibt sich eine neue flüchtige Temporalität, die des Ephemeren und Provisorischen. Zeit für Begegnungen, für Flanieren, für Beobachten und Gespräche ist von grundlegender Bedeutung und für einige führt der Aufbau einer Beziehung zur Alterität über den vorübergehenden Verzicht auf Aktivität:

> Und ich bin dann viel raus gegangen. Hab geguckt, Museen, Schlösser und all diese Parks und was alles so schön war. Und dann hab ich auch angefangen Leute zu beobachten. Dafür hatte ich nie Zeit. Immer kleine Kinder, immer zu tun, immer gearbeitet. Und dann hab ich beobachtet, was so in den Parks passierte, die Kinder, die von fremden Leuten betreut worden sind, weil die Eltern ja Mittwoch nie frei hatten, also so ein Phänomen. Und ganz viel andere Sachen. Und ich hab mich einfach auch auf die Bank gesetzt und gepicknickt. Manche Leute haben mich komisch angeguckt, manche haben gelächelt. Und so hab ich nach und nach für mich 'ne neue Welt entdeckt in diesem anderen, fremden, zu Anfang fremden Rhythmus und

der ist so sehr zu meinem Eigentum geworden, dass ich weder den Fernseher vermisst habe, noch meine Familie [Marie, D/56].

„Ein von Tag zu Tag neu gelebter relativer Hedonismus" (Maffesoli) zeichnet offenbar diese spezifische Form sozialer und persönlicher Intensität der Mobilitätserfahrung aus. Der Austausch wird dann zu einer Art verzaubernden Parenthese, mit nahezu therapeutischer Wirkung, „ein Schmelztiegel, in dem die Beziehung zum anderen als Strichellinie entsteht, ohne Nachdenken und grundlos, denn gerade wegen der Leerstellen kann der andere darin aufgenommen werden" (Serres, 2004). So gesehen führt die Erfahrung der Mobilität dazu, das Glück zu leben stärker wertzuschätzen, sich von sozialen Zwängen zu befreien und dem Alltag neuen Sinn zu geben.

Identitäre Neupositionierungen

Der Austausch ähnelt somit einer Resozialisierung, man lässt los von der Festlegung auf eine stabile Identitätszuschreibung. Dieser Resozialisierungsprozess drückt sich auf sehr unterschiedliche Weise aus. Für Heidrun besteht er beispielsweise darin, ihre Angst verloren zu haben und sich nun jeder Herausforderung gewachsen zu fühlen. Somit konkretisiert sich das Loslassen auch in einem Gefühl von Selbstbestätigung:

> Das Erste und Wichtigste für mich war, dass ich meine Angst verloren habe und zwar einfach/ich habe nicht viel Angst gehabt, aber so einen Schritt nach außen zu machen, das ist ja doch nicht ganz einfach und da habe ich jetzt überhaupt gar keine Probleme mehr damit. Also ich fahre jederzeit überall hin, wo man mich hinbestellt, ich nehme jede Arbeit an, es ist vollkommen egal. Ich habe das Gefühl, es gibt keine Herausforderung, der ich nicht gerecht werden kann. Und das ist auf jeden Fall durch den Austausch so gekommen [Heidrun, D/47].

Das Gleiche gilt für Paule, die durch die Mobilität eine viel größere emotionale Belastbarkeit als vorher entwickelt hat:

> Als ich jünger war, war ich ziemlich aggressiv, ich konnte ganz gut Nein sagen, na ja, eigentlich nicht mal besonders gut, vielleicht hatte ich meine Ausdrucksweise nicht im Griff, es war impulsiv. Später habe ich den Mund gehalten, man musste perfekt sein, in der Spur. Und mit 50 sage ich: „Und wo bleibe ich bei all dem, bitte." Also ist es ein anderes Nein, nicht das von mir als Zwanzigjähriger, es ist verstandsmäßiger. Und letztlich konnte ich mit 50 Jahren zum ersten Mal tun, was ich wollte, das ist wie eine zweite Geburt [Paule, F/53].

Andere empfinden die Verlagerung ihres Mittelpunkts und ihre Zeit „am Rande" weniger als Metamorphose, sondern eher als eine Art des Erwachens des Eigenen, als ein bewusstes Ankommen bei sich selbst über den Umweg des Anderswo:

> Ich habe nicht den Eindruck, mich verändert zu haben. Natürlich hat sich die Unterrichtspraxis ändert, weil man eine neue Erfahrung macht, aber ich habe nicht den Eindruck, ein Anderer zu sein, als der vor dem Austausch. Ich sehe nämlich den Unterschied, weil es welche gibt, die sagen, jemand anderes geworden zu sein, naja, ihr versteht schon, was ich meine, aber ganz umgekrempelt zu sein oder es entdeckt zu haben, den Eindruck habe ich nicht. Ich habe eher den Eindruck, dass es schon immer da war, dass ich eigentlich wie auf eine Erkenntnis darauf gewartet habe, also wie auf einen Auslöser, damit man sich so richtig einbringt, vielleicht entspricht mir das im Grunde [Paul, F/29].

Wieder andere festigen ihr Zugehörigkeitsgefühl zur Herkunftsgruppe und betrachten die Mobilität als erholsame Unterbrechung des Alltags, ohne offensichtlichen Einfluss auf vertraut bleibende Gewohnheiten und Gefühle:

> Ich war vorher Deutscher, Deutscher auch in Frankreich und auch danach. Letzten Endes ist man Deutscher von innen heraus, selbst wenn man sich Mühe gibt, aber tief im Innersten, bin ich geblieben, der ich bin, Deutscher [Thomas, D/43].

Bei Thomas führt der durch die Begegnung mit dem Fremden ausgelöste Reflexionsprozess weniger zu einer Resozialisierung als zu einem Prozess der Rekulturation, also zu einer bewussten Hinwendung zu seiner national-kulturellen Herkunft und den damit verbundenen Wertvorstellungen. An solchen Erzählungen erkennt man, dass die Verlagerung des Zentrums und die daraus resultierenden Reflexionsimpulse zu einer Auseinandersetzung mit sich selbst, als ein bewusstes Erlernen seiner selbst und der anderen, als perpetuelle Konstruktion des Ichs dargestellt werden. Als identitäre Mobilität kann der Austausch also nicht als simple Parenthese betrachtet werden, ihr Ertrag ist viel weitreichender und wird zu einem konstitutiven Teil der biographischen Entwicklung:

> Der Austausch war für mich eben keine Parenthese, in dem Sinn, dass ich gar nicht daran denke, sie zu schließen, sondern versuche, ihn als Sprungbrett zu nutzen. Aber als ein multidimensionales Sprungbrett, also sowohl in persönlicher Hinsicht, als auch was mein Selbstvertrauen betrifft, mein Verhältnis zu meinem Beruf, in Bezug auf das, was ich einbringen kann, was ich im Unterricht mache. Ich bin viel selbstsicherer geworden, bei dem was ich sage und tue. Beruflich war es ein Sprungbrett, weil sich die Dinge eben weiterentwickeln und es gab eine echte Veränderung, also ja, klar bin ich verändert zurückgekommen [Paul, F/29].

Auch wenn Alleinsein und Trennung, besonders zu Anfang, Heimweh und Zweifel aufkommen lassen, so verschwinden solche Gefühle sehr rasch, vor allem wenn die Motivation zur Mobilität in einer nahezu spirituellen Suche gründet, mit der man passendere Antworten auf Fragen oder auch einen Übergang in eine neue Lebensphase finden will. Darin jedenfalls sieht Paule den Sinn ihrer Erfahrung:

> Ich bin ja eben allein nach Deutschland gegangen und habe meinen Sohn und meinen Freund in Paris gelassen. Aber ich war sehr froh, allein in Deutschland zu sein, meine Erfahrung allein zu machen. Es gab Augenblicke, da fühlte ich mich ein wenig isoliert, aber ich denke, das war genau das was ich wollte, dadurch konnte ich zu mir selbst zurückfinden. Ich habe Tagebuch geführt, das hätte ich zuhause nie gemacht. Und, im Gegenteil, es war sehr interessant für mich, allein zu sein. Ich war selten traurig darüber, isoliert zu sein. Und dann habe ich Deutsche kennengelernt, also, das war sehr schön, aber das Alleinsein hat mir gut getan. Es war zu diesem Zeitpunkt meines Lebens sehr konstruktiv [Paule, F/53].

Mobilität als äußerer und innerer Freiraum

Der Begriff der Autonomie, der in sämtlichen Forschungen zu schulischer und universitärer Mobilität hervorgehoben wird, erhält in der Lehrermobilität eine gänzlich andere und weitere Bedeutung. Er bezeichnet hier weniger eine beispielsweise Eltern gegenüber gewonnene Selbständigkeit und Unabhängigkeit (obwohl es in bestimmten Fällen, wie bereits weiter oben beschrieben, durchaus Ähnlichkeiten dazu geben kann), sondern in gewisser Weise eine wiedererlangte Autonomie gegenüber bestimmten Zwängen, die mit dem Familienleben verbunden sind: „Ich muss nur mit einer einzigen Person zurechtkommen: mit mir selbst. Statt mit fünf Personen." Aus dem Komfort eines gewohnten Alltags in ein mehr oder weniger unkomfortables, vor allem unvoraussagbares Provisorium überzuwechseln, erinnert in mancher Hinsicht an Erfahrungen aus der Studentenzeit, vor der beruflichen und familiären Stabilisierung und wirkt verjüngend: „Mit 43 Jahren zu erleben, was viele mit 20 erleben, ist ein großes Glück", schreibt eine Teilnehmerin in ihrem Fragebogen. Die Wiederbegegnung mit einer Unabhängigkeit, die man in diesem Maße und in dieser Form schon lange nicht mehr erfahren hatte, löst sowohl Glücksgefühle aus – „welch ein Traum, sich nur um mich kümmern zu müssen" – als auch Verunsicherung und Befürchtungen in Hinblick auf seine Fähigkeit mit der Unabhängigkeit umzugehen: „Ich hatte Angst, es ohne Familie und in meinem Alter nicht zu schaffen" [d.h. 58 Jahre]. Ohne die üblichen sozialen und familiären Verantwortungen, auf sich allein gestellt, kann das neue fremdkulturelle Umfeld mit neu gewonnener Leichtigkeit aus einer erforschungsfreudigen Perspektive erkundet werden. Zur Überwindung von Scheu, Verunsicherungen, inneren und äußeren Hemmschwellen, manchmal langjährigen Selbstzweifeln bedarf es allgemeiner Bereitschaft, insbesondere aber auch der Risikobereitschaft:

Ich würde sagen, dass ich enorm an Selbstvertrauen gewonnen habe. Deshalb traue ich mich mehr Sachen zu machen und es ist, als ob ich groß geworden und aus der Pubertät herausgekommen wäre und endlich erwachsen geworden wäre und dass ich deshalb bereit bin, mein Leben in die Hand zu nehmen. Es ist nicht so, dass man mich früher nicht gelassen hätte, aber mir ist klar geworden, dass ich eine Entscheidungsgewalt besitze, die niemand in Frage stellt [...] Und was die Bedingungen für die Ausführung meiner Entscheidungen angeht, die sollen mir nicht die anderen vorschreiben, sie kommen nicht von außen, das, was ich als aufgezwungen betrachtete, hatte ich mir selbst als Zwang auferlegt [Corinne, F/49].

Innere und äußere Bindungen werden rekonstruierend reflektiert und das Nachdenken über persönliche Freiheit ist gefordert. Infolgedessen wird der Blick freier, aber auch distanzierter der vertrauten Umgebung gegenüber. Aus diesem veränderten, erweiterten Blickwinkel heraus werden sowohl soziale, familiäre, imaginäre, affektive Bindungen als auch die Wahrnehmung von sich selbst überdacht und revidiert. Die emotionale Aufgeschlossenheit und Involviertheit in den fremden Alltag macht die Pluralität (und Relativität) der Normen, der Verhaltensmuster, Denkweisen, Wertsysteme bewusst. Eine begrenzte, einschränkende Sicht der Dinge weicht einem analytisch-verstehenderen Blick auf sich und die anderen:

Mir ist klar, wie untypisch ich bin, ich habe manchmal das Gefühl, gar nicht diesem Land anzugehören und wie gut ich letztendlich Ausländer verstehe. Gleichzeitig aber auch, wenn ich nach Deutschland fahre – und das ist es, was sehr wichtig für mich war – wird mir klar, wie sehr ich geprägt bin, ich bestehe ganz aus französischer Kultur, etwas, was ich früher nicht bemerkt habe, ich bin wirklich bis ins tiefste Innere Franzose, laizistisch, republikanisch, das ist mir in Frankreich vorher gar nicht bewusst gewesen [Paul, F/29].

Durch das Involviertsein in die vielfältigen Alltagssituationen und die Pluralität der Interaktionen erfährt man nicht nur fremdkulturelle Differenz und Andersheit, sondern auch eigenes Fremd- und Anderssein. Diese Dialektik zwischen Eigenem und Fremden erweitert die Perspektive erheblich und löst sowohl Reflexions- als auch Identifikationsprozesse aus. Im Fall von Paul führt dies zu einer bewussten Hinwendung zum Eigenen und dessen Werten. Ob diese Rekulturation in sein Französischsein ihn dazu führen wird, das Eigene distanziert und kritisch zu betrachten, ja vielleicht sogar Sichtweisen der Fremdkultur zu übernehmen, geht aus dieser Sequenz nicht hervor. Dafür aber wird dies um so deutlicher in der folgenden Sequenz, in der Annick schildert, wie sie sich durch die Verlagerung des Zentrums und die dialektische Perspektive eine kritisch-konstruktive, kompromissbereite Denkweise angeeignet hat:

> Ich denke, dass es in Frankreich in Bezug auf bestimmte Dinge eine Offen-
> heit gibt, und in Deutschland gibt es wiederum auch eine, eine andere auf
> andere Dinge, es gibt Dinge, die mich an Deutschen stören und es gibt Din-
> ge, die mich an Franzosen stören. Ich denke, dass wir/ja, ich denke dass
> wir das alles gut zusammenfassen, weil wir ja nicht nach Deutschland aus-
> gewandert sind, also denke ich, dass wir aus beiden eine Synthese gemacht
> haben [Annick, F/52].

Ähnlich formuliert es Todorov (1986: 21), für ihn ist nämlich „die beste Kreuzung
der Kulturen oft der kritische Blick auf sich selbst". Distanz und Loslassen von inneren und äußeren Zwängen führen zu einem Gefühl der Deterritorialisierung. Man
kennt sein Territorium, dort orientiert man sich an vertrauten Bezugspunkten, bewegt sich darin mit gewohnten Verhaltensweisen, Denkmustern, urteilt und bewertet undistanziert nach vertrauten Maßstäben. Mit dem Schritt ins Ausland verlässt
man das, was man als sein Territorium ansieht, sowohl im Hinblick auf Zugehörigkeit als auch hinsichtlich der symbolischen Dimension des Besitzens, also des Eigenen. Wie weiter oben gezeigt wurde, führt die Begegnung mit der Andersheit zum
Bewusstwerden des eigenen Andersseins und des Fremdseins vor sich selbst: „Die
Mobilität wirkt als auslösendes Moment für einen neuen Identitätsentwurf oder zumindest für eine Identitätseinforderung, welche im Lebensbericht narrative Mittel
findet, um die eigene Pluralität und das Fremdheitsgefühl nach der Migration zu
verorten. Der Lebensbericht wird also eines der möglichen Gebiete für eine Neuver-
ordnung des Ichs" (Cogningi, 2009: 22).

Perspektivenzuwachs und -wechsel

Durch die Mobilitätserfahrung relativiert sich das Zugehörigkeitsgefühl zu einem
einzigen Gebiet und zu einzelnen Orten. Man nennt immer mehr Orte sein „zu
Hause", denn nun sind es Orte, an denen man gelebt hat, Bindungen eingegangen ist und der Lebensraum wird transportabel und instabil (vgl. Murphy-Lejeune,
2003). Ab diesem Moment wird „sich von seiner Herkunft lösen" nicht länger als
Verlust, sondern als Eroberung neuen Freiraums angesehen. Ein neuer, umstruk-
turierter Blick tritt an die Stelle verinnerlichter Betrachtungsweisen und Deutungsmuster und regt dazu an, den vertrauten sozialen Raum neu zu überdenken. Dies
kann in unscheinbaren Details im Alltag sichtbar werden, die jedoch tiefgreifende-
re Veränderungen erahnen lassen, die nicht nur die Akteure der Mobilität, sondern
auch ihr Umfeld betreffen:

> Ich habe in Frankreich gelernt, abends warm zu kochen, das ist das, was es
> früher zuhause nicht gab, da gab es Stulle, Brot mit etwas drauf und viel-
> leicht ein Salatblatt und eine Frucht. Ich habe also in Frankreich gelernt
> warm zu kochen und das haben alle meine drei Kinder in ihren Famili-
> en so weitergeführt. Und da sage ich mir, unser Austausch hat auch für die

nächste Generation Folgen, wir reden mittlerweile bei Tisch, wir nehmen uns Zeit [Marie/D, 56].

Auch das Verwenden der Sprache gehört zu den neuen Freiräumen. Positive Schlüsselerlebnisse und Rückmeldungen helfen Sprachnöte zu überwinden und sich über die Verwendung der Fremdsprache von zu hohen normativen Ansprüchen und Verunsicherungen, auch beim Gebrauch der Muttersprache, zu befreien. Wie in vielem anderen, so eröffnen auch in diesem Bereich Perspektivenzuwachs und die Dialektik von Fremdem und Eigenem einen völlig neuen Zugang zur sprachlichen Identität und stärken das Selbstvertrauen:

> Im Grunde etwas ganz Einfaches, ich hatte sehr sehr große Angst, als es losging und dadurch, dass ich es geschafft habe, in Deutschland Dinge zu tun, sage ich: „wenn ich die Sprache perfekt könnte, das wäre toll" und als ich dann nach Frankreich zurückgekommen bin, habe ich mir gesagt „hier kenne ich alle Wörter, normalerweise müsste es alles klappen, sei es im Unterricht, bei den Behörden, egal wo". Ich habe gesagt „Na hier kann ich wirklich in meiner Sprache sprechen, also bin ich flexibler" und das löst wirklich Sperren, die man sich selbst auferlegt. Du glaubst, Du schaffst es nicht, Du traust Dir selbst nichts zu und es dann eben doch zu schaffen, da sagst Du, „Oh, ich schaffe es ja wirklich, ich bin auch nicht dümmer als andere" [Stéphanie, F/36].

Das schulische Umfeld, die unterschiedliche Schul- und Erziehungskultur, das Kollegium bieten natürlich einen ganz spezifischen Raum für Beobachtungen, Erfahrungen, Reflexionsimpulse für einen Perspektivenwechsel. Durch die Fülle und Vielfalt der Einblicke in den anderen Schulalltag und natürlich auch aufgrund der einzunehmenden Rolle werden kulturelle Unterschiede dort am stärksten wahrgenommen. Mehr als bei anderen Alltagserfahrungen wirkt hier die Differenz destabilisierend und als Reaktion darauf kann es zu verallgemeinernden Urteilen, und im Vergleich zu anderen Bereichen, ethnozentrischen Einschätzungen kommen.

So beschreiben beispielsweise die Lehrkräfte in den Fragebögen den kinderzentrierten Unterricht in Deutschland als spielerischer und vor allem auf soziales Lernen abzielend. In Frankreich sei der Unterricht theoretischer und strenger. Dieses Bild setzt sich in der Beurteilung der Schüler fort, die in Frankreich als „diszipliniert", „gehorsam", „ruhig", „alles auswendig lernend" eingeschätzt werden, während die deutschen Schüler „spontan", „laut", „kreativ" und „selbständiger" seien.

Im Allgemeinen aber begegnet man der Schule des Anderen mit ethnologischer Neugier, mit der man nicht nur die Unterschiede erfassen, sondern auch deren Ursachen und Gründe begreifen will. Die vom DFJW angebotenen Begleitveranstaltungen leisten hier einen erheblichen Beitrag, um Beobachtungen und Eindrücke zu verarbeiten, die eigene und die andere Schulkultur bewusst zu reflektieren und statt verallgemeinernder Werturteile einen verstehenden Zugang zu den jeweiligen Schulkulturen und ihren Wertesystemen zu ermöglichen.

Besonders wichtig scheint uns in diesem Zusammenhang der Verweis auf die Tatsache, dass die meisten Lehrkräfte (mit Ausnahme der Jüngeren) im Vorfeld über vielfältige, langjährige pädagogische Erfahrung verfügten, auf die sie in Teilbereichen zurückgreifen konnten. Allerdings verfügen nur die wenigsten über sprachdidaktisches Vorwissen und Erfahrung, denn es gilt ja seine Sprache als Fremdsprache zu unterrichten. Dadurch können Verunsicherungen entstehen, denen man entgegenwirkt, indem man sich verstärkt personenbezogen und emotional einsetzt. Auch kulturelle Embleme in Form von Liedern, Basteleien, Bildern, Festen und Feiern dienen diesem Zweck. Aber gerade ein solch affektiv und subjektiv besetzter Unterricht weckt nicht nur das Interesse der Kinder, sondern begeistert sie. So erfahren die Lehrkräfte vielerlei positive Rückmeldungen und Ermutigungen. Ein großer Anlass zur Freude ist der spontane Gebrauch sprachlicher Errungenschaften durch die Kinder, und das häufig außerhalb der Schule: „Welche Freude, wenn ich die Kinder im Schulhof singen höre ‚Dans mon pays de France' oder ‚un, deux, trois claque des doigts'"; „es ist toll, auf Deutsch begrüßt zu werden, wenn wir uns im Supermarkt begegnen". Die Bemühungen sind von Erfolg gekrönt, was sich auch in den vielen Rückmeldungen der Kinder und ihrer Eltern zeigt: „Meine Schüler mit ausländischer Herkunft glänzten oft im Französischunterricht"; „sogar die schwächsten Schüler kamen gern in den Deutschunterricht". Die Eltern staunen über die gute Aussprache ihrer Kinder im Deutschen oder Französischen, unterstützen Schüleraustausche, und erscheinen zahlreich zu den kleinen Aufführungen, die die Grundschullehrer in der Zielsprache veranstalten.

Eine Dialektik zwischen ferner Nähe und naher Ferne

Man lehrt also seine eigene Sprache und befindet sich gleichzeitig in einem Aneignungsprozess der Sprache des Anderen. Dadurch entsteht eine permanente Dialektik aus nah und fern, eine Reflexivität, in der das, was nah war – nämlich die eigene Sprache, die eigene Kultur, das eigene Umfeld –, in die Ferne rückt und fremd wirkende Züge annimmt, und das, was fern war – Sprache und Alltag des Anderen –, immer vertrauter wird. Diese permanente Wechselbeziehung zum Eigenen und zum Anderen führt dazu, Alterisierungs- und Identifizierungsprozesse zu hinterfragen. Sie liefert auch Impulse für eine größere Sensibilität für Zwischenräume und stärkt das reflexiv-kritische Engagement für beide Kulturen. Denn es geht nicht nur um Weitergabe von faktenbezogenem Wissen, sondern auch darum, aktiv auf vorgefasste Meinungen und Vorurteile einwirken zu können und einander gegenseitig durch und in der Austauschbegegnung zu bereichern:

> Es ist ein Lebensgefühl, was anders ist. Es ist ein anderer Erfolg auf der Arbeit, weil: Man ist nicht in diesem deutschen Trott drin, sondern es ist so ein Geben und Nehmen mit den französischen Kollegen, es sind zwei völlig unterschiedliche Arten, zu unterrichten. Und auf einmal prallen diese völlig

unterschiedlichen Unterrichtsarten aufeinander. Ich hab das zum Beispiel so erledigt: Diese Doppelklassen, wo *CM1* und *CM2* drin waren, die Unterrichtsstunden gingen 60 Minuten und es war so toll, die französischen Kollegen waren so begeistert: Wenn ich kam, dann haben die eine halbe Stunde ihre *CM1* genommen, ich hab mit der *CM2* angefangen in Deutsch, dann haben wir Lehrer nur den Raum gewechselt – die Kinder konnten sitzen bleiben, damit das nahtlos weiterging. Das war auch eine Erleichterung für die französischen Kollegen und deshalb waren sie auch aufgeschlossen, mit mir auch Methoden auszutauschen und voneinander zu lernen. Weil sie lassen einen von Grund auf nicht einfach so an sich ran – sie haben ihr System und dann wird auswendig gelernt, dann wird an der Tafel geschrieben, dann wird abgeschrieben, das alles frontal, frontal, frontal. Und auf einmal kommen wir mit unserer Gruppenarbeit und Dialogen und dies und jenes und die Kinder bereiten selber was vor, wir machen Spiele [Marie, D/56].

Aus diesem Auszug geht hervor, dass die Funktion des Mediators zwischen den unterschiedlichen Schulkulturen nicht automatisch, allein durch die Anwesenheit der Lehrkraft in der Schule des Anderen, gegeben ist. Zumindest zu Anfang wird dem „Lehrer, der aus der Fremde kommt" mit einem gewissen Misstrauen begegnet. Er wird als *native speaker* kategorisiert und als Repräsentant seiner Sprache und Kultur in eine Rolle gedrängt. Auf dieser Basis werden auch seine Verhaltensweisen und pädagogischen Methoden als „typisch" eingeordnet: Zu frei und verspielt auf deutscher Seite – „Ah, da kommt der Deutsche. Der räumt jetzt erstmal die Stühle und Tische weg" – zu streng und strikt auf französischer Seite: „Die Eltern haben sich gegenseitig verrückt gemacht und sagten darum „Ach, diese Französin, lass sie, das lohnt nicht".

Derartige kulturelle Kategorisierungen können zu einer Art Einkapselung desjenigen führen, den sie betrifft, aber auch desjenigen, der sie vornimmt. Sie ermöglicht einen Diskurs über Differenz, der zu einer Zwangsjacke für sich selbst und andere werden kann. Die diskursive Inszenierung von kultureller Identität entspricht einer Fiktionalisierung des Eigenen und des Fremden, mit Hilfe kultureller Zeichen, basierend auf Auto- und Heterostereotypen, die je nach Machtverhältnissen, Kontext als Defensivstrategien aktiviert werden.

Eine solche spezifische Form der Entfremdung findet man auch in nachstehender Sequenz, in der der Erzähler über den Druck spricht, dem er bei seiner Ankunft in der deutschen Schule ausgesetzt war:

Anfangs hatte mir der Schulleiter gesagt: „Sie müssen es schaffen, dass die Kinder wieder Lust bekommen, Französisch zu lernen", da habe ich Angst bekommen, denn ich sollte mich sozusagen in einen Clown verwandeln, das hat mich dann genervt weil ich mich verkaufen sollte, so als seien es Kunden [Paul, F/29].

Wie jede Form der Begegnung zwischen Individuen aus verschiedenen Kulturen trägt der Austausch das Risiko kulturalistischer Diskurse, diskursiver Homogenisierungstendenzen und Verfestigung von Stereotypen in sich, wie es zahlreiche Forschungsarbeiten bei der studentischen Mobilität nachgewiesen haben. Dieses Risiko der Stereotypisierung ist in der Lehrermobilität nicht vollständig gebannt, wie der folgende Ausschnitt veranschaulicht, in dem die Erzählerin stereotype Urteile über die Sprache fällt, die zugleich Urteile über deren Sprecher sind:

> Ich würde sagen, wir sind viel rationaler, denn was mir in der deutschen Sprache schon gefällt, ist dieser viel rationalere Geist, ich brauche Ordnung in den Dingen und fühle mich in Deutschland wohl, weil die Dinge geordnet sind [Corinne, F/49].

Allerdings sind solche verallgemeinernden Selbst- und Fremdeinschätzungen bei der untersuchten Gruppe relativ selten. Dies liegt sowohl an der oben erwähnten Dialektik zwischen nah und fern, aber auch an der sehr großen Diversität ihrer Sozialkontakte (Kinder, multiethnische Klassen, Eltern, Kollegen, Vorgesetzte usw.). Diese vielfältigen Kommunikationsressourcen, die heterogenen und diversifizierten Interaktionen beugen vereinfachenden und stereotypisierten Deutungen vor. Ähnliches haben wir bereits bei unseren Untersuchungen der Schülermobilität im Rahmen des Voltaire-Programms festgestellt, die in mancherlei Hinsicht vergleichbare Merkmale aufwies – etwa die Dialektik zwischen naher Ferne und ferner Nähe aufgrund des Gegenseitigkeitsprinzips und der großen Diversifizierung der Sozialkontakte. Beim Vergleich zwischen studentischer und schulischer Mobilität und dem jeweiligen Rückgriff auf Stereotype kamen wir damals zu der folgenden Feststellung: „Im Gegensatz zu den Erasmus-Studenten zeugen die interpretativen Vorgehensweisen der Schüler von einer recht hohen Reflexionskapazität, bei der nationale Stereotype als hermeneutisches Instrument nur sehr selten verwendet werden. Die doppelte Alteritätserfahrung – den anderen bei sich aufnehmen und dann selbst zum anderen werden – sowie die Absicherung von Sinnbildung durch polyphone Beiträge des Gastgeberumfelds haben sicher zur Entwicklung dieser Fähigkeit beigetragen. Eine derartige Absicherung scheint es im Erasmus-Programm nicht gegeben zu haben, was erklären könnte, warum Stereotype weiterverwendet und sogar verstärkt wurden und Spracherfahrung nur eine geringe Bedeutung zukam" (Perrefort, 2008: 88).

Zehntes Kapitel
Die Rückkehr – Zwischen Nostalgie und neuen Relevanzen

Die zehn Gebote der Rückkehr nach Frankreich:
1) Du sollst Papiertaschentücher bereithalten.
2) Zeiten der Niedergeschlagenheit sollst Du kennenlernen.
3) Routinemechanismen sollst Du wiedererkennen und sie pauschal ablehnen.
4) Du sollst Gewinn aus Deiner einzigartigen Erfahrung ziehen.
5) Du sollst lernen, immer wieder aufzustehen nach dem Fall.
6) Du sollst Deine Erlebnisse *jenseits des Rheins* mit Deinem Umfeld teilen.
7) Beim ersten Schulanfang in Frankreich sollst Du Deutsch mit den Schülern sprechen. Selbst wenn Du Englisch unterrichtest …
8) Du sollst den Autos hinterhermeckern, die Dir als Fußgänger, der Du geworden bist, keinen Vorrang lassen.
9) Du sollst vergeblich Radwege, *Eiskaffees* und *Biergärten* suchen.
10) Auf Deinen nächsten Aufenthalt in Deutschland sollst Du warten. In der Zwischenzeit sollst Du den Elysée-Vertrag und das DFJW segnen.

Prolog
Die Rückkehr aus Laurents Sicht

Zurück zum Absender
Umgekehrter Kulturschock
Zurück in die französische Realität (Titel zur Auswahl)

Die französische Strenge und Disziplin waren für mich schon immer ein Anzug, den ich nur widerwillig anlegte und trug.
Ich fand, dass wir es manchmal ein wenig übertrieben.
Meine deutschen Schüler hatten die benachbarte französische Schule „Das Kloster" getauft …
Alles ist gesagt … oder fast.
Ich erinnere mich an einen Montag, an dem ich mit einer deutschen Gruppe die französischen Partner für gemeinsame Aktivitäten traf. Die französische Schule lag nur fünf Minuten von dort entfernt.
Der französische Klassenlehrer empfängt uns, aufrecht wie eine Eins, mit verschränkten Armen und verkündet in einem einzigen Atemzug:
„Ich hätte gern weniger Lärm, die anderen Klassen arbeiten!"
Und der französische Lehrer hat immer das Geschick, auch dem letzten Widerspenstigen noch das Maul zu stopfen,

„Hast Du nicht verstanden?" Seine Stimme ging wie die der Castafiore hoch, wenn sie ihre Vokalisen singt.

„Ich liebe Deutschland", dachte ich, *„da muss man nicht in die Reihe treten und darf auf den Fluren sprechen"* .... *„neiiiiiin, nicht möglich?!"* sagen mir die Kollegen, die in Frankreich geblieben sind …

Aber so ist es eben, wenn man den Franzosen verjagt, kommt er im Galopp zurück …

Zurück in Frankreich beantrage ich eine Unterrichtshospitation.

Eben erst auf der neuen Stelle angekommen stelle ich eine Deutschstunde vor.

Am Ende der Stunde …. Ist die Katastrophe da!

In meinem Kopf höre ich die Musik aus Psycho, als ich die Schulrätin in ihrem strengen schwarzen Kostüm auf ihrem Stuhl hängen sehe, die Hände in den Taschen.

„Wie sehe ich aus?", blafft sie mich an. *„Wie eine Inspectrice?"*

"*Na ja, ehrlich gesagt …".*

„Genau so ist das bei Ihnen, Sie haben manchmal eine nachlässige Haltung, die dem Vorbild, welches der Lehrer sein sollte, bei weitem nicht entspricht!"

Ich spüre, wie Hitze in mir aufsteigt, nicht die, die Ihr denkt, sondern die, die man spürt, wenn man bei sich denkt *„boah nein, wie peinlich!".*

„Hat es Ihnen in Deutschland gut gefallen?", fragt sie mich dann, *„die lässigere Haltung der Deutschen?*

Ganz sicher hatte ich die übernommen, bestimmt zu sehr …

Ich fühle einen Baseballschläger auf mich zukommen, auf dem steht „Zurück in Frankreich!!"

Bamm, auf den Kopf!! Die deutsche Lässigkeit werde ich jetzt schnell vergessen müssen.

In Deutschland gibt es noch in der letzten Grundschulklasse eine Leseecke mit Sofa, man darf im Unterricht trinken … Bei uns ist die Ausruh-Ecke nach dem Ende der ersten Klasse weg!

Und dann erklärt mir die Schulrätin noch einmal die Bedeutung einer solchen Disziplin und Strenge im Unterricht, ich sah meine Vorbereitungsstunden und mein vorbildlich geführtes Klassenbuch in den Hintergrund verschwinden und schmelzen wie Schnee in der Sonne … oder eher in den UV-Strahlen der französischen Disziplin …

„Sie müssen ihren Anzug des französischen Lehrers wieder aus dem Schrank holen!"

Ich soll wieder diesen Anzug tragen, der mir schon vorher manchmal zu eng geworden war? Man muss bedenken, in zwei Jahren habe ich in Deutschland 15 Kilo zugenommen, da müssen die Nähte ja platzen!

Aber ich bin auf dem richtigen Weg … ich überzeuge mich selbst von der Richtigkeit des Systems und profitiere davon (die Diskussion ist eröffnet) und habe vor allem schon wieder vier Kilo abgenommen, damit ich wieder in den Anzug passe …

Wie die Castafiore sage ich also:

„Das rote Heft raus!"

„Hast Du nicht verstanden?"

„Wir schreiben das Datum vier Kästchen vom Rand und unterstreichen mit dem Lineal mit dem roten Kuli!"

Die Rückkehr – ein langer Reintegrationsprozess in eine fremde Vertrautheit

Im Allgemeinen bezeichnet man mit dem Begriff Kulturschock Gefühle und Stimmungen, wie Stress, Angst, Verwirrung, die im Kontakt mit einer fremden Kultur und Sprache und durch die Destabilisierung der Bezugspunkte auftreten. Je nach Kontext, Persönlichkeitsstruktur, Vorwissen und Erfahrung und vielen anderen Parametern wird der Schock mehr oder weniger intensiv empfunden. Gewöhnlich wird der emotionale Verlauf einer Auslandserfahrung in charakteristische Phasen unterteilt: Euphorie, Desillusionierung, Adaptation. Auf eine eher kurze, von Euphorie (*honeymoon*), neugieriger Abenteuerlust und verstärkter psychomotorischer Aktivität geprägte Anfangsphase folgt, vor der Adapatation/Integration, die Phase der psychischen Ankunft. Als Reaktion auf anfängliche Anfangsschwierigkeiten können Misstrauen, Angstzustände, Depression und sogar psychosomatische Symptome auftreten, bis hin zu einem Gefühl der Anomie. Fest steht jedenfalls, dass das Einleben in eine andere Kultur sich als Übergangszustand darstellt, der zugleich Gelegenheit für konstruktive Veränderungsprozesse bietet, in dem man besonders fragil und leicht verwundbar ist. Für den Ethnopsychiater Mario Erdheim „löst das Fremdsein unter bestimmten Bedingungen Regressionen aus, man wird zum Kind und erfährt aus dieser Position heraus die Fremde, in der man lebt, als böse und schlecht" (1988: 245). Ähnlich formuliert es Michel Serres, für den es „keinen Lernprozess gibt, ohne dass man sich, oft unter Risiko, dem Anderen aussetzt" (1991: 28-29).

Die individuellen Voraussetzungen und die Rahmenbedingungen der hier untersuchten Austauscherfahrung erschweren den Entwurf eines Modells mit typischer Phasenabfolge. Die Auslöser für Schwankungen in der emotionalen Befindlichkeit sind weniger durch kulturelle Unterschiede bedingt als durch enttäuschte oder erfüllte Hoffnungen, sei es im Hinblick auf die Schule, die sozialen Beziehungen, die Unterkunft oder die Kontakte mit der Familie oder dem Freundeskreis in der Heimat. In den hier untersuchten Narrationen tauchte das Thema Kulturschock allenfalls in Bezug auf die anfänglich empfundene Euphorie auf:

> Da war kein Schock, das war einfach nur Glück. Wirklich, ich habe mich immer wieder zwicken müssen: „Du bist jetzt wirklich in Frankreich". Oder wenn ich das Radio angestellt habe „die sprechen ja wirklich französisch

und du, du bist jetzt hier, wirklich jetzt in Pontoise". Ich habe wirklich lange gebraucht, das wirklich zu realisieren, wo ich bin [Heidrun, D/47].

Das dreiphasige Kulturschock-Modell, dessen chronologischer Ablauf die Höhen und Tiefen des Aufenthalts als *U-* oder *W-Kurve* abbildet, ist ein relativ statisches Modell und scheint kaum angemessen, um den Lehreraustausch mit seinen – den Hypothesen des Kulturschockkonzepts zufolge mehr oder weniger vorhersehbaren – aufeinanderfolgenden Phasen zu beschreiben. Weder der dynamischen Prozesshaftigkeit noch dem konstruktivistischen Charakter des Einlebens in eine fremde Kultur und Sprache wird mit diesem Modell genügend Rechnung getragen. Auch die zentrale Bedeutung der Co-Akteure und der Interaktionen wird dabei nicht berücksichtigt. Die Interaktionen mit dem fremden Anderen sind für Akteure und Co-Akteure eine Herausforderung, wenn nicht gar manchmal eine Belastung. Sie erfordern gegenseitige Empathie, Anpassung und die Bereitschaft, Zweifel und Ambiguitäten zuzulassen. Jeden stellt die Asymmetrie der Kommunikationsstruktur vor neue interaktive Aufgaben, verlangt von jedem großes Bemühen um Verständigung und ein Reflektieren der eventuell auftretenden Kommunikationsprobleme. Aufgaben, für deren Bewältigung ein sensibler Umgang mit den Schwierigkeiten eines Fremdsprachlers notwendig ist und auf die meist weder der eine noch der andere Partner vorbereitet ist. Die Kommunikation verläuft dementsprechend etwas holpriger, anstrengender und unbequemer als bei Muttersprachlern (was selbstverständlich nicht bedeutet, dass Interaktionen zwischen Muttersprachlern stets harmonisch, reibungslos und verständnisvoll verlaufen). Diese besonderen kommunikativen Bedingungen bleiben nicht ohne gegenseitige Auswirkungen auf das Bild von sich und dem anderen. So kann es passieren, das die exaltierende, symbiotische Phase der ersten Kontakte, reich an sprachlichen Bekundungen guten Willens (Wiederholungen, langsames, betontes Sprechen, lexikalische und syntaktische Simplifizierungen, beständiges Absichern der Verständigung; vgl. Perrefort, 1990) rasch zu einer relativen Indifferenz und zu weniger intensiven Interaktionen führt. Denn was mobile Personen als etwas Besonderes erleben, nämlich den fremden Alltag, ist für die Sesshaften banal und erst in der Selbstverständlichkeit des Zugehörigkeits- und Gemeinschaftsgefühls der aufnehmenden Gruppe wird die Nicht-Selbstverständlichkeit des Fremden sichtbar. Ein gerade sich konstruierendes Zugehörigkeitsgefühl kann jederzeit wieder in Frage gestellt werden, das Fremde kann gemieden werden, um das Eigene nicht in Frage zu stellen.

Das gilt auch umgekehrt für den Ankommenden, denn die Verlagerung der Relevanzen durch die gegenseitige Andersheit löst einen Prozess aus, durch den sowohl Akteure als auch Co-Akteure mit der Dialektik von Offenheit und Verschlossenheit anderen gegenüber konfrontiert werden, von Exklusion und Inklusion, Bewegen und Verharren, Differenzen und Ähnlichkeiten, Anerkennung und Ablehnung. Der Umgang mit dieser Dialektik führt dazu, den ethnozentrischen und soziozentrischen Blick eines jeden zu hinterfragen.

Zu den schon weiter oben erwähnten individuellen Voraussetzungen und Rahmenbedingungen, die in der Anfangsphase vor zu heftigen schockartigen Zuständen bewahrt haben, kommen Motivation, Entschlossenheit und der starke Wunsch nach Horizontveränderung als adaptationserleichternde Faktoren hinzu. Vor allem die Horizonterweiterung und der Zuwachs an Kompetenzen sowie die Wiedererlangung eines positiven Selbstwertgefühls haben mehr Glücksgefühle und Stolz auf das Geleistete ausgelöst als Angstzustände vor Unvertrautem oder Leidensdruck angesichts von enttäuschten Erwartungen oder gescheiterten Unternehmungen.

Das heißt aber keinesfalls – und das geht eindeutig aus den Narrationen hervor – dass der Ablauf des Aufenthaltes gradlinig verlaufen ist, ohne Tiefen, Zweifel, Rückschläge und Infragestellung. Eine gewisse Verletzbarkeit ist offenbar der Preis dafür, dass räumliche Mobilität auch mit identitärer Mobilität einhergeht und den Weg für Offenheit, veränderte Sichtweisen und Einstellungen öffnet. Sollte dies unter Leidensdruck und mit schmerzlichen emotionalen Befindlichkeiten geschehen sein, so verblassen diese angesichts des Erfolgsgefühls, die Herausforderungen des Auslands bewältigt zu haben und sich bewusst geworden zu sein, dass Identität „eher auf dem Werden als auf dem Sein, eher auf der biographischen und historischen Erfahrung als auf der Fatalität der Herkunft beruht und eher auf einen Lebenslauf als auf eine Geburtsurkunde zurückzuführen ist" (Wollen, 1994, zitiert nach Murphy-Lejeune, op.cit.: 177).

Phasen des Rückkehrprozesses

In der Mobilitätsforschung hat die Problematik der Rückkehr bisher relativ wenig Berücksichtigung gefunden. Eine mögliche Erklärung ist die, dass der Begriff „Rückkehr" die Assoziation vermittelt, es handele sich dabei schlicht darum, seine früheren Gewohnheiten und die vorübergehend verlassene Position in einer vertrauten Sozialstruktur wieder auf- bzw. einzunehmen. Weiterhin wird damit die Vorstellung eines statischen Zugehörigkeitsgefühls zu einer Gruppe, einer Sprache, einer Kultur verbunden – kurzum, man ist wieder „zuhause". Dabei besteht weitgehendes Einvernehmen über die Tatsache, dass die Rückkehr eine fundamentale Übergangsphase darstellt. In einem Artikel über Reintegrationsprozesse von Mitarbeitern nach einem längeren Auslandsaufenthalt in Schwellenländern warnt Winter (1996) davor, die Auswirkungen der Rückkehr in persönlicher, beruflicher und psychologischer Hinsicht zu unterschätzen.

In einer weiteren Studie unterteilt Hirsch (1992, zitiert nach Scharbert, 2009) den emotionalen Verlauf des Reintegrationsprozesses, der sich über ein bis zwei Jahre hinziehen kann, in drei Phasen. Während für die erste Phase noch Euphorie über die Rückkehr und allgemeiner Optimismus kennzeichnend sind, sieht sich der „Rückkehrer" bald von neuem mit einer Alltagsroutine konfrontiert, die er mit widersprüchlichen Empfindungen angeht. Er durchlebt dann eine Phase, die von Fragen, kleinen Sinnkrisen und dem ständigen Vergleichen zwischen seinem

Herkunftsland und dem eben verlassenen Gastland geprägt ist. Es gelingt ihm in der dritten Phase, eventuell nach Verzicht auf bestimmte Erwartungen, nach und nach seine Bezugspunkte und Verhaltensmuster wiederzufinden. Hirsch zufolge lassen sich die Phasen wie folgt schematisieren:

Tabelle: Modell nach Hirsch 1992

	Phase A Naive Integration	Phase B Reintegrativer Schock	Phase C Reale Reintegration
Merkmale	oberflächliches Verstehen, offen und bereit für neue Erfahrungen, allgemeiner Optimismus, Euphorie, wieder bei sich (zuhause) zu sein	Die Anfangseuphorie lässt nach. Man fühlt sich von den Kollegen falsch verstanden. Den Freundeskreis gibt es nicht mehr. Alles hat sich verändert, man zieht sich in Resignation, Arroganz, Wut, Unzufriedenheit zurück. Man fühlt sich nicht zuhause.	Aufbau realistischer Erwartungen, gemäßigte Anpassung, Ausbau der Handlungskapazitäten, Wiederaufnahme früherer Verhaltensmuster
Zeit	Die ersten sechs Monate nach der Rückkehr	6 bis 12 Monate nach der Rückkehr	Ab dem 12. Monat nach der Rückkehr

Diese Tabelle stellt den Ansatz einer Modellbildung dar, der weiterer Ausdifferenzierung bedarf. Denn die Bewertung der Erfahrung, ihres Ertrages und die durch sie ausgelösten persönlichen wie auch beruflichen Veränderungen, fällt individuell sehr unterschiedlich aus (vgl. auch Stander, 2003). Sie hängt von der Qualität und Intensität des Erlebten ab, der persönlichen Situation zum Zeitpunkt des Aufenthaltes, dem Karriereverlauf und all den schon in den vorangegangenen Kapiteln erwähnten Kriterien. Die bei der Rückkehr empfundenen Stimmungslagen scheinen proportional zu den Motiven, Hoffnungen und Erwartungen, die für das temporäre Weggehen ausschlaggebend waren. Sie sind auch bedingt durch die Intensität des Unbehagens, welches bei vielen Triebfeder war, und die subjektive Bedeutung, die den Veränderungen zugeschrieben wird. Wie komplex und ambivalent die Stimmungslage bei der Rückkehr sein kann, geht aus der folgenden Sequenz hervor:

> Als ich weggegangen bin, war das sehr schmerzhaft, denn ich hatte immer Abstand zu meiner Arbeit, die Arbeit ist nicht mein Leben, ich bin zwar Lehrer, aber mein berufliches Engagement geht nicht auf Kosten meiner eigenen Person, niemals. Das heißt zum Beispiel, dass ich meinen Unterricht in der Schule vorbereite. Das heißt, wenn ich aus der Schule komme, bin ich raus, ich habe zuhause kein Arbeitszimmer, ich habe kein Zimmer zum Arbeiten, das will ich nicht. Ich mache alles in der Schule, ich setze mich lieber am Mittwochmorgen allein in mein Klassenzimmer und arbeite, nachmittags gehe ich nach Hause und denke nicht mehr an die Arbeit. Ich hatte also immer Abstand. Und in Deutschland habe ich den

Unterschied erlebt, ich hatte persönlichere, freundschaftlichere Beziehungen zu meinen Kollegen, auch mit den Eltern war es anders. Eltern haben sich bei mir in einer Weise bedankt, die ich mir in Frankreich überhaupt nicht vorstellen kann, jedenfalls nicht bei Eltern meiner Schüler. In emotionaler Hinsicht war es also sehr schwer, wieder fort zu gehen, sie haben am letzten Tag geweint, das war die reinste Katastrophe, als ich abends nach Hause gekommen bin, habe ich nichts von meinem Tag erzählt, das war echt zu hart [Laurent, F/34].

In der bereits erwähnten Publikation zur schulischen Mobilität im Rahmen des Voltaire-Programms verweisen Colin und Brougère (2006: 85) nachdrücklich auf die Bedeutung der Rückkehr. Hinsichtlich der Rückkehr der Voltaire-Austauschschüler stellen sie fest: „Wie in die Familie zurückkehren, dort einen Platz wieder finden, wo diese Veränderung anerkannt und gelebt werden kann? Diese Fragen beschäftigen die Jugendlichen und beunruhigen sie. Bei der Rückkehr müssen sie sich also wieder unter Beweis stellen, sich in einer Immersion besonderer Art, in ein fremdes Vertrautes, bewähren. Wir finden hier auch wieder, was sie dazu motiviert hat, sich für den Austausch zu bewerben. In mehreren Einzelgesprächen kristallisiert sich heraus, dass persönliche Krisen gelöst worden waren, Antworten auf Fragen gefunden wurden, die man in Frankreich noch nicht einmal hatte formulieren können, Wunden vernarbt waren, die innerlich blockierten, ohne dass man sich dessen bewusst war: ‚fortgehen' hatte erlaubt, seinen Weg weiter zu verfolgen, ganz gleich ob die Immersionserfahrung als mehr oder weniger „gut" oder als mehr oder weniger „leicht" erlebt wurde".

Jedenfalls zeigen diese Untersuchungen zur Rückkehr, was auch vorliegende Forschung bestätigt: Die Rückkehr geht mit einem erneuten Kulturschock einher. Dieser wird als *„reverse cultural choc"* oder *umgekehrter Kulturschock* bezeichnet; er hat oft heftigere Auswirkungen als der Schock, den man beim Eintauchen in eine fremdkulturelle Umgebung empfinden kann. Angesichts der vielen unterschiedlichen emotionalen Befindlichkeiten ist der Stress noch vergleichsweise leicht zu bewältigen:

Bei der Rückkehr musste man mit dem Stress klarkommen, dem eigenen Stress, weil man nicht weggehen will, und dem Stress der anderen, weil sie auch nicht weggehen wollen, jedenfalls war es bei der Ankunft und Rückkehr ein bisschen schwierig, aber sehr positiv für alle [Annick, F/52].

Tatsächlich wirken sich die oft tiefgreifenden beruflichen und persönlichen Veränderungen zwangsläufig auf Familienalltag und Partnerschaft aus. Bisweilen haben sie nahezu therapeutische Wirkung: „Unsere Partnerschaft ist durch dieses Trennungsjahr stärker geworden" oder auch „das hat allen gut getan, meine Umgebung, vor allem meine Frau, haben festgestellt, dass ich viel cooler geworden bin".

Auch wenn die Rückkehr Auslöser für einen Neuanfang sein kann, so trägt sie dennoch ein gewisses Krisen- und Konfliktpotential in sich und der

Wiederanpassungsprozess verlangt große Kraft, vor allem wenn Kinder mitgereist sind:

> In Frankreich war die Kleine in einer Schule, in der es ihr nicht unbedingt gefiel und in Berlin ist sie auf dem *Lycée Français* gelandet und das war wirklich ein Hafen des Friedens für sie im Vergleich zu dem, was sie erlebt hatte. Und die Große hat geweint, als wir nach Deutschland gegangen sind, aber sie hat drei Mal mehr geweint, als es zurückging, zurück nach Frankreich, sie war sehr enttäuscht, aus Berlin weggehen zu müssen, wir mussten mit ihren Hin- und Rückreise-Tränen umgehen, das war schwer [Annick, F, 52].

Im Gegensatz zum Kulturschock, der durch die Konfrontation mit dem Unbekannten ausgelöst werden kann, begleitet der Rückkehrschock die unerwartete Konfrontation mit dem, was man für bekannt und vertraut gehalten hatte, und kann folglich noch destabilisierender sein als der bei der Ankunft empfundene Schock: „Austauscherfahrung wird oft aus der Perspektive des Weggangs untersucht und man fokussiert die Alltagserfahrungen im Gastland. Es sollte aber nicht vergessen werden, dass derjenige, der zurückkehrt, nicht mehr ganz derselbe ist, weder in seinen Augen noch in denen der anderen. Er muss erneut Anpassungsleistungen unternehmen, er hat vielleicht den Wunsch, in seinem Umfeld etwas zu verändern und all das kann auf Unverständnis der Seinen stoßen" (Perrefort, 2006: 211). Und tatsächlich gibt es unter den Grundschullehrkräften viele, die eine Diskrepanz zwischen der Bedeutung sehen, die sie selbst ihrer Erfahrung zuschreiben, ihrer Schwierigkeit, darüber zu sprechen und der Unfähigkeit ihres Umfeldes, deren Relevanz angemessen einzuschätzen. Denn für das Herkunftsumfeld bestand das Fortgehen von einem von ihnen vor allem in dessen Abwesenheit, in einem leeren Platz, von dem man annimmt, dass er nach der Rückkehr wieder wie gewohnt eingenommen wird. Allerdings kann sich diese Erwartung als illusorisch erweisen, denn „am Anfang zeigt sich nicht nur das Heimatland dem Rückkehrer in ungewohntem Licht. Der Rückkehrer selbst wirkt fremd auf die, die ihn erwarten, und der ihn umgebende Nebel verleiht ihm diese unbekannte Erscheinung" (Schütz, 2003: 71).

Nostalgie und Trauer

Der längere Aufenthalt in einem von vielfältigen Andersheiten geprägten Kontext war, wie wir gesehen haben, Auslöser für Entwicklungen und Veränderungen. Die Narrationen spiegeln eine große Vielfalt unterschiedlicher (Vor-)Erfahrungen, Persönlichkeitsstrukturen, von inneren und äußeren Beweggründen, Kontexten, Hoffnungen wider und dementsprechend groß ist auch die Bandbreite der erworbenen Kompetenzen, des Wissenszuwachses sowie der nachhaltigen Veränderungen. Es ist zu einem Perspektivenwechsel gekommen, Bindungen, Selbstverständlichkeiten und Gewohnheiten werden mit anderen Augen betrachtet. Damit sind unweigerlich Phänomene der Wehmut und der Trauer verbunden, die mit Trennungen und Veränderungen einhergehen und den Rückkehrenden verwundbar machen. Aus manchen Narrationen lässt sich eine wahre Trauerarbeit ablesen:

> Ich denke, dass ich so viel geweint habe, als ich aus Deutschland zurückgekommen bin, weil ich dachte, dass nun etwas endgültig aus und vorbei wäre. Im Grunde ist es aber eine Entwicklung, etwas das weitergeht, das ist wie wenn jemand stirbt, es ist ja nicht so, dass die Person aus deinem Leben verschwunden ist, weil sie gestorben ist, du nicht mehr an sie denkst, dich nicht mehr an die schönen Augenblicke erinnerst, im Gegenteil, das tut gut. Und was gut tut, ist eben von den Verstorbenen mit Leuten zu sprechen, die ihn kannten. Hier zu sein, heißt für mich deswegen, auch von diesen Gefühlen zu sprechen, mit Leuten, die die gleichen Gefühle erlebt haben, Teil einer Trauerphase, man muss zwar einen Schlussstrich ziehen, aber doch das Ganze nicht in der Versenkung verschwinden lassen, und Leute vom DFJW zu treffen bedeutet, sich weiter an die Dinge zu erinnern, die man erlebt hat, denn wenn man mit anderen Leuten darüber spricht, verstehen sie es nicht [Corinne, F/49].

Angesichts der Schwierigkeiten des Rückkehrenden, seine Austauscherfahrung zu vermitteln – „wenn man mit anderen Leuten darüber spricht, verstehen sie es nicht" – also „Wir-Beziehungen" herzustellen, wendet man sich denjenigen zu, mit denen man die Erfahrung geteilt hat, denjenigen aus dem Gastland, aber noch mehr denen der „Clique", „Leuten vom DFJW", wie Corinne sie nennt. Der Begriff „Clique" wird in der Austauschforschung verwendet, um die engen Beziehungen zu verdeutlichen, die während eines Auslandaufenthaltes zwischen den Studierenden entstehen, beispielsweise nationale Cliquen, innerhalb derer man unter sich ist, dieselbe Sprache spricht, Verhaltensweisen teilt und sich so von den Anstrengungen des Adaptationsprozesses erholen kann, denn „der Freund, mit dem man Sprache und Kultur teilt, verkörpert eine kulturelle und sprachliche Ruhepause" (Murphy-Lejeune, op.cit.: 174). Manche Arbeiten zur akademischen Mobilität haben allerdings gezeigt, dass diese Cliquen die Herausbildung von defensiven Haltungen verstärken können. Sie können die Bereitschaft, sich auf einen Prozess des gegenseitigen Kennenlernens, Verstehens und der Empathie mit dem kulturell Anderen als Repräsentanten der Kultur, in die der Studierende eingetaucht ist, verzögern oder gar verhindern (vgl. Papatsiba, 2003).

Derartiges lässt sich im Hinblick auf die hier behandelte Lehrermobilität nicht feststellen. Dafür konnten wir – wie bereits in der Einleitung angedeutet – anlässlich der Seminare im Rahmen der Begleitprogramme ein hohes Bedürfnis nach Versprachlichung und Teilen der Mobilitätserfahrung feststellen. Die Gruppengespräche verfolgten denselben Zweck, allerdings auf strukturiertere und systematischere Weise. Sie ermöglichten die erinnerte Retrospektive und insbesondere das (Mit-)

Teilen von Befindlichkeiten, Höhen und Tiefen bei der Rückkehr mit jenen, die Gleiches durchlebt hatten. Dieses gemeinsame Reflektieren und Verarbeiten machte vielen bewusst, dass der Auslandsaufenthalt viel mehr war als nur ein provisorisches Sich-Absetzen vom Alltag. Er wurde in seiner symbolischen Bedeutung reflektiert und erkannt, dass sich eine definitive und nachhaltige Differenz zwischen die Zeit vor und nach dem Austausch geschoben hatte und dass das gegenwärtige und zukünftige „Ich" dem früheren „Ich" nicht mehr entsprach.

Die diversen materiellen und emotionalen Begleitumstände der Rückkehr lösen nostalgische Gefühle aus, in die sich oftmals eine verklärende Sicht des Anderswo mischt, eine Verzerrung der Erinnerungen und Verklärung der Andersheit. Denn dem Rückkehrenden erscheinen diejenigen nahe, die nun wieder weiter weg sind, und diejenigen, die nun wieder näher sind, erscheinen weiter weg – so wie er selbst im Übrigen.

Aber diese nostalgische Verklärung ist existenziell in der Phase zwischen physischer Rückkehr und psychischer Ankunft, vor allem, wenn der Zurückkehrende den Eindruck hat, nicht mehr derselben Welt anzugehören, einen Riss in eine soziale und historische Kontinuität gebracht zu haben. Seine Nostalgie ist dem affektiven Gedächtnis verhaftet, sie ist Garant eines Zugehörigkeits- und Beständigkeitsgefühls und bezieht sich eher auf Stimmungen als auf Fakten oder Realitäten:

> Der Rückkehrschock, das war für mich dieses Kleinkarierte teilweise, sich über Sachen aufregen oder Sachen festhalten, wo es sich eigentlich nicht lohnt. Ich kann es jetzt gar nicht an bestimmten Situationen festhalten. Tausend Kleinigkeiten eigentlich. Dass jetzt die schöne Zeit „Frankreich" beendet war [Barbara, D/53].

Zwar schützt die Flucht in nostalgische Gefühle vorübergehend vor zu großer Empfindlichkeit und Angreifbarkeit beim Verlauf der Reintegration, aber nichtsdestotrotz bleibt das Erlebte weitgehend unsagbar und unvermittelbar jenen gegenüber, die keine Teilhabe an der Erfahrung des Anderswo gehabt haben. Bisweilen scheint sie geradezu mit einem Tabu belegt zu sein: „Ich habe vollkommen verschwiegen, dass ich in Deutschland sehr gut gelebt habe und finde, dass es in Deutschland so gut funktioniert" oder „es ist eine unglaublich reiche und bereichernde Erfahrung und du kannst sie leider nicht teilen, und das ist sehr frustrierend".

Gewiss, Familie und Freunde hören sich die Schilderungen an, sie erkennen den Mut an, den es brauchte, sich auf ein solches Abenteuer einzulassen und ermessen die Veränderungen. Trotzdem ist ihr verstehendes Zuhören begrenzt und reicht nicht aus, um die für die Verarbeitung der Erfahrung erforderliche analytische Rückbesinnung zu aktivieren. Das wiederum erklärt das hohe Engagement der Teilnehmer bei den Gruppengesprächen und der Beantwortung von Fragebögen.

Der psychologische Schock der Rückkehr wirkt noch lange über die geographische Rückkehr hinaus nach. Der Rückkehrende sieht sich damit konfrontiert, dass die Vertrautheit seiner Werte, Normen und Regeln für ihn befremdliche Elemente enthält und sich seinem neuen Verständnis der Dinge entzieht. So stellt Heidrun bei ihrer Rückkehr nach Deutschland fest:

> Also für mich war der Kulturschock nach der Rückkehr schon hart, muss ich ganz ehrlich sagen. Es war mindestens so hart, wie ich es mir vorgestellt hatte. Und das letzte war, wo ich jetzt nochmal wieder einen Kulturschock hatte, da war ich diesen Sommer beim Ausziehen und dann kam die Hausverwaltung an, um die Wohnung abzunehmen und dann, ich hatte die Wohnung geputzt, wirklich, es war sauber und dann sagte die Hausverwaltung: „Ja, Frau S., die Wohnung hätte schon sauberer sein können". Ich sagte: „Jetzt merke ich, dass ich richtig in Deutschland bin". Ich Frankreich hieß es überall nur, *„c'est impeccable"*, und hier heißt es, „es hätte sauberer sein können" [Heidrun, D/47].

Das Gefühl, sich verändert zu haben, wird dem Realitätstest unterzogen, und nach und nach wird man sich der Spannbreite seiner veränderten Sichtweisen und Einstellungen bewusst. In der folgenden Sequenz äußert sich Laurent in ähnlicher Weise wie Heidrun, denn auch sein Blick auf das eigene Land hat sich relativiert und ist kritischer geworden:

> Ich habe bestimmte Dinge beobachtet, die ich bis dahin nicht unbedingt bemerkt hatte. Das hat mein Bild von diesem Land grundlegend verändert. Ich hatte schon vorher eine ziemliche Distanz zu meiner Arbeit, aber mit der französischen Schwere und Mentalität tue ich mich doch etwas schwer. Ich bin – und das ist eher negativ – meinem Land gegenüber kritischer geworden. Also, ich fühle mich letztendlich im Ausland wohler als in Frankreich und inzwischen verarbeite ich das mit mehr Abstand [Laurent, F/34].

Der Blick auf die Andersartigkeit und den Anderen kreuzt sich immer mit dem Blick auf sich selbst und das damit Vertraute. Alterität ist der Spiegel des Selbst, eine Abbildung des Eigenen, das hinter dem Anschein des Natürlichen und Normalen verborgen war oder das sich ohne die Konfrontation mit dem Fremden nicht abbildete. Die identitären Veränderungen sind potentielle Konfliktträger zwischen neu erworbenem Habitus und dem wiedergefundenen Kontext des Eigenen: „Die Wiedereingliederung ist nicht immer leicht. Wenn man nach Hause zurückkehrt, so heißt das zunächst eine Rückkehr ins Moralische über die Rückkehr ins Normale. Vorrangig zählt die soziale Reintegration. Der Reisende durchlebt Phasen der Leere, ja sogar der Depression, er ist noch nicht wieder da, aber zugleich auch nicht mehr ‚dort‘" (Michel, 2004: 90).

Beschäftigen sich die verschiedenen Studien zur Mobilität mit dem Thema der Identität, begreifen sie vor allem unter der Prämisse der Dichotomie – die mobile Person verändert sich oder verändert sich nicht, beansprucht eine andere Identität oder positioniert sich zwischen zwei statischen Entitäten. Diese Auffassung von sich addierenden statischen Identitäten wird der Dynamik der polymorphen identitären Zuschreibungen im Rahmen von Mobilität nicht gerecht, denn „die Metapher des Nomadentums fordert uns zu einer realistischeren Betrachtung der Dinge auf; sie in ihrer strukturellen Ambivalenz zu überdenken. Für den Einzelnen heißt das, dass er sich nicht auf eine einzige Identität reduzieren lässt, sondern dass er durch multiple Identifizierungen unterschiedliche Rollen spielt". (Maffesoli, 2006: 86). Die Einzigartigkeit von Identität weicht einer Pluralität. Der Rückkehrende kann sich dementsprechend einem Konflikt ausgesetzt sehen: er ist nicht mehr ganz derselbe, aber auch kein völlig anderer. In diesem Sinne kann die Rückkehr zu einem Gefühl der Marginalität führen:

> In Bezug auf die Marginalität, im Grunde gefällt es mir, ich denke eigentlich ist es das, was ich suche, diesen Status des Aussenseiters. Weil mir der Ausländerstatus sehr gefällt, wenn ich in Deutschland bin, ich fühle mich sehr wohl dabei, denn man ist eben nicht wie die anderen und ich liebe es, in Deutschland zu sein, denn wenn man anders ist, funktioniert man anders, also sagen die Leute „Ok, kein Problem, das kommt, weil er Franzose ist" auch wenn es nicht stimmt. Und wenn man nach Frankreich zurückkommt, verstehen die Leute diese Marginalität nicht, und man muss sich dafür rechtfertigen [Paul, F/29].

Demzufolge kann es geschehen, das sich der Rückkehrende einer schematischen Projektion seiner Identität verweigert, da sie nicht den Facettenreichtum und die Pluralität seiner Zugehörigkeiten zu fassen vermag. Bei der Rückkehr in Vertrautes und Eigenes geht es also auch darum, sich nicht auf eine etikettierende Identitätszuschreibung festlegen zu lassen und die Akzeptanz multipler identitärer Kategorisierungen einzufordern.

Die Reintegration ins berufliche Umfeld

Nach einem in Deutschland verbrachten Jahr,
Und weitab von den anderen Teilnehmern,
Musste ich die Rückkehr nach Frankreich antreten
Und mich von der illusorischen Hoffnung auf Verlängerung lösen.
Ahnungslos frisch angekommen,
Brachte ich das Kollegium zum Lachen
In der neuen Schule, an der meine Stelle war,
Als ich beschloss, meine Schüler in Deutsch
unterrichten zu wollen …
Als Belohnung für mein Leiden
Kam noch dazu
Die nicht erteilte Lehrbefähigung
Als traurige Desillusionierung.
So war ich wieder bei den Meinen
Recht weit entfernt von der Anerkennung eines Odysses oder Achilles
Musste mich erst wieder auf ein Neues beweisen
In meinem Unterricht gezwungenermaßen zulassen
Pädagogische Berater, die meine Praxis begutachten kamen.
Schlussendlich in Amt und Würden
Und berechtigt, Deutsch zu unterrichten,
musste ich zu meinem tiefsten Bedauern gestehen
In den Behörden meinen Meister gefunden zu haben.

Paul

Der Rückkehrschock in den Alltag wird in den französischen wie deutschen Narrationen in durchaus ähnlicher Weise thematisiert. Das gilt jedoch nicht für die Rückkehr in die Herkunftsschule. Die Schilderungen der französischen Grundschullehrkräfte weisen darauf hin, dass die Reintegration in das französische System weitaus problematischer war als für die deutschen Teilnehmer und dementsprechend mehr oder weniger große Enttäuschungen, manchmal Verbitterungen hervorrief. Es hängt von den jeweiligen Schulen und Behörden ab, ob die individuellen Bemühungen um interkulturelle und sprachliche Erweiterung pädagogischer Kompetenzen und deren Wert als Bereicherung für die Unterrichtspraxis sowie für die Schule anerkannt wird. Oft liegt diese Wertschätzung allein in der Hand einzelner Vorgesetzter.

Wie bereits erläutert werden mit der Bezeichnung der Berufsgruppe „Grundschullehrer" bestimmte stereotype Inhalte und Werte verbunden: ein ganz besonderer, aufopfernder, altruistischer Beruf, eine Berufung, eine Gabe usw. Dementsprechend fällt die soziale Erwünschtheit bezüglich der Verhaltensmuster aus. Kann man seine Schüler, sein Kollegium, seine Schule einfach so verlassen, wenn man einen Beruf hat, der doch Berufung ist? Unter dem Vorwand, dass man desillusioniert ist, an seiner Tauglichkeit, seinem Selbstwert zweifelt und auch mal an sich denken möchte? Seine Schwierigkeiten aktiv in Angriff nehmen und der Institution und dem System für eine gewissen Zeit den Rücken kehren? Der soziale Druck lastet auf der Grundstimmung und der persönliche Ehrgeiz weckt Schuldgefühle:

> Und im Grunde mag ich keine Routine, sobald ich anfange, Routine zu entwickeln, früher hat mir das Angst gemacht, ich fühlte mich schuldig, nicht in der Lage zu sein, mich irgendwie zu stabilisieren, ich empfand das als Makel und dann, dadurch, dass ich nach Deutschland gegangen bin, wird mir jetzt klar, dass es etwas Positives ist, nicht der Routine zu verfallen, und darauf bin ich mittlerweile stolz [Michèle, F/46].

Einigen wurde nach ihrer Rückkehr die Eigeninitiative vorgeworfen, als ob sie gegen ein ungeschriebenes Gesetz der Zurückhaltung eigener Wünsche verstoßen hätten:

> Man hat wirklich den Eindruck von „ja, ja, ist gut, stimmt, wir haben euch gebraucht und ihr habt uns einen Dienst erwiesen, denn von diplomatischer Seite wäre es nicht gut gewesen, wenn niemand am Austausch hätte teilnehmen wollen. Ihr hattet Lust, wegzugehen, nun das ist euer Problem, jetzt müsst ihr damit fertigwerden" [Sonia, F/42].

Die Erzählungen veranschaulichen, mit welchen vorgefassten Meinungen seitens der Peergruppe und institutionellen Hindernissen sich manche Rückkehrende konfrontiert sahen. Statt in der Auslandserfahrung einen entwicklungsfördernden pädagogischen Ertrag, einen sozialen und interkulturellen Mehrwert für das Kollektiv zu sehen, wird er als Freizeitaktivität, touristische Unternehmung, ja sogar als Urlaub auf Kosten der Gemeinschaft abgewertet:

> Dieser Austausch mit dem DFJW hat mir eher geschadet, das heißt, dadurch, dass es mit dem DFJW war, haben sie zu mir gesagt „so, das war's, jetzt haben Sie ein bisschen Spaß gehabt, Sie waren jetzt schön im Urlaub. Aber ab jetzt arbeiten Sie wieder hier und unterrichten, was Sie zu unterrichten haben". Sie haben gesagt: „Jetzt ist der Spaß vorbei, Sie sind zurück" kurzum, das ist nicht immer unbedingt angenehm, aber gut, ich habe mich dem gebeugt, weil es mir wichtig war, dass ich die Lehrbefähigung für Deutsch bekomme, auch damit es kohärent ist, dass ich den Austausch gemacht habe [Paul, F/29].

Den Aufenthalt als Urlaub einzustufen heißt, seine Bedeutung für die Persönlichkeitsentwicklung zu negieren und nichts von dem anzuerkennen, was den sozialen und persönlichen Lernertrag ausmacht. In Bezug auf die schwierige Rückkehr der französischen Teilnehmer am Voltaire-Austausch kommt Colin zu einer ähnlichen

Feststellung. Als diese nach sechs Monaten in Deutschland wieder in ihre Klasse in Frankreich zurückkehren, sehen auch sie sich mit abwertenden Urteilen, die ihren Aufenthalt in Deutschland als „Urlaub" minimieren, konfrontiert. Colin (2008: 85) kommentiert dies folgendermaßen: „Sollte Freizeit im Spiel gewesen sein, so war es eine Auszeit, eine freie Zeit im Sinne von einem Moment des Abstands vom sozialen und affektiven Leben, was auch einem Bruch mit vertrauten, routinemäßigen und Sicherheit vermittelnden sozialen Bindungen entspricht. Und genau das macht diese Auszeit für die Schüler so problematisch und manchmal schwierig zu leben".

Was in solchen Fällen einzig und allein aus institutioneller Sicht zu zählen scheint, ist eine reibungslose Reintegration des „Ausbrechers", so als käme er wie ein Tourist ohne besondere Differenzmerkmale unverändert zurück.

Defizitäre Wertschätzung der Auslandserfahrung

Eine Wertschätzung der Austauscherfahrung als Selbstlernprozess, in dessen Verlauf es nicht nur zu einer intensiven Auseinandersetzung mit der Andersheit, sondern mit sich selbst gekommen ist, was zu einem tieferen Verständnis des Eigenen geführt hat, scheint fast ausgeschlossen. Von daher ist der Moment der Rückkehr konfliktträchtig und löst ambivalente Gefühle aus. Einerseits gilt es, die berufsbiographische Relevanz der Erfahrung und seine Andersartigkeit zu behaupten, Freiräume zu erhalten, um den Zuwachs an Kompetenzen einzusetzen, andererseits aber gilt es, sich wieder einzuordnen (*ich habe mich dem gebeugt*), seinen gewohnten Platz wiedereinzunehmen, um größere Konflikte zu vermeiden, die sich möglicherweise negativ auf den Karriereverlauf auswirken könnten.

Und somit macht man die Erfahrung, dass man sein Land, seine Gruppe nicht ungestraft verlässt, denn, wie Abdelmalek Sayed (2006: 149) in Bezug auf die Rückkehr von Migranten schreibt, „die Zeit hat ihre Spuren bei allen Beteiligten hinterlassen, man entzieht sich nicht ungestraft der eigenen Gruppe und deren täglichem Handeln, ihrem Druck, dermaßen normal, dass man ihn gar nicht mehr als solchen wahrnimmt, so natürlich und selbstverständlich ist er geworden, ihren sozialen Integrationsmechanismen, die zugleich präskriptiv und normativ und letztlich weitgehend performativ sind, insofern sie auf eine legitimierende Definition einer sozialen Ordnung abzielen, welche als die alleingültige gilt".

So gesehen liegen die mit der Rückkehr verbundenen Risiken sowohl in einem inneren Konflikt – seine identitären Veränderungen behaupten oder leugnen – als auch in einem äußeren zwischen sich und der Institution. Je heftiger letztgenannter ausfällt, desto tiefgreifender kann der erste werden. Das ist Laurent widerfahren, dessen Unterricht kurz nach seiner Rückkehr aus Deutschland von einer Schulrätin (*Inspectrice*) evaluiert wurde:

> Offenbar sieht man sogar an meiner Haltung, dass ich in Deutschland war. Also, ich habe meine *Lehrprobe* gemacht, die immerhin drei Stunden gedauert hat, und als es vorbei war, sind die Kinder raus, sie [i.e. die *Inspectrice*] saß hinten in der Klasse und hat mich gebeten, zu ihr zu kommen. Ich geh also hin, stelle mich ihr gegenüber hin und plötzlich war ich wie ein Kind, ich habe mich echt gefühlt, als hätte ich etwas ausgefressen. Da guckt sie mich an und sagt: „Sie müssen im Unterricht ein Vorbild abgeben und tadellos auftreten. Das heißt, vor den Schülern gerade wie eine Eins und nicht mit den Händen in den Taschen". Ich hatte mich am Tisch, der vor der Klasse steht, halb angelehnt, mich eben darauf abgestützt. Sagt sie zu mir: „Das dürfen Sie nicht". Und da habe ich bei mir gesagt: Wow! Und da habe ich gedacht „Kulturschock andersrum". Das hat mir einen ganz schönen Schock versetzt, und sagte mir „Ja, stimmt, das deutsche System kann ich jetzt vergessen und mir bleibt nichts anderes übrig, als wieder die französischen Verhaltensweisen anzunehmen [Laurent, F/34].

Die Verschiebung des Relevanzsystems, verbunden mit den persönlichen und beruflichen Infragestellungen bereitet dem Übergang von einer ethnozentrischen Sichtweise zu einer polyzentrischen Weltsicht den Weg. Aber wenn sich die Verschmelzung von eigenen und anderen Identitätsdimensionen in einem neuen Habitus, in einer neuen Lehrerpersönlichkeit, in anderen pädagogischen Einstellungen materialisiert und somit sichtbar wird, scheint die institutionelle Toleranz an ihre Grenzen zu stoßen:

> Und die Schulrätin sagt zu mir: „Sie haben Deutschland geliebt, Ihnen hat es wirklich gut in Deutschland gefallen". Darauf habe ich gesagt „Warum sagen Sie das?" Sagt sie zu mir: „Das sieht man. Sie unterrichten wie ein Deutscher [...] Sie unterrichten wie ein deutscher Lehrer, Sie sind Deutscher. Sie sind zu cool". Und sie hat gesagt: „Für das Auswahlverfahren geht das so nicht". Also muss ich wieder strenger und französischer werden. Ich muss mein französisches Kostüm wieder anlegen [Laurent, F/34].

Angesichts solcher ebenso normativer wie performativer Einstellungen – der betroffene Grundschullehrer ringt sich immerhin dazu durch, wieder „strenger und französischer zu werden" – muss man sich fragen, ob die Herkunftsschule als Institution in der Lage ist, anzuerkennen, dass es um sehr viel mehr geht als um eine zeitlich begrenzte, geographisch-räumliche Mobilität. Die intensive Auseinandersetzung mit der Andersheit kann und darf nicht auf einen kurzen Abstecher vom beruflichen Alltag reduziert werden, so als sei es eine Art Spleen, sondern als analytische Erfahrung mit konstruktiven, bestärkenden Auswirkungen auf das Selbstwertgefühl und auf die Überzeugung, nunmehr den beruflichen Anforderungen wirksamer und kreativer gegenüber zu treten.

Das nachfolgende Beispiel zeigt, dass die Mobilitätserfahrung eben auch als Vorbild für Kollegen dienen kann. Es zeigt jedoch auch, dass der Austausch über die deutsch-französische Dimension hinausgeht und zu einem interkulturellen Moment wird, das einen offener werden lässt, offener gegenüber dem Anderen und auch offener für sprachliche und kulturelle Diversität:

> Sie haben mir jede Menge Fragen gestellt, manche wollen auch fortgehen, allerdings in andere Länder, das hat sie auf den Geschmack gebracht, und das ist gut. Ich bin Lehrervertreterin, ein wenig Deutschreferentin, und der Schulrat hat zu mir gesagt „Sie werden ein wenig unsere Sprachbeauftragte" und das ist für mich toll, weil es ein bisschen Weiterführung meiner Erfahrung in Deutschland bedeutet und es ist auch gut weil sich in der Schule in Punkto Sprachen viel tut, auf internationaler Ebene. Außerdem haben wir 70% chinesische Schüler und darüber hinaus enorm viele Ausländer an der Schule und das ist sehr sehr gut, denn das fördert den Multilinguismus [Michèle, F/46].

Anpassungskrise, Lockerung der Bindungen, Unverständnis – offenbar gibt es häufig eine radikale Unvereinbarkeit zwischen den Akteuren, die sich, reich an neuen Ressourcen, angemessen kritisch, aber auch konstruktiv-visionär für Neuerung und Entwicklungsaufgaben in Schule und Unterrichtspraxis einsetzen wollen, und einem Umfeld, das diese nicht wahrnehmen will oder kann und erst recht nicht bereit ist, sich auf strukturelle Umwälzungen einzulassen, die die notwendigen Freiräume für Innovationen schaffen würden:

> Wir waren an einem toten Punkt und haben neu angefangen, gut, das ist vielleicht übertrieben, aber wir sind eben dorthin gegangen und, es stimmt, wir sind Außenseiter, wir sind nicht mehr dieselben wie vorher. Ich merke das, ich bin wirklich so der Störenfried – „ach der, der will immer alles verkomplizieren, der macht uns die pädagogischen Projekte kompliziert, der macht uns die Schulprojekte kompliziert, der verkompliziert uns die Organisation von diesem Sprachdings"; kurz, ich nerve. Also versuche ich nicht zu sehr/es stimmt, das ist wirklich Marginalität, ok, das hab ich ihnen nicht gesagt, aber es ist genau das [Paul, F/29].

Ambivalente Reaktionen im beruflichen Umfeld und Defensivhaltungen der Rückkehrenden

Unerfüllte Hoffnungen auf einen effektiveren Einsatz bei der Rückkehr, Enttäuschungen über mangelndes Interesse, Unverständnis, begrenzter Spielraum können auch bei hochmotivierten Rückkehrern rasch Frustrationen aufkommen lassen und in der heiklen Phase der Readaptation ein Gefühl des Unverortetseins aktivieren. Die Unvereinbarkeit der Sichtweisen führt bei einigen sogar dazu, dass sie verstummen und einfach nicht mehr über das Erlebte und Empfundene sprechen. Es gibt selbstverständlich ein breites Spektrum an Reaktionen sowohl von der einen als auch von der anderen Seite. Allerdings kristallisieren sich in den Erzählungen besonders zwei polarisierende Haltungen heraus: skeptische Zurückhaltung, besonders seitens des Kollegiums und bereitwillige Akzeptanz, nicht selten von aufgeschlossenen und offenen Vorgesetzten. Im Kollegium begegnet man dem Rückkehrenden mit Skepsis und Zurückhaltung, denn, auch wenn er noch so gute Gründe hatte, um sich zeitweilig abzusetzen, kommt er nicht als Konkurrent statt als Kollege zurück, als ein völlig Verwandelter, der im Unterricht verändern und alles umwälzen will? Die neuen Ideen und Vorschläge zur Unterrichtsgestaltung, die neuen Einstellungen, angesiedelt in einem Zwischenraum, in den Elemente aus beiden Kulturen zusammenfließen, geben gleichermaßen Anlass zu Skepsis wie auch zu positiven Rückmeldungen. Die Wertschätzung der Vorschläge und deren Akzeptanz oder Zurückweisung liegen in erster Linie im Ermessen der schulischen Einrichtungen und der Vorgesetzten, aber auch bei den Kollegen. In beiden Fällen werden die Rückkehrer als potentielle Störenfriede angesehen, die die vorgebliche Homogenität der Berufsgruppe in Frage stellen: „Wir sorgen dafür, dass der Unterricht sich nicht im Kreis dreht und auf der Stelle getreten wird" sagt Mathieu, „wir sind potentielle Ketzer".

Die ambivalenten Reaktionen des beruflichen Umfeldes lösen bei den Rückkehrern defensive Haltungen aus. Besonders angesichts der ethnozentrischen Einstellungen von Kollegen wird der Blick kritisch und distanziert:

> Sie sagten zu mir „wir sind hier nicht in Deutschland", wir sind nicht bei den/naja, ihr wisst schon, und so weiter und so fort, ich will es gar nicht alles wiederholen. Also/nein es war unerträglich, zumal sie sich nie auch nur im geringsten dafür interessiert haben, wie das System funktioniert, sie haben mir nie auch nur eine einzige Frage zu meinem Jahr in Deutschland gestellt, also ich weiß nicht, ob das alles Kleingeister waren, jedenfalls gingen die eben von dem Prinzip aus, dass sie ihre Vorstellungen von Deutschland und den Deutschen hatten, und dabei sollte es eben bleiben [Michèle, F/46].

In solchen Reaktionen geht es um etwas, was für die Rückkehrenden nicht mehr akzeptabel ist, nämlich die zwingende Festlegung auf eine einzige ethnische, soziale, kulturelle Identitätskategorie: „In einem Zeitalter, in dem die identitären Bezugspunkte nur vielfältiger und gemischter werden können – denn Identität entsteht im Kontakt zu anderen und sie werden immer zahlreicher– wird das Bedürfnis nach Festlegung auf ein einziges Selbst und auf einen einzigen Anderen immer stärker, um mit der kognitiven Komplexität, ausgelöst durch die vielzähligen und vielgestaltigen Begegnungen, umgehen zu können. Die Fragestellungen, die eingeforderten Identitäten sowie die damit zusammenhängenden Definitionen des Ichs und des Anderen führen für gewöhnlich zur „Fantasterei von Einzigartigkeit" (Abdallah-Pretceille, 2006).

Wird einem Individuum durch Kategorisierung eine einzige Identität aufgezwungen, so ist es schwierig, dagegen anzugehen, es befindet sich darin eingeschlossen, wie in einer Zwangsjacke oder einem Korsett, das ihm nicht mehr passt. Der Facettenreichtum an Identifikationskategorien macht es jedoch möglich, sich freiwillig in ein solches Korsett hineinzuzwängen und schauspielerisch eine einzige Identitätskategorie in Szene zu setzen. Das hat Laurent verstanden, dem man vorgeworfen hatte, ein „Deutscher geworden" zu sein (vgl. weiter oben). Um in Harmonie – oder besser gesagt in Konformität – mit den herrschenden Normen seines französischen schulischen Umfeldes zu sein, beschließt er, sich ihnen wie ein Chamäleon anzupassen:

> Ich muss wieder strenger und französischer werden. Ich muss wieder mein französisches Kostüm anziehen. Und gerade weil ich jetzt ein wenig Distanz zu all dem habe, sage ich mir, wenn ich nun eine Zeit lang dieses Kostüm wieder tragen muss, mache ich das. Wenn ich diesen Weg gehen muss, um weiterzumachen, mache ich das. Und wenn es nur das ist, was mir fehlt, werde ich das machen [Laurent, F/34].

So gesehen ist die Steigerung des Anpassungspotentials, die Flexibilität und die Leichtigkeit, mit der manche in den Interaktionen mit der Bandbreite ihrer Identitäten spielen, sicher als eine der zahlreichen Errungenschaften der Mobilität zu betrachten.

Denn dies bedeutet einerseits, verstanden zu haben, dass Identität nicht immanent und starr ist, sondern eine dynamische, prozesshafte und komplexe Ko-Konstruktion, die in Interaktionen ausgehandelt wird, in denen jeder die Möglichkeit hat die Maske (Identität) aufzusetzen, die er je nach Zeitpunkt tragen möchte (oder nicht) (vgl. Dervin, 2008). Und andererseits ist die Anpassungsfähigkeit ein Signal für Souveränität und für Befreiung von Zwängen und normativen Bindungen: „Man kommt von einem Ort, man geht von diesem Ort aus Bindungen ein. Aber damit Ort und Bindungen ihre volle Bedeutung entfalten, müssen sie, ob tatsächlich oder nur in der Fantasie, geleugnet, überwunden oder überschritten werden" (Maffesoli, 1997: 27).

Das Thema der Distinktheit, das schon angesprochen wurde, durchzieht die Narrationen von der Rückkehr wie ein roter Faden. Die Stellung als Fremder in der Schule des Anderen hat dieses Gefühl gefördert. Während man dort „der von woanders Kommende" war, umgeben von einem faszinierenden Hauch Exotik, durch den man sichtbar war, gilt es bei der Rückkehr, wieder Gleicher unter Gleichen zu sein und in gewisser Hinsicht wieder „unsichtbar", anonym zu werden. Die Heftigkeit mancher Äußerungen lässt sich nur im Wissen um die Schwierigkeit, sich als ein Anderer unter Gleichen wiederzufinden, allerdings ohne Ausländerbonus und anderer vorübergehender Privilegien, die dem Fremden unter bestimmten Umständen gewährt werden:

> Ich bin aus Deutschland zurückgekommen und ich habe diese Tatenlosigkeit gesehen. Bewegungslosigkeit gesehen und ich bin wütend geworden und habe mir gesagt, ich werde sie jetzt mal zum Schwitzen bringen und alles daran setzen, die Dinge voranzutreiben [Corinne, F/49].

Nach dem Bestehen in der fremdkulturellen Umgebung, nach dem positiven Erproben seines Selbstwertes in einem anderen beruflichen Umfeld und vor dem Hintergrund einer kritischen Distanz, aber auch eines kritischen-konstruktiven Engagements im beruflichen Tätigkeitsfeld, geht nun ein Riss durch die Bindungen zur Peergruppe und deren Konformismus.

Die objektive Realität wird von da ab dichotomisch begriffen: Stabilität und Defizit an Veränderungen auf der einen, Beweglichkeit und Wandel auf der anderen Seite:

> Mir fällt ein fundamentaler Unterschied zwischen den Kollegen auf, die im Ausland waren und den Kollegen, die in Frankreich bleiben, ich habe fast den Eindruck, dass wir den Beruf nicht auf die gleiche Art und Weise ausüben [Stéphanie, F/36].

Mobilität ist nur eine zeitlich begrenzte Erfahrung. Dennoch kann man feststellen, dass es nicht bei einer Mobilität bleibt, im Gegenteil, sie fordert dazu auf, wiederholt zu werden, sei es konkret in Form eines erneuten Schritts ins Anderswo, oder, eher symbolisch in jeder anderen Form, die sich dem Stillstand und der Immobilität verweigert. Dies legt nahe, dass die Mobilitätserfahrung eine Dynamik in Gang setzt, die stimulierend auf das Streben nach Weiterentwicklung wirkt, indem man aus freien Stücken auf Andere, Unbekanntes und Diversität zugeht, mit dem Ziel, sich kontinuierlich selbst zu verwirklichen. Das Thema der kontinuierlichen Suche taucht fast schon als Leitmotiv in den Narrationen auf, als handle es sich um eine existentielle Einstellung, die darin besteht, permanent auf das nächste zu erreichende Ziel hinzustreben:

> Ich hatte Angst vor dem, was danach kommen würde, ich wollte nicht, dass es damit vorbei wäre. Und ich fand die Vorstellung furchtbar, und hatte deshalb meine Versetzung beantragt, weil ich nicht auf meine alte Stelle zurück wollte und hatte wieder eine Stelle an einer Grundschule, an der Deutsch unterrichtet wurde. Und als ich im Mai mit vier Kollegen beim *conseil d'école* war, fand ich es ganz schrecklich, ich sagte mir „jetzt hast Du zwei Jahre lang soviel erlebt und jetzt kommst Du in eine x-beliebige Schule zurück … nein. Danach will ich was anderes". Als ich in der Grundschule war, da in dieser Schule hat mir das Angst gemacht, ich sage mir „so, jetzt habe ich nichts als Erinnerungen". Aber ich will weiter vorankommen [Laurent, F/34].

Der Austausch hat das Tätigkeitsfeld diversifiziert, die Kompetenzen erweitert und gefestigt. Fast alle Grundschullehrkräfte fühlen sich der Erfahrung verpflichtet und sind von dem Wunsch getragen, das Erworbene weiterzugeben, ein wenig wie ein geistiges Erbe, das der Erzähler in der nachfolgenden Sequenz geradezu sakralisiert:

> Die Tatsache, dass man kämpfen muss, versuchen muss, diese Erfahrung aufzuwerten, letztlich betrachte ich diesen Aufenthalt als einen vorübergehenden Rückzug aus einer Baustelle. Jetzt mal ehrlich, das ist kein Pathos oder sowas, das habe ich wirklich so empfunden und es lebt immer etwas davon weiter und wenn man sagt „die Flamme weitergeben" ist das nicht im Sinne von Nostalgie, sondern im Sinne davon, etwas weiterzugeben und trotz aller Schwierigkeiten, mit denen wir zu tun bekommen, trotz aller Hindernisse und Fallstricke, die man uns in den Weg legt, eben genau diesen vorübergehenden Rückzug aus der Baustelle, den muss man dazu nutzen, um ständig weiterzugeben und eben genau diese Verzauberung auch auf die Kinder übertragen, damit sie auch zu dieser Sprache und dieser Kultur Zugang finden, darum geht es uns und das ist nicht leicht zu erkämpfen, weil es ganz schön auslaugt und dann all der Enthusiasmus, den man einbringt, manchmal ist es schon ein wenig entmutigend, aber man muss eben weitermachen, dafür sind wir ja doch wohl da [Mathieu, F/44].

Die Vielfältigkeit des pädagogischen Ertrages zeigt deutlich, dass die Grundschullehrkräfte vom Wissen zur Kenntnis gelangt sind und im Stande sind, Brücken zwischen den Sprachen und Kulturen zu schlagen– speziell zwischen den unterschiedlichen Schulkulturen:

> Für mich war es ein persönlicher Schock, ich habe mir gesagt, wie hast du bloß all die Jahre so unterrichten können, wie so ein Feldwebel, indem du die Kinder/indem man ihnen Dinge eintrichtert. Für mich war das die Offenbarung meiner etliche Jahre langen persönlichen pädagogischen Dummheit. Und seitdem mache ich es überhaupt nicht mehr so. Und ich selbst fühle mich dabei auch besser, ich sehe doch, dass sich auch die Kinder wohler fühlen und insbesondere im Umgang mit Konflikten, denn wenn du in Deutschland aus der Pause kommst und keine Lösungen für all die Konflikte während der Pause gefunden hast, kannst du gar nichts machen. Du setzt dich einfach hin und diskutierst. Und jetzt mache ich das auch oft im Unterricht, wir diskutieren, schreiben auf, was gesagt wurde, und versuchen Lösungen zu finden und das macht die Stimmung in den Klassen viel friedlicher und zudem haben sie das Gefühl, dass du sie respektierst, also respektieren sie dich auch und sich untereinander. Gut, ich sage ja nicht, dass das mit allen Kindern funktioniert, es gibt immer Ausnahmen, aber die allgemeine Stimmung in den Klassen ändert sich dadurch vollkommen [Michèle, F/46].

Die Reintegration der Lehrkraft, die „Lust hat, Brücken zu bauen und Mediator zu sein" (Mathieu) und die Art und Weise, wie die Errungenschaften in den Dienst des Unterrichts gestellt werden, hängt stark von den durch die Abwesenheit entstandenen jeweiligen Konstellationen ab und den je nach Schule und Kontext sehr unterschiedlichen organisatorischen und institutionellen Möglichkeiten. Während Annick bedauert: „in unserer *académie*, jedenfalls in unserem Bezirk, sind sie nicht besonders dynamisch was den Deutschunterricht betrifft, ich sage nicht, dass sie alles daransetzen, damit nichts zustande kommt, aber naja, sie ermutigen auch nicht gerade und man muss wirklich dafür kämpfen", betont Michèle den Einsatz der Verantwortlichen: „Bei uns im *Département* Moselle ist es genau andersherum, d.h. die Schulräte schicken einen nach Deutschland. Hier in der bikulturellen Schule, an der ich bin, haben sie die Leute, die noch nicht im Ausland waren, auf eine Liste gesetzt und treiben uns an, zu gehen." Und später erklärt sie, wie stark die Aufwertung von der Aufnahmebereitschaft der Vorgesetzten abhängt:

> Oh nein, das hat nicht aufgewertet, das ist nicht wertgeschätzt worden, nur mein Schulrat hat mich gebeten, ihm zu berichten, aber wirklich, mit allen Einzelheiten, echt, bis ins Allerkleinste, das fand ich klug von ihm, er wollte genau wissen, wie es in deutschen Schulen zugeht und so, wie sieht der typische Schultag aus und dies und das und er war eben fasziniert, das faszinierte ihn, und er sagte „ist doch toll, ist doch super, solche Erfahrungen zu machen" [Michèle, F/46].

Erfreulicherweise kommt es also vor, dass die Herkunftsschule doch diese riesige Chance erkennt und begreift, was es bedeutet, Lehrkräfte mit einem solchen Erfahrungsschatz zu haben:

> Bei meiner Rückkehr bin ich zum Schulamt, weil, es war klar, dass ich nicht an meine alte Schule zurückkommen konnte. Und da hat die Schulrätin mir gesagt: „So, Sie waren jetzt zwei Jahre in Frankreich. Sie gehen jetzt an eine Grundschule, die Französisch hat. Wir wollen da was von haben" [Margot, D/50].

Die Rolle des „Fremden" (auf sprachlicher und kultureller Ebene) einzunehmen – Klassen gegenüber, die selbst oft kulturell heterogen sind – stellt eine der Herausforderungen dieses Austauschs dar, durch die die Teilnehmer eine besondere Sensibilität im Umgang mit Unterschieden im schulischen Umfeld entwickeln können. Diese Kompetenzerweiterung wird bei der Rückkehr eingesetzt, um auf die Herausforderungen durch die ethnische und sprachliche Diversität der Schülerschaft mit interkultureller Pädagogik zu antworten:

> Ich war eigentlich froh, meine eigene Klasse wiederzusehen, weil ich nämlich nichtfrankophone Schüler habe, anfangs konnten sie sich überhaupt auf Französisch ausdrücken, und meine Erfahrung in Deutschland hat mir sehr

geholfen. Das war wirklich gut, sie lernten zwar kein Deutsch, aber zum
Beispiel habe ich ihnen Material über das Martinsfest gegeben und erklärt,
wie man das in der Schule in Deutschland feiert und sie sagten mir „wir
auch, auf den Kapverden feiern wir auch so Sankt Martin" und „in China
sind überall Laternen". Dann konnten wir die Laternen in den verschiedenen Ländern vergleichen und Deutschland war nur ein Vorwand, um über
andere Kulturen zu sprechen und es fiel ihnen dadurch leichter, zu sagen
in meinem Land ist es so und so und dann gab es zum Beispiel auch einen
kleinen Jungen aus Serbien und der sagte „Ja in Serbien essen wir auch viel
Wurst" und eben viele solcher Sachen. Und dieses Jahr haben wir natürlich auch über den Mauerfall gesprochen und gespielt, wir haben ein Buch
mit dem Titel *La Brouille* gelesen und wir haben ein kleines Stück über die
Mauer aufgeführt und das war sehr interessant, weil ich dieses Jahr viele
Schüler aus dem Osten habe, aus Estland, Moldawien und damit konnten
sie etwas anfangen und das finde ich super, weil man sich ja fragen könnte, wieso macht ein Lehrer in einer Integrationsklasse (CLIN) einen Austausch mit Deutschland? Aber das ist überhaupt nicht abwegig, im Gegenteil, das öffnet den Blick für Vieles, das ist ganz zentral, also das ist ganz toll
[Paule, F/53].

Schlussbemerkungen

Die Erfahrung der Mobilität, hin zu einer anderen Sprache, einer anderen, in unserem Fall insbesondere einer schulischen und erzieherischen Kultur begünstigt das Gefühl der Entgrenzung und das Bewusstsein um Fluidität und Pluralität von Identität. Die empfundene Destabilisierung bedarf der Reflexivität und der Aufarbeitung. Das geschah in vorliegender Untersuchung in Form von Gruppengesprächen, die dem Bedürfnis nach Narration des Erlebten Raum geben sollten. Daher haben wir uns dafür entschieden, diese besondere Form der Mobilität aus der subjektiven Perspektive ihrer Akteure zu beleuchten. Wir sind davon ausgegangen, dass das gemeinsame Erzählen so holistisch wie möglich die spezifischen wie symbolischen Dimensionen dieser Mobilitätsform herauskristallisieren würde. Der sowohl intro- als auch retrospektive Ansatz bot den Lehrern die Gelegenheit, das Erlebte in der Narration in Worte zu fassen, gemeinsam aufzuarbeiten und sinnstiftend zu verarbeiten. In diesem Raum von Reflexivität und Bewusstwerdung in und durch Sprache wurde die individuelle, aber auch die kollektive Bedeutung der Teilnahme konstituiert. Dabei wurde bewusst, dass die Bedeutung der Erfahrungen weit über den Wunsch nach einer zeitlich begrenzten Mobilität, nach einer vorübergehenden Auszeit vom persönlichen und beruflichen Umfeld hinausgeht und es letztlich vielmehr um das Bestreben geht, sich selbst in einem Kontext der Andersheit unter Beweis zu stellen.

Auch wenn die Auseinandersetzung mit Andersheit unweigerlich zu einer Auseinandersetzung mit seiner eigenen Identität und seinem Selbstwert führt, so geht aus unserer Untersuchung hervor, dass Identitätskrisen in den meisten Fällen bereits im Vorfeld bestanden und entscheidungsleitend bzw. -beschleunigend waren. Aus dieser Perspektive heraus gesehen wurde die Mobilität u. a. als Konvaleszenz der eigenen, insbesondere der sozio-professionellen Identität begriffen. Auch wenn die beruflichen Schwierigkeiten und Krisen in der Narration unterschiedlich gewichtet wurden, so gewährt deren Darstellung Einblick in Entmutigungen, Blessuren, Zweifel an sozialer Wertschätzung, die in Zusammenhang mit dem Bereich Schule und dem institutionellen System stehen. Der Austausch eröffnete neue Wege, um sich von vorgegebenen normativen Rollen zu befreien und wieder Vertrauen zu persönlichen Fähigkeiten zu fassen. Dies zeigt sich bei der Rückkehr im Einsatz von couragierter, innovationsfreudiger Unterrichtspraxis, teils als Synthese beider Erziehungskulturen, teils aber auch in Form einer erhöhten Sensibilität für die Situation des Fremden, in einem verstärkten Engagement für Fremdsprachen und Sprachpolitik sowie im persönlichen Einsatz in Austauschprojekten und Partnerschaften. Insofern kann das zeitlich begrenzte Weggehen in das Land des Anderen als offensive Strategie aufgefasst werden, mit dem Ziel, einen Ausweg aus einer festgefahrenen Situation zu finden und auf diesem Wege auch diffuse narzisstische Verletzungen zu heilen. Das Streben nach Selbstverwirklichung durch Mobilität und neuen Relevanzen hat die Freude am Beruf wieder aufleben lassen, um ihn ausgeglichener und mit größerer Belastbarkeit anzugehen. Wie wir gezeigt haben, trifft diese positive Dynamik im beruflichen Umfeld nicht immer auf den erhofften Resonanzboden.

So kommt es, dass sich zahlreiche Lehrkräfte, infolge einer defizitären Wertschätzung ihrer Leistung, der erworbenen Kenntnisse und des Kompetenzzuwachses in einer Marginalität positionieren, die zum Emblem-Signal wird. Aus dieser Position heraus machen sie ihre vielfältigen Kompetenzen geltend, die sie im Umgang mit sprachlicher, kultureller Andersheit unter manchmal schwierigen Bedingungen erworben haben. Denn die Erschliessung neuer identitärer Räume hat sie empfänglich gemacht für Differenzerfahrungen und Austausch mit dem Anderen, aber auch das Bedürfnis gestärkt, Neugier und Offenheit für Alterität an die Kinder, aber auch generell an das schulische Umfeld weiterzugeben und sich mit einem kritischen Engagement für die Vermittlung beider Kulturen bzw. anderer Kulturen einzusetzen. Da viele Erwartungen, Wünsche und Hoffnungen bei der Rückkehr nicht erfüllt wurden und der Erfahrung oft mit Gleichgültigkeit, Desinteresse, manchmal auch mit Misstrauen begegnet wurde, lösen sich kollegiale und institutionelle Bindungen, die in vielen Fällen schon im Vorfeld brüchig waren. Der Perspektivenwechsel hat zu einer distanzierten und kritischen Haltung dem Eigenen gegenüber geführt. Es gilt, das Verhältnis zum Eigenen, zur Peergroup, zu den Nicht-Mobilen neu zu konstruieren, aber auch das Verhältnis zu seinen vergangenen und neuen Identitätskategorien neu zu definieren.

Die Kategorisierungen beziehen sich nunmehr weniger auf die Außenperspektive, also auf den Anderen, der von außen kommt – der Deutsche oder der Franzose – als vielmehr auf die Innenperspektive, auf die Fremdheit, die man dem Eigenen gegenüber empfindet und zu dem sich das Verhältnis in einem Spannungsfeld zwischen Nähe und Vertrautheit, aber auch Entfremdung, Distanzierung oder sogar Distinktheit wieder etablieren muss. In diesem Spannungsfeld wird derjenige, der gestern noch nah war, der Kollege war, zum Fremden und dem subjektiven Fremdheitsgefühl bei der Rückkehr in die Gruppe der ehemals Gleichen muss begegnet werden:

> Ich will ja meinen nationalen Kollegen gegenüber nicht abwertend klingen, aber die Kollegen, die ich bei Veranstaltungen des DFJW treffe, bei denen habe ich eher den Eindruck, es mit Leuten zu tun zu haben, die sich noch in der Weiterbildung befinden, sich selbst hinterfragen, egal wie alt sie sind, egal was sie bisher gemacht haben, ich habe den Eindruck, sie stellen sich noch Fragen und orientieren sich vor allem nach außen hin, zum Anderen hin, zum Neuen, und das finde ich bei meinen Kollegen nicht unbedingt wieder [Mathieu, F/44].

Was aus der Untersuchung klar hervorgeht ist, dass die Mobilitätserfahrung den Wunsch anregt, aus freien Stücken auf andere und ein Anderswo hinzustreben, um sich dadurch besser selbst zu verwirklichen. Dementsprechend trennen die Lehrkräfte nicht zwischen dem, was sie persönlich betrifft, und dem, was in die berufliche Sphäre gehört. Ganz im Gegensatz zur schulischen Institution, die sich schwertut, den formalen und symbolischen Ertrag der Mobilität in seiner ganzen Vielschichtigkeit anzuerkennen, nämlich als persönlichen und beruflichen Gewinn durch eine analytische Reise, dank derer man sich nicht nur vorteilhafter auf der sozialen Bühne positionieren kann, sondern vor allem neue identitäre Dimensionen erschlossen hat.

Ähnlich wie Migranten und ihrer Diaspora, Auswanderern und ihrem Zirkel von Landsleuten oder den Cliquen der Erasmus-Studierenden liegt den Lehrkräften viel daran, den Kontakt zu denjenigen aufrecht zu erhalten, mit denen sie am Austausch teilgenommen haben. Ein soziales Netzwerk, als dritter Ort mit Abschirmfunktion, in dem man um die Leistungen weiß, in dem das Erlebte sagbar und mitteilbar ist, da man dieselbe Sprache spricht, nämlich die des Lernens durch den Anderen und die eines neuen Seins, erworben durch den Perspektivenwechsel.

In diesem Sinne kann der Grundschullehreraustausch als ein Raum angesehen werden, in dem sich eine neue Gemeinschaft konstituiert, als ein Schmelztiegel neuer identitärer Verortungen. Insofern versteht sich die berufliche Mobilität der Lehrer auch als identitäre Mobilität und als ein erster Schritt in Richtung eines „Erlernens des Herumstreifens, das unweigerlich das Erlernen des Anderen mit sich bringt und dazu auffordert, Schranken jeder Art zu durchbrechen. Als Teil der Vergangenheit ist Mobilität Tradition. Als Entwurf für die Zukunft ist sie Entwicklung. Als Erleben der Gegenwart ist sie die Lehre vom Werden." (Maffesoli, 2006: 145).

Bibliographie

Abdallah-Pretceille, Martine, 2003, *Former et éduquer en contexte hétérogène*, Paris, Anthropos.

Abdallah-Pretceille, Martine (dir.) 2006, Les métamorphoses de l'identité, Economica. « Mobilité sans conscience … ! *in* Fred Dervin & Michael Byram (dir.) *Echanges et mobilités académiques. Quel bilan* ? Paris, L'Harmattan, 215-233.

Alred, Geof & Byram, Michael, 2002, Becoming an Intercultural Mediator: A Longitudinal Study of Residence Abroad. *Journal of Multilingual and Multicultural Development* 23(5).

Anquetil, Mathilde, 2006, *Mobilité Erasmus et communication interculturelle*, Bern, Peter Lang.

Augé, Marc, 2009, *Pour une anthropologie de la mobilité*, Paris, Payot.

Baudrillard, Jean & Guillaume, Marc, 1994, *Figures de l'altérité*, Paris, Descartes et Cie.

Bauman, Zygmunt, 2007, *Le présent liquide. Peurs sociales et obsession sécuritaire*, Paris, Seuil.

Bauman, Zygmunt, 2010, *Identité*, Paris, L'Herne.

Bhabha, Homi K., 2007, *Les lieux de la culture. Une théorie postcoloniale*, Paris, Payot.

Bertaux, Daniel, 1986, « Fonctions diverses des récits dans le processus de recherche », In D. Desmarais & P. Grell (dir.) *Les récits de vie, théorie, méthode et trajectoires types»*, Éds. Saint-Martin de Montréal, 21-34.

Bertaux, Daniel, 2001, *Les récits de vie*, Paris, Nathan Université.

Bourdieu, Pierre, (dir.), 1992, *La misère du monde*, Seuil *Comprendre*.

Brougère, Gilles, Colin, Lucette & Perrefort, Marion (eds.), 2006, *L'immersion dans une autre culture. L'évaluation scientifique des échanges scolaires individuels et de longue durée (Programme Voltaire)*, Berlin, Paris, Textes de travail, OFAJ/DFJW.

Byram, Michael & Feng, Anwei (eds.), 2006, *Living and studying abroad, Research and Practice*. Clevedon, Multilingual Matters.

Camilleri, Carmel, 1999, « Identité personnelle, identité collective. Les différentes formes de contact et d'échanges », in J. Demorgon & E.M. Lipiansky (dir.), *Guide de l'interculturel en formation*, Paris, Retz, 158-165.

Centlivres, Pierre, 1986, « L'identité régionale: langages et pratiques. Approche ethnologique. Suisse romande et Tessin », in: P. Centlivres et al., *Regionale Identität und Perspektiven: fünf sozialwissenschaftliche Ansätze – Les sciences sociales face à l'identité régionale: cinq approches*. Bern, Haupt.

Christen-Gueissaz, Eliane, 2002, *Miroir social, estime de soi au temps de la retraite*, Paris, L'Harmattan.

Cognigni, Edith, 2009, « Se raconter en migration: du récit biographique langagier à la co-construction de la relation interculturelle », in: A. Gohard-Radenkovic & L. Rachedi (dir.), *Récits de vie, récits de langues et mobilités, Nouveaux territoires intimes, nouveaux passages vers l'altérité*, Paris, L'Harmattan, 19-35.

Dervin, Fred, 2008a, *Métamorphoses identitaires en situation de mobilités*, Turku, http://www.doria.fi/bitstream/handle/10024/36411/B307.pdf.

Dervin, Fred & Byram, Michael (dir.), 2008, *Echanges et mobilités académiques. Quel bilan*, Paris, L'Harmattan.

Dupas, Jean & Perrefort, Marion, 1998, *Enseigner dans l'école de l'autre. Regards croisés d'instituteurs français et allemands*, Berlin, Paris, Textes de travail, OFAJ/DFJW.

Ehrenreich, Susanne, 2004, *Auslandsaufenthalt und Fremdsprachenlehrerfortbildung, Das assistant-Jahr als ausbildungsbiographische Phase*, MAFF, München, Langenscheidt.

Ehrenreich, Susanne, Woodmann, Gill & Perrefort, Marion (dir.), 2008, *Auslandsaufenthalte in Schule und Studium. Bestandsaufnahmen aus Forschung und Praxis*, Münster, Waxmann.

Erdheim, Mario, 1988, *Psychoanalyse und Unbewusstheit in der Kultur*, Frankfurt/Main, Suhrkamp.

Geertz, Clifford, (1973) 1987, *Dichte Beschreibung: Beiträge zum Verstehen kultureller Systeme*, Frankfurt/Main, Suhrkamp Taschenbuch Wissenschaft.

Gerber, Alessandra, 2009, « Le récit de vie, un récit initiatique révélateur d'un double processus de médiation. Le cas d'étudiants africains dans le contexte fribourgeois », in: A. Gohard-Radenkovic & L. Rachedi (dir.), 2009, *Récits de vie, récits de langues et mobilités, Nouveaux territoires intimes, nouveaux passages vers l'altérité*, Paris, L'Harmattan.

Gisevius, Annette, 2008, „Ein Schuljahr im Ausland. Die educational Results study des AFS Interkulturelle Begegnungen e.V.", in: S. Ehrenreich, G. Woodmann & M. Perrefort (dir.), 2008, *Auslandsaufenthalte in Schule und Studium. Bestandsaufnahmen aus Forschung und Praxis*, Münster, Waxmann.

Goffman, Erving, 1974, *Les rites d'interaction*, Paris, Les Editions de Minuit.

Goguel d'Allondans, Thierry, 2002, *Rites de passage, rites d'initiation. Lecture d'Arnold Van Gennep*, Québec, les Presses de l'Université de Laval.

Gohard-Radenkovic, Aline & Rachedi, Lilyane (dir.), 2009, *Récits de vie, récits de langues et mobilités, Nouveaux territoires intimes, nouveaux passages vers l'altérité*, Paris, L'Harmattan.

Gülich, Elisabeth, 1997, « Les stéréotypes nationaux, ethniques et culturels: une recherche plurisdisciplnaire », in: M. Matthey (dir.), *Les langues et leurs images*, Lausanne, IRDP.

Gumperz, John, 1989, *Engager la conversation, introduction à la sociolinguistique interactionnelle*, les Éditions de Minuit, Paris.

Hubermann, Michaël, 1989, « Les phases de la carrière enseignante: un essai de description et de prévision », *Revue française de pédagogie* N°86.

Hubermann, Michaël, 1989, *La vie des enseignants. Evolution et bilan d'une profession*, Delachaux & Niestlé.

Kaufmann, Jean-Claude, 1996, *L'entretien compréhensif*, Paris, A. Colin, Coll.128.

Kaufmann, Jean-Claude, 2004, *L'invention de soi: une théorie de l'identité*, Paris, Armand Colin.

Kristeva, Julia, 1988, *Etrangers à nous-mêmes*, Paris, Ed. Fayard.

Lahire, Bernard, 2001, *L'homme pluriel. Les ressorts de l'action*, Paris, Hachette collection Pluriel.

Lahire, Bernard, 2002, *Portraits sociologiques*, Paris, Nathan.

Le Breton, David, 1996, *Passions du risque*, Paris, Métaillé.

Lejeune, Philippe, 1975, *Le pacte autobiographique*, Seuil, coll. Poétique.

Lévy, Danielle & Zarate Geneviève, (coord. par), 2003, *La médiation et la didactique des langues et des cultures, LFDM, Recherches et Applications*, n° spécial, Janv. Paris: FIPF/Clé international.

Lucius-Hoehne, Gabriele & Deppermann, Arnulf, 2004, „Narrative Identität und Positionierung", in: *Gesprächsforschung – Online Zeitschrift zur verbalen Interaktion*, Ausgabe 5. 166-183, www.gespraechsforschung-ozs.de.

Lüdi, Georges & Py, Bernard, 1995, *Changement de langage et langage du changement, Aspects linguistiques de la migration interne en Suisse.* Lausanne, Editions L'âge d'Homme.

Maffesoli, Michel, 1993, *La contemplation du monde. Figures du style communautaire,* Paris, Grasset

Maffesoli, Michel, 2004, « De l'identité aux identifications », in: N. Aubert, *L'individu hypermoderne*, Ramonville, St.Agne, Erès.

Maffesoli, Michel, 2006, *Du nomadisme. Vagabondages initiatiques*, Paris, éd. La Table Ronde.

Maffesoli, Michel, 2007, *Le réenchantement du monde,* Paris, éd. La Table Ronde.

Michel, Franck, 2004, *Désirs d'Ailleurs. Essai d'anthropologie des voyages,* Québec, Les Presses de l'Université Laval.

Mondada, Lorenza, 1999, « L'accomplissement de «l'étrangéité» dans et par l'interaction: procédures de catégorisation des locuteurs », in: *Langage*, 134.

Morin, Edgar, 1982, *Science avec conscience*, Paris, Fayard.

Morin, Edgar, 1991, *La connaissance de la connaissance*, t.III, Paris, Seuil. coll. Points.

Morin, Edgar, 1977, *La Méthode, (t.1). La Nature de la Nature*, Paris, Seuil.

Moscovici, Serge, 1984, *La psychologie sociale*, PUF.

Murphy-Lejeune, Elisabeth, 2003, *L'étudiant européen voyageur: Un nouvel étranger*, Paris, Didier.

O'Neil, Charmian, 1993, *Les enfants et l'enseignement des langues étrangères*, Paris, LAL, Hatier/Didier.

Papatsiba, Vassiliki, 2003, *Les étudiants européens. Erasmus ou l'aventure de l'altérité*, Frankfurt, Bern, Peter Lang.

Perrefort, Marion, 2001, *J'aimerais aimer parler allemand.* Paris, Economica.

Perrefort, Marion, 2008a, « Changer en échangeant ? Mobilités et expériences langagières », in: F. Dervin& M. Byram (dir.), *Echanges et mobilités académiques. Quel bilan ?* Paris, L'Harmattan, 65-93.

Perrefort, Marion, 2008b, „Sprachliche Fremderfahrung – Auslöser für Mediationskompetenzen?", in: S. Ehrenreich, G. Woodmann & M. Perrefort (dir.), *Auslandsaufenthalte in Schule und Studium. Bestandsaufnahmen aus Forschung und Praxis*, Münster, Waxmann, 57-73.

Pfeil, Ulrich, (2004), *Die »anderen« deutsch-französischen Beziehungen. Die DDR und Frankreich 1949–1990*, Zeithistorische Studien des Zentrums für Zeithistorische Forschung Potsdam, Bd. 26, Köln, Böhlau.

Quinson, François, *Quitter la classe: La mobilité professionnelle en cours de carrière des enseignants du premier degré, épreuve cruciale individuelle et analyseur du groupe professionnel,* http://tel.archives-ouvertes.fr/tel-00007848.

Ricœur, Paul, 1985, *Temps et récits III, Le temps raconté*, Paris, Seuil.

Sayed, Abdelmalek, 2006, *L'immigration ou les paradoxes de l'altérité*, Paris, Ed. Agir.

Scharbert, Kristi, 2009, *Reintegrationsprozess der Expatriates nach dem internationalen Personaleinsatz,* München, Grin Verlag.

Schütz, Alfred, 2003, *L'étranger,* Paris, Editions Allia.

Serres, Michel, 2004, *Le Tiers-Instruit*, Paris, Folio essais.

Singly, François, 2003, *Libres ensemble*, Collection Essais & Recherches, Paris, Poche.

Stander, Julia, 2013, *Le retour après un séjour de longue durée à l'étranger.* Trajectoires de lecteurs du DAAD en France revisitées à la lumière du retour, Sarrebruck, PAF.

Schütz, Alfred, 1987, Le chercheur et le quotidien, Paris, Klincksieck.

Strauss, Anselm & Corbin, Juliet, 1996, *Grounded theory: Grundlagen qualitativer Sozialforschung*, Beltz, PVU.

Thamin, Nathalie, 2007, *Dynamique des répertoires langagiers et identités plurilingues de sujets en situation de mobilités*. Thèse de doctorat, Université Grenoble3, France. http://tel.archives-ouvertes.fr/tel-00288974/fr/

Thüne, Eva Maria, 2008a, „Redewiedergabe des vielstimmingen Selbst" Hannover. Internationales Symposium: „Zeichen der Identität – Grenzen erkunden", www.poly phonie.at/?op=publicationplatform.

Todorov, Tzvetan, 2002, *Devoir et Délices. Une vie de passeur*, Paris, Seuil.

Urry, John, 2005, *Sociologie des mobilités. Une nouvelle frontière pour la sociologie ?* Paris, Armand Colin.

Vasseur, Marie-Thérèse, 2008, « Récits interactifs autour de la mobilité internationale: partager, comprendre et analyser ensemble une expérience unique et commune », in: F. Dervin & M. Byram (dir.), *Echanges et mobilités académiques. Quel bilan ?* Paris, L'Harmattan, 163-185.

Vatter, Christoph, 2011, *Interkulturelles Lernen im interregionalen Schüleraustausch zwischen Deutschland und Frankreich*, Röhrig Universitätsverlag.

Vinsonneau, Geneviève, 2002, *L'identité culturelle*, Paris, Armand Colin.

Zschocke, Martina, 2006, *In der Fremde, Migration und Mobilität. Sozialwissenschaftliche Aspekte von Auslandsaufenthalten*, Peter Lang.

Birte Egloff, Barbara Friebertshäuser,
Gabriele Weigand (Hrsg.)

Interkulturelle Momente
in Biografien

Spurensuche im Kontext
des Deutsch-Französischen Jugendwerks

Dialoge – dialogues, Band 2, 2013, 332 Seiten,
br., 29,90 €; ISBN 978-3-8309-2845-4
E-Book: 26,99 €; ISBN 978-3-38309-7845-9

Welche Spuren hinterlassen interkulturelle Begegnungen im Leben von Menschen? Dieser zentralen Frage widmet sich dieses Buch, das Ergebnisse eines deutsch-französischen Biografieforschungsprojektes präsentiert. Im Mittelpunkt stehen Lebensgeschichten von Personen, die an organisierten Programmen und Begegnungen des 1963 gegründeten Deutsch-Französischen Jugendwerks teilgenommen haben oder auf andere Weise im deutsch-französischen, aber auch im europäischen Kontext aktiv sind. Das Buch versteht sich als ein vielfältig nutzbares Lesebuch, das sich gleichermaßen an Wissenschaftlerinnen und Wissenschaftler wie an alle an interkulturellen Begegnungen Interessierte richtet.

Ahmed Boubeker,
Markus Ottersbach (Hrsg.)

Diversität und Partizipation

Deutsch-französische Perspektiven
auf die Arbeit mit Jugendlichen
aus marginalisierten Quartieren

Dialoge – dialogues, Band 4, 2014, 184 Seiten,
br., 29,90 €; ISBN 978-3-8309-3046-4
E-Book: 26,99 €; ISBN 978-3-38309-8046-9

Die (internationale) Jugendarbeit ist aufgefordert, ihre Angebote stärker auf sozial benachteiligte bzw. Jugendliche mit Migrationshintergrund auszurichten. In diesem Zusammenhang präsentiert dieser Sammelband die Ergebnisse der Evaluation des vom DFJW geförderten Netzwerks mit dem Titel „Integration und Chancengleichheit fördern – ein deutsch-französisches Netzwerk zum Austausch von beispielhaften Initiativen auf regionaler und lokaler Ebene". Behandelte Themen sind u.a. methodische Fragen zum Migrationskontext, die Integrationspolitik in Frankreich und in Deutschland sowie Möglichkeiten und Grenzen der Sozialen Arbeit, insbesondere der Jugendarbeit.